주님이 꿈꾸신 그 교회

이 책은 책값의 5%씩 적립되며, 일정 금액이 모아지면 추후
은퇴하신 목회자님과 선교사님들을 섬기는 사역에 쓰일 예정입니다.

주님이 꿈꾸신 그 교회

지은이 박성규
펴낸이 조현영
펴낸곳 산

초판 1쇄 발행 2021년 12월 20일
초판 3쇄 발행 2022년 3월 10일

출판신고 2021년 7월 26일 제 453-2021-000006호
31961 충청남도 서산시 해미면 용암휴암길 305
Tel 010-4963-5595 Email san-book@naver.com

ISBN 979-11-975878-1-8   03230

www.facebook.com/san20210801

교회는 구원받은 성도,
즉 사람입니다

주님이
꿈꾸신
그교회

박성규 지음

人

추천의 글

— ◆ —

교회는 예수 그리스도의 몸이다. 모든 그리스도인은 몸의 지체이고, 예수 그리스도는 교회의 머리이시다. 그런데 지금 한국 교회는 코로나19 팬데믹 시대에 엄청난 상처를 입고 있다. 일찍이 미국 칼빈 신학교 교장이던 R. B. 카이퍼 박사는 "교회에 상처를 내는 것은 곧 예수 그리스도에게 상처를 내는 것과 같다"고 했다. 지금 한국 교회는 크나큰 상처를 입었다.

코로나 방역지침으로 한 번도 들어 보지 못한 대면 예배(오프라인 예배)와 비대면 예배(온라인 예배) 같은 신조어가 등장했다. 그런데 교회의 중심은 대면 예배이고, 교회의 예배는 하나님의 면전에서(Coram Deo)의 예배여야 하며, 영과 진리로의 예배가 맞다. 어떤 경우에도 교회의 예배가 정치에 휘둘려져서도 안 되고, 교회의 예배가 어떤 세력에 간섭받아서도 안 된다.

스코틀랜드의 국왕 찰스 1세(Charles I)가 말하기를 "짐은 국가에서도 머리이고 교회에서도 머리이다"라고 하자, 1628년 2월 28일 언약도(Covenanter)들이 에든버러의 그레이 프라이어스 교회당 뜰에 모여 "교회의 머리는 오직 예수 그리스도뿐이다"라는 신앙고백을 쓰고 서명했다. 그리고 1,200명이 지붕 없는 감옥에 갇혀 전원 순교의 잔을 마셨다. 교회는 생명 걸고 지켜야 하고, 예배 또한 그 어떤 세상 권력이 간여(干輿) 할 수 없다는 것이 교회사였다.

이런 절박한 시기에 부전교회 담임이신 박성규 목사님께서 교회의 의미와 사명에 대해 기록한 에베소서 강해집 『주님이 꿈꾸신 그 교회』를 출간하셨다. 박성규 목사님은 내가 가장 사랑하는 제자요, 차세대 한국 교회의 큰 지도자이다. 나는 그를 총신대학교와 총신신학대학원에서 7년간 지켜보았다. 그는 육군의 모범적인 군목으로 젊은이들을 위해 뜨겁게 일했을 뿐 아니라 미국 이민 목회 중에도 성공적인 사역을 했으며, 목회 중에도 형설(螢雪)의 공을 다하여 목회학 박사 학위를 취득했다. 그는 한병기 목사님, 신예철 목사님의 뒤를 이어 전임자들의 전통을 계승하는 동시에 현대적 적용을 시도하여 역동적인 사역을 감당하고 대 교회를 일구었다.

이번 그의 『주님이 꿈꾸신 그 교회』는 단순한 설교가 아니라 에베소서에 나타난 사도 바울의 교회론을 심도 있게 터치한 것이 돋보인다. 나는 앞으

로 박성규 목사님이 한국 교회를 향한 더 큰 소명과 역할을 감당하기를 기
도하면서 이 책이 모든 교역자들과 평신도들에게 크게 유익할 줄 알고 적
극 추천하는 바이다.

정성구

전 총신대 총장, 대신대 총장

— ◆ —

이번에 박성규 목사님의 에베소서 강해집 『주님이 꿈꾸신 그 교회』가 출
간된 것을 기쁘게 생각하고 환영합니다. 저는 그의 성경 강해집을 읽으면
서 그의 설교에는 몇 가지 특징이 있다고 생각합니다.
첫째, 그의 성경 강해는 성경 본문을 정확하게 읽고 해석하려고 노력하고

있다는 점입니다. 설교자에게 있어서 일차적인 과제는 성경 본문(text)의 의미를 정확하게 드러내는 것인데, 박성규 목사님은 성경 원어에 대한 해박한 지식으로 번역의 한계를 넘어서서 성경 원전의 의미를 정확하게 밝혀 주고 있습니다. 이런 점에서 그의 설교는 특별한 가치를 지닙니다.

둘째, 그의 설교는 학문적입니다. 학문적이라고 해서 이론이나 논쟁 혹은 난해한 논쟁적인 설교라는 말이 아닙니다. 그는 성경 본분에 대한 여러 학자들의 연구 결과를 섭렵하고 있다는 점에서 학문적입니다. 그는 사적인 생각으로 설교하거나 상식적인 설교를 하지 않습니다. 주관주의에 빠지지도 않고 있습니다. 설교는 특권이자 무한한 책임을 동반하는데 박성규 목사님은 섣불리 강단에 서지 않고, 도리어 진지하게 공부하면서 정직한 설교를 위해 노력하고 있다는 점입니다. 그는 여러 앞서간 학자들의 성경 연구를 소중하게 여기고 있습니다.

셋째, 그의 설교는 우리 일상의 삶을 위한 지침을 주고 있다는 점입니다. 그는 본문을 진지하게 성찰하고, 그 본문이 우리 삶의 현장에 어떤 의미를 주는가를 선명하게 제시하고 있습니다. 이 책을 읽으면서 느끼는 것은 성경 본문은 나의 현실과 동떨어진 가르침이 아니라 오늘을 사는 우리 현실을 위한 가르침이라는 점을 깨닫게 됩니다. 이 책의 장마다 '나눔을 위한 질문'을 제시한 것은 바로 이런 이유일 것입니다.

저는 박성규 목사님의 책을 다 가지고 있습니다. 그저 그런 설교집이라면 제가 수집하여 소장할 필요가 없을 것입니다. 학문적이고 논리정연한 성경 강해일 뿐만 아니라 본받고 배울 점이 많은 설교이기에 저에게는 소중한 장서입니다. 이보다 더 중요한 점은 이 책에는 박성규 목사님의 삶과 신앙, 목회자적 인격, 교회와 성도들에 대한 사랑, 그리고 하나님의 나라를 위한 거룩한 열정이 드러나 있다는 점입니다. 저는 박 목사님의 군목 생활, 미국에서의 목회, 그리고 부전교회에서의 사역에 대해 잘 알고 있습니다. 그가 살아온 삶의 여정이 오늘 우리에게 신뢰를 주고 있고, 이 책 속에 잘 드러나 있습니다. 이런 점에서 에베소서 강해집인 『주님이 꿈꾸신 그 교회』는 우리에게 은혜와 감동을 주고 있습니다. 저는 이 책을 코로나 환경 중에도 은혜를 사모하는 우리에게 주는 값진 선물이라고 생각합니다.

이상규
고신대학교 명예교수, 백석대학교 석좌교수

— ◆ —

한 신학자는 기독교인이 각자의 삶을 구성하는 데 있어서 '삶의 의미(meaning of life)'와 '삶의 방식(lifestyle)'이 있다고 보는데 여기서 '삶의 의미'는 우리가 믿는 하나님에 대한 깊은 이해이고, '삶의 방식'은 그러한 믿음이 행동으로 나타내어지는 것이며, 이 두 가지는 항상 연관성을 가져야 된다고 강조합니다. 에베소서는 이러한 두 가지를 잘 포함하고 있으며, 『주님이 꿈꾸신 그 교회』는 성경신학적인 내용과 함께 교인들이 실천적인 삶을 살 수 있도록 에베소서를 해석해 주는 탁월한 지침서입니다.

저자 박성규 목사님은 그동안 군목으로서, 또한 부산의 대표적인 교회의 담임으로서 다양한 목회의 경험을 바탕으로 에베소서가 우리에게 알려주는 교회의 본질과 성도들의 실천적 삶에 대해서 다양한 학자들, 주석가들, 그리고 성경 원어를 통한 깊이 있는 통찰과 함께 살아있는 예화들을 통해서 독자들에게 성경 본문을 보다 깊고 넓게 이해하도록 인도하고 있습니다. 특히 본서에서 전반부에는 교회 공동체의 본질에 대해서 다루며, 후반부에는 교회의 실천적인 내용인 그리스도를 닮는 것, 하나님을 본받는 것, 배우자에 대한 사랑, 공경하는 자녀, 양육하는 부모, 영적 전투에서의 승리 등 우리 교회 공동체가 관심을 가지는 주제에 대해서 시대에 매우 적절한 해석과 함께 실천적인 제안을 하고 있습니다.

본 저서를 통해서 '주님이 꿈꾸신 그 교회'가 바로 독자들의 교회를 통해서 현실화되는 것을 기대하게 됩니다. 본 저서는 에베소서 강해 설교를 준비하는 목회자와 교회에서 모임을 인도하는 평신도 지도자, 그리고 에베소서를 보다 실천적인 삶의 관점에서 조명하려는 신학생들과 일반 교인들에게 필독서로서 추천하는 바입니다.

김창환
풀러신학대학원 코리안센터 학장

— ◆ —

내가 박성규 목사님을 처음으로 뵌 것은 지금부터 수십 년 전의 일이다. 기억하기로는 1980년 가을이다. 그때 나는 서울 동작구 노량진동에서 이은태 외과 의원을 개업하고 있었다. 그 당시 박 목사님은 총신대 신학생이었는데 급성 충수돌기염(흔히 맹장염이라 함)으로 우리 병원에 입원하게 되었다. 당시 총신대 총장이셨던 정성구 목사님이 당신의 차로 박성규 신학생을 우리 병원에 급히 보내오셨다. 정 총장님은 자기가 아프실 때마다 우리 병원을 찾곤 하셨다. 그러니 나는 정 총장님의 주치의같이 되었고 자연스럽게 총신대학의 교의(校醫) 같이 되어 있었다.

그 학생을 수술해 보니 충수돌기염이 터져서 복막염이 되어있는 아주 위험한 상태였다. 다행히 수술과 치료가 잘 되어서 후유증 없이 무사히 퇴원하였다. 박성규 목사님은 이 일로 부족한 나를 평생 은인으로 생각하고 있다는 과분한 말씀을 주셨다.

지난 2021년 3월 22일 대구 인터불고 호텔에서 '제1회 자랑스러운 영남인상' 수상식에 나를 불러 주셨다. 나의 장인이신 고 명신홍 박사님(총신대학장 역임)이 수상자 중 한 분이셨기 때문이었다. 세 분이 받으셨는데, 백남조 장로님과 김추호 장로님이셨다. 박성규 목사님은 그때 행사의 책임자로서 큰 수고를 아끼지 않으셨다.

내가 보기에 박성규 목사님은 지금은 목회를 하시지만 언젠가는 신학교에서 학생을 가르치실 실력 있는 신학자로 느껴졌다. 나에게 5권의 저서를 보내주셨는데 모두가 평범한 책 같지 않았다. 흔히 느끼기 쉬운 지루함이 없고, 읽기 쉬우면서도 진리의 정곡을 여지없이 드러내며, 큰 감동을 주었기 때문이다. 저서 중 특히 감명 깊었던 책은 『사도신경이 알고 싶다』(넥서스CROSS, 2019)였다. 우리가 꼭 알고 믿어야 할 신조인 사도신경을 하나도 빠뜨리지 않고 너무나도 잘 해설하고 있다. 특히 기독교의 가장 중요하면서도 이해하기 어려운 '삼위일체'를 어쩌면 그렇게 오묘하게 해설했는지, 나의 신앙생활 중 가장 어려운 문제가 처음으로 눈 녹듯이 사라짐을 느꼈다.

박성규 목사님이 이번에는 에베소서 강해집 『주님이 꿈꾸신 그 교회』를 내신다고 하니 매우 반갑고 큰 기대감이 생긴다. 에베소서는 사도 바울이 교회가 무엇인지에 대해 기록한 성경으로서, 코로나 시대에 교회의 정체성에 대해서 흔들리는 성도들에게 매우 좋은 길잡이가 될 것으로 생각한다. 『주님이 꿈꾸신 그 교회』를 읽는 자마다 참 예수 그리스도를 발견하고 영원한 하늘나라에 기쁨으로 들어가게 되기를 간절히 소망한다.

이은태
송학대교회 원로장로

— ◆ —

주님의 몸 된 교회는 사랑입니다. 삼위 하나님의 지극한 사랑이 부어지고, 성도들의 헌신적인 사랑으로 세워지는 곳이 교회입니다. 그리고 교회 사랑의 결정체는 예배요, 올바른 예배가 성도의 신앙을 결정합니다.

이번에 박성규 목사님이 참으로 좋은 책을 펴냈습니다. 지금 백 년에 한 번 올까 하는 역사의 불청객 코로나 사태로 인해 한국 교회가 코로나 이전으로 회복이 가능할까 염려하고 있지만, 회복을 넘어 부흥으로 가는 열쇠가 이 책 속에 담겨 있습니다. 진정한 교회 사랑으로 참된 예배자가 되는 것이 코로나를 넘어 4차 산업혁명이 가지는 반기독교적인 세속적 속성의 모든 장벽을 뛰어넘는 열쇠입니다. '주님이 꿈꾸신 그 교회'를 사모하며, 모든 성도들이 바른 예배자가 되기를 소원하는 저자의 간절함이 책의 갈피마다 펄펄 끓고 있습니다.

근자에 에베소서를 이처럼 친절하면서도 깊이 있게 다룬 책이 또 있을까 생각합니다. 성도를 향한 목자의 심정이 페이지마다 말씀의 혈관을 타고 뜨거운 사자후로, 때로는 안타까운 눈물로 흐르고 있습니다. 어떻게 하면 이 땅에 하나님의 나라를 더욱 임하게 할까, 어떻게 하면 주님의 몸 된 교회를 더 사랑할까, 어떻게 하면 예배의 영광을 삶으로 재현할까를 고민하고 열망하는 모든 사역자와 평신도들에게 일독을 기쁨으로 추천합니다.

오정현
사랑의교회 담임목사, 사랑글로벌아카데미 총장

우리는 처음 경험하는 코로나 상황에 처해 있습니다. 이전에 경험해 보지 못했던 상황이라 물어보고 조언을 구할 곳도 없습니다. 그러다 보니 우리는 뜻하지 않게 상황에 따라 흘러가는 모습을 발견하게 됩니다. 코로나가 한국 교회에 끼친 가장 큰 영향을 꼽으라면 단연 온라인 예배입니다. 언제부터인가 우리는 '함께 모여' 예배를 드릴 수 없게 되었습니다. 이는 단순한 대면 예배에 대한 제한이 아닙니다. 우리는 '한 공간에서 한곳을 바라보며 나누는 유대감'을 잃어버리게 된 것입니다. 성도의 정체성은 '함께 드리는 예배'에서 출발합니다. 그렇기에 예배와 교회에 대한 성경적 이해는 우리에게 더욱 필요합니다.

박성규 목사님의 『주님이 꿈꾸신 그 교회』는 코로나 상황에서 몸으로 부딪히며 방향을 찾아가는 한국 교회에 나침반과 같은 책입니다. 교회의 본질적 의미와 사명에 대해 자세하게 풀어내며 어디로 가야 할지 길을 제시하고 있기 때문입니다. 이 책은 성도의 정체성을 교회로 규정하면서 시작합니다. 그리고 교회로서 성도가 세상에서 무엇을 해야 하는지 구체적으로 설명합니다. 사도 바울이 전해주는 교회의 지향점들을 어렵지 않은 언어로 차근차근 풀어내고 있는 것이 큰 강점입니다.

이 책은 마치 한국 교회를 향한 처방전 같습니다. 좋은 의사가 환자에게는 쓰지만 꼭 필요한 약을 처방하듯, 책의 곳곳에서 한국 교회와 성도들에 대한 애정이 묻어납니다. 이 책을 통해 한국 교회가 교회를 향한 하나님의 영원한 계획을 다시 기억하며 연합되기를 소망합니다. 그리고 더 나아가 성도 한 사람 한 사람이 하나님이 세우신 교회로서 세상에서 겸손한 증인이 되기를 축복합니다.

송태근
삼일교회 담임목사

— ◆ —

거대한 변화의 시대를 살고 있습니다. 코로나 팬데믹으로 지구촌이 뒤숭숭할 뿐 아니라 신앙의 일상마저 뒤흔들어 놓았습니다. 모든 영역에서 변화를 해야 한다는 요구에 시달리고 있습니다. 사람들의 얼굴에는 혼돈 속에서 불안한 기색이 역력해 보입니다. 이때 필요한 것은 상황에 휘둘리기보다 절대적인 기준을 붙잡는 일입니다. 흔들릴수록 본질에 대한 집중력이 요구됩니다.

저자의 에베소서를 중심으로 한 교회론은 요즘과 같은 시기에 매우 필요한 책입니다. 시대가 변해도 흔들릴 수 없는 본질을 붙잡게 해주는 이 책은 너무도 적절한 타이밍에 출간되었습니다. 교회를 다니고 있지만 교회를 모르는 신자들, 목회를 하고 있지만 교회론에 대한 목마른 목회자들에게도 큰 도움이 될 것입니다. 저자는 심혈을 기울여 내용이 충실하고 기본이 탄탄한 교회론을 펴냈습니다. 목회자는 물론이고 그리스도인이라면 한 번쯤은 정독을 해야 할 책이 나왔습니다.

이규현
수영로교회 담임목사

— ◆ —

에베소서는 매우 깊이 있는 성경입니다. 하나님께서 박 목사님을 통하여 에베소서를 잘 이해하도록 책을 써 주셨습니다. '성경 중에 여왕'이라고 불릴 만큼 아름다운 문체를 가진 동시에 깊이가 있는 에베소서를 박 목사님은 성령님의 조명을 의지하여, 신실한 성경 학도가 되어 꼼꼼히 주해하며 실제적으로 적용하였습니다.

그래서 이 강해서는 에베소서를 이해하는데 매우 중요한 책입니다. 모든 평신도에게 권할 만큼 쉽게 설명되어 있으며, 깊이 있는 연구를 위한 평신도와 목회자를 위할 만큼 성실하게 각주와 용어 해설을 담아놓았습니다. 각 장의 끝에는 적용할 수 있도록 가이드라인이 적용 질문으로 정리되어 있습니다. 그러므로 에베소서를 더 잘 알아가기를 원하는 모든 분들에게 이 책을 적극적으로 추천합니다.

박성규 목사님은 예수님을 닮아가는 인격자입니다. 박 목사님과 제가 알아온 시간은 41년이 넘습니다. 내수동 언덕에서의 만남이 이렇게 오랜 세월 하나님 나라를 세워가는 동역이 될 줄은 몰랐습니다. 그러나 이 만남은 참 복된 만남입니다. 예나 지금이 한결같이 주님을 닮아가는 박 목사님의 인격에서 우러나온 설교가 모아진 강해서이기 때문에 『주님이 꿈꾸신 그 교회』는 더욱 신뢰가 갑니다.

코로나19로 말미암아 교회는 위기를 만났습니다. 교회가 무엇인지, 교회인 성도는 누구인지, 그 정체성의 혼란을 앓고 있습니다. 이럴 때 에베소서를 읽는 것은 본질의 힘으로 문제를 돌파하는 계기가 될 것입니다. 우리를 알곡 신자, 알곡 교회로 만들 것입니다.

오정호
새로남교회 담임목사, 미래목회포럼 대표

— ◆ —

에베소서는 바울 서신의 꽃봉오리와 같은 서신이며 구원과 교회를 위한 위대한 진리를 담은 책입니다. 개인적으로 가장 좋아하는 성경 본문 가운데 하나여서 몇 번에 걸쳐 강해하기도 했던 책입니다. 이번에 사랑하고 존경하는 친구인 박성규 목사가 에베소 강해집을 내게 되어 행복하게 추천합니다. 이 시대 누구보다도 헌신되고 진실한 목회자인 박성규 목사의 목양적 고민과 성도 사랑함이 잘 녹아 있는 귀한 강해서이므로 누구든지 읽을 때마다 큰 경건의 유익과 복음 진리의 아름다움을 넉넉히 누리시게 될 것을 믿어 의심치 않습니다.

화종부
남서울교회 담임목사

—◆—

개인이나 어떤 조직이든 리더를 잘 만난다는 것은 큰 복이다. 나도 1994년 국방대학원 교회에서 일생일대의 복을 받았는데, 그것은 해군 소령이자 중등부 교사로서 박성규 목사님과의 만남이었다.

석사 학위 2년 동안 예수님의 심장을 지니고 삶의 전 영역에서 그리스도의 향기를 발하며 신앙의 본이 되는 목사님의 섬김과 양육을 통해 참 행복했고, 신앙생활에 대전환점을 맞이했다. 특히 목사님의 기도에 힘입어 난생 처음 살아계신 예수님을 새벽기도 시간에 만나 이후 미력하나마 해군 복음화의 담대한 증인으로 거듭날 수 있었다.

오랜 이별 후 하나님께서는 내가 2010년 청해부대장겸 최영함장으로 소말리아 대해적작전 파병을 떠나기 직전 목사님과 두 번째 만남을 허락해 주셨다. 목사님과 부전교회를 우리 청해부대의 든든한 기도의 후원자로 세워주시기 위함이었다. 그 결과 세계를 놀라게 한 아덴만 여명작전 신화를 창조할 수 있었다고 믿으며, 이 자리를 빌려 목사님과 부전교회 성도님들의 뜨거운 기도와 성원에 머리 숙여 감사드린다.

코로나19로 어려운 시기 목사님이 대한민국 성도들을 위해 에베소서 강해집 『주님이 꿈꾸신 그 교회』를 발간한다는 소식을 듣고 참 기뻤다. 그런데 자격 없는 나에게 추천사를 부탁하셔서 많이 망설이다가 일반 성도 입장에서 책에 대한 느낌을 담아보자는 마음으로 겨우 수락했다.

나는 솔직히 성경 강해집은 어렵고 재미없을 거라고 생각했는데, 완전 편견이었다. 그동안 어렵게 느꼈던 하나님의 그리스도를 통한 인류 구원 계획의 비밀, 주님의 몸 된 교회와 주신 사명, 구원받은 성도의 변화된 삶, 그리고 영적 싸움에서 승리할 비결 등이 너무도 쉽게 이해되었다. 군인으로서 나는 영적 전쟁에 대해 더욱 피부에 와닿았다.

평소 목사님의 말씀을 통해 부전교회 성도들이 받았을 하나님의 은혜가 가슴에 느껴졌다. 본서를 통해 대한민국 성도들이 같은 은혜를 받을 수 있다는 생각에 기쁘고 감사한 마음이다. 그래서 나처럼 에베소서를 읽어도 잘 이해되지 않고 가정, 교회, 그리고 직장에서 구원받은 성도로서 어떤 삶을 살아야 하는지에 대해 아직 명쾌한 답을 얻지 못한 분이 계신다면 꼭 일독할 것을 권면해 드린다.

조영주
전 아덴만 여명작전 지휘관, 해군 예비역 준장, 안수집사

서문

코로나19는 우리의 삶을 온통 바꾸어 놓았습니다. 모든 성도가 마스크를 쓰고 예배를 드리던 첫날, 그 당황스러움은 말로 다 할 수 없었습니다. 소위 사회적 거리두기 방역 원칙으로 인해 성도들은 더 외로워졌습니다. 예배도 지장을 받았습니다. 예배당에 들어오는 성도들의 수를 제한하기도 하고, 필수 인원 약 20명을 제외하고는 예배당에 들어오지 못하게 함으로써 우리는 초유의 어려움에 직면했습니다. 예배는 교회의 생명입니다. 교회가 존재하는 이유 중의 하나가 하나님께 예배드리는 것입니다. 예배는 하나님을 영화롭게 하고, 하나님과의 영적인 교제를 나누며, 우리의 영혼과 인생을 살리는 은혜를 받는 시간입니다. 그런데 그 생명 같은 예배를 모여서 드리지 못하게 되었습니다.

방역의 단계가 높아짐에 따라 영상 예배를 드리는 경우가 많았습니다. 모니터나 스마트폰 화면으로 접하는 예배는 너무나도 생소했습니다. 어떤 분은 오히려 더 집중할 수 있다는 분도 계셨지만, 대부분은 현장에서 함께 모여 드리는 예배의 감동보다는 못하다고 했습니다. 어느덧 영상 예배에 익숙해져서 방역 단계가 낮아져도 현장 예배로 돌아오지 않는 경우도 있습니다. 영상 예배를 너무 우호적으로 생각해서는 안 됩니다. 교회는 공동체이기에 공동체 예배가 중요합니다. 모두가 함께 모여 드릴 때 얻는 유익이 많습니다. 영상 예배는 팬데믹 상황과 같은 특별한 상황에서 나온 일시적 허용으로만 보아야 합니다.

모든 예배는 하나님을 대면하는 것이 목적입니다. 따라서 대면 예배, 비대면 예배라는 용어는 적절하지 않다고 생각합니다. 그 용어는 사람을 중심으로 한 것입니다. 사람들이 서로 대면하는 예배와 대면하지 못하는 것을 기준으로 한 것입니다. 현장에서 드리든, 영상으로 드리든 모든 예배는 하나님을 대면하는 것입니다. 야곱이 얍복 나루터에서 하나님을 대면하고 그 곳을 브니엘(직역하면 하나님의 얼굴, 의역하면 하나님을 대면하였다는 뜻)이라고 했습니다.

> 그러므로 야곱이 그 곳 이름을 브니엘이라 하였으니 그가 이르기를 내가
> 하나님과 대면하여 보았으나 내 생명이 보전되었다 함이더라
> _창세기 32:30

야곱이 혼자서 야외 나루터에서 드린 기도의 자리에서 하나님을 대면했듯이, 영상 예배에서도 하나님을 대면할 수 있습니다. 그러므로 오늘의 예배를 대면 예배와 비대면 예배로 구분하기보다는 '현장 예배'와 '영상 예배'로 구분하는 것이 더 좋겠습니다.

야곱은 혼자 남은 그 자리에서 하나님을 대면하였고, 그 은혜로 20년이 넘은 형과의 원한 관계를 해결 받게 됩니다. 예배에서 하나님을 대면하는 것은, 하나님을 영화롭게 하는 것입니다. 하나님을 진정으로 예배하는 자만

이 하나님을 대면하는 은혜를 누리기 때문입니다. 동시에 하나님을 대면하면 내 힘으로 해결할 수 없는 인생의 문제를 해결 받게 됩니다. 마치 야곱처럼 말입니다. 오늘날 위드 코로나 시대에, 또 앞으로 있을 수 있는 또 다른 팬데믹 시대에 가장 중요한 것은 성도가 하나님을 대면하는 은혜를 받게 돕는 것입니다. 예배의 중요한 요소 중 하나인 설교를 연구하는 설교학은 예배가 하나님을 대면하는 것임을 설명해 줍니다.

설교학은 영어로 호밀레틱스(Homiletics)입니다. 헬라어 호밀레티코스(ὁμιλητικός)에서 유래했습니다. 호밀레티코스는 호밀리아(ὁμιλία)에서 왔습니다. 호밀리아의 뜻은 교제(association), 하나님과의 영적 교통(intercourse), 설교(sermon) 입니다.[1] 설교의 가장 중요한 기능은 성도들이 하나님과 교통할 수 있도록 섬기는 것입니다. 여기서 말하는 교통(交通)은 자동차가 오고 가는 것을 말하는 것이 아닙니다. 깊은 교제를 의미합니다. 물론 한자로는 같은 교통(交通)이라는 단어입니다. 그러나 영어로는 다릅니다. 자동차가 오가는 교통은 트래픽(traffic)이지만, 하나님과의 교통은 커뮤니온(communion)입니다.

---

1   Walter Bauer, *Griechisch-Deutsches Wörterbuch zu den Schriften des Neuen Testaments*, tr. William F Arndt and F. Wilbur Gingrich, A Greek-English Lexicon of the New Testament (Chicago: The University of Chicago Press, 1979), p. 565.

커뮤니온은 라틴어에서 유래한 단어로 '함께'라는 쿰(*cum*)과 '하나'라는 우노(*uno*)에서 온 말입니다. 즉 '함께 하나가 되다'라는 뜻입니다.[2] 그러므로 커뮤니온은 교제하는 두 대상이 하나가 되는 깊은 교제를 의미합니다. 펠로십(fellowship) 보다 깊은 교제입니다. 성찬을 커뮤니온이라고 합니다. 성찬을 통해 그리스도와 성찬에 참여하는 성도가 하나 되기 때문입니다. 그때는 대문자 C(Communion)를 사용합니다. 사실 예배의 모든 순서는 하나님과의 깊은 교통의 시간이어야 합니다.

코로나 시대에 성도들이 가장 갈망하는 것은 하나님과 깊은 교제인 '교통'이라고 생각합니다. 이 책은 코로나 시대에 성도들을 돕기 위해 시도해 본 '올 라인 전교인 수련회'의 말씀을 담았습니다. 오프라인(off-line) 현장 예배와 온라인(on-line) 영상 예배로 진행된 '올 라인(all-line) 전교인 수련회'를 시도한 이유는 현장과 가정에서 수련회에 참여하면서 하나님을 대면하도록 돕기 위함이었습니다. 그 결과 이 수련회를 통해 개인 경건의 삶과 가정예배가 많이 회복된 것을 볼 수 있었습니다. 나아가 교회가 전반적으로 건강하게 된 것은 큰 수확입니다. 저희의 작은 시도가 여러분의 교회에도 도움이 되길 바랍니다.

올 라인 전교인 수련회에서 나눈 말씀은 '에베소서'였습니다. 왜냐하면 코

---

2 https://www.etymonline.com/word/communion

로나 시대를 맞이하면서 '교회란 무엇인가'에 대한 물음이 많아졌기 때문입니다. 에베소서에는 교회가 무엇인지, 무엇을 해야 하는지, 무엇을 추구해야 하는지에 대한 하나님의 뜻이 담겨있습니다. 그 결과는 너무나도 유익했습니다. 코로나 시대에도 교회의 본질을 되찾게 해주었고, 하나님과 대면하는 은혜를 누리게 되었습니다. 교회는 예배당 건물(building)이 아닙니다. 교회는 구원받은 성도, 즉 사람(person)입니다. 그러므로 에베소서는 구원받은 성도에 대한 책입니다. 이 책의 각 장의 키워드를 모두 '교회'로 잡았습니다. 그 이유는 교회인 성도가 어떤 사람이고, 어떤 삶을 살아야 하는지를 강조하기 위함입니다.

본래 10주에 걸쳐 주일과 금요일 밤 기도회에 말씀을 전했기에, 총 20편의 설교였습니다. 그것을 8주에 걸쳐 주일과 금요일(혹은 교회 사정에 따라 수요일) 말씀을 전하시도록 16편의 설교로 재정리하여, 장마다 분량에 차이가 좀 있습니다. 설교 영상과 가정예배 영상을 쉽게 접속할 수 있도록 QR 코드도 넣었습니다. 이 책을 활용하여 전교인 수련회를 하려면 별도의 '가이드북'을 만들어 활용하시면 좋습니다. 참고로, 저희 교회가 '올 라인 전교인 수련회'에 사용한 가이드북을 공유해 드릴 수도 있습니다. 설교 요약, 성경 퀴즈, 가정예배지, 에베소서 쓰기, 에베소서 주제 구절 암송하기, 책갈피 등이 들어가 있는데, 이것을 참고하여 사용하시는 교회에 맞게 재편집해 적절하게 활용하시면 됩니다(부전교회 홈페이지 접속 후 '교육훈련' 페이지 하단, 에베소서 올라인에서 자료를 다운로드하시면 됩니다).

에베소서에 대한 이해

에베소서를 이해하기 위해서는 먼저 에베소서를 알아가는 것이 필요합니다. 에베소서는 빌립보서, 골로새서, 빌레몬서와 함께 옥중서신(바울이 로마에 수감된 상황에서 기록한 서신)으로 알려져 있습니다. 그런데 이 에베소서는 '서신 중의 여왕', '가장 영적인 저술', '기독교의 구원과 교회에 대한 대서사시(敍事詩: 어떤 사건을 시간의 흐름에 따라 적은 시)'라고 불릴 만큼 뛰어난 성경입니다.[3] '서신 중의 여왕'이라고 하는 이유는 가장 아름다운 문체이기 때문이고, '가장 영적인 저술'이라 함은 영적 깊이가 대단히 깊기 때문이며, '구원과 교회에 대한 대서사시'라고 함은 창조 이전부터 예수 그리스도의 십자가 사건, 그리고 우리에게 적용된 구원의 위대하고 오랜 역사(歷史)이기 때문입니다. 에베소서를 이해하기 위해 에베소교회가 위치한 에베소라는 도시를 이해하는 것도 좋겠습니다.

도시 에베소에 대한 이해

지금은 에베소에 사람이 살지 않고, 웅대한 유적만 자랑하고 있습니다. 그러나 1세기의 에베소는 소아시아 서부에서 가장 중요한 도시였고 정치, 경제, 종교의 중심지였습니다.

---

3   기독지혜사 편, 『카리스 주석: 에베소서』 (서울: 기독지혜사, 2002), p. 459.

에베소 셀수스 도서관   에베소 대극장

정치적으로는 아시아 총독이 이곳에 주재(駐在) 했기에 정치의 중심지였습니다. 경제적으로는 이곳이 아시아 통관 항구(通關港口)였기에 아시아로 들어오고 나가는 모든 물동량의 수출입이 이곳에서 이루어짐으로 경제의 중심지였습니다. 종교적으로는 우상숭배의 중심지였습니다. 에베소에는 세계 7대 불가사의(不可思議) 중 하나인 아데미 신전이 있었습니다. 사도행전 19장 34절을 보면, 에베소 시민들은 '에베소의 아데미 신은 위대하다(Great is Artemis of the Ephesians!)'라고 외쳤습니다. 심지어 에베소의 행정을 맡은 서기장(시의회의 공문을 작성하며, 로마 총독부와 에베소 시의 연결 역할 하는 중요한 관리)[4] 이 에베소 시가 아데미와 제우스의 신전지기(guardian, 사도행전 19:35)라고 부

---

4   F. F. Bruce, *The New International Commentary on the New Testament: The Book of the ACTS* (Grand Rapids: Wm. B. Eerdmans Publishing Company, 1986), p. 401.

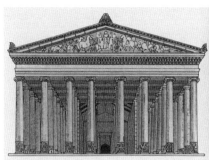

에베소 아데미 신전

를 만큼 종교의 중심지였습니다. 이렇게 에베소 시는 아시아의 정치, 경제, 종교의 중심지였습니다. 그만큼 시민들의 자존심이 높았고, 많은 돈 때문에 타락할 수 있었으며, 아데미 신앙의 영향으로 우상숭배가 강한 상황이었습니다.[5]

한편 에베소에는 유대인들도 많이 살았습니다. 광역 에베소 지역에 약 1~2만 명이 살았습니다. 이들은 바울이 복음을 전하는데 적지 않은 방해를 했습니다. 정리하면, 정치적인 중심지라는 자만심, 경제적 부로 인한 타락, 심각한 우상숭배의 문제, 유대인들의 방해가 에베소라는 도시의 특성이었고, 이것이 복음 전파에 영향을 미쳤습니다.

---

5 Charles R. Swindoll, *Swindoll's New Testament Galatians, Ephesians*, 윤종석 옮김, 『찰스 스윈돌 신약 인사이트 주석 시리즈 갈라디아서, 에베소서』 (서울: 도서출판 디모데, 2013), p. 191

어떻게 보면, 지금의 대한민국 상황이 그런 것 같습니다. 반만년 역사 가운데 우리나라는 가장 잘 사는 나라가 되었습니다. 이제는 선진국이 되었습니다. 그리고 정치적 영향력이 세계 속에 증대하고 있고, BTS를 비롯한 한류 대중문화가 세계적인 수준에 도달했습니다. 우리는 교만하여 하나님을 무시하는 그런 시대에 살고 있습니다. 한걸음 더 나아가 반기독교적인 문화와 우상의 문화는 우리의 신앙을 위협하고 있습니다. 바로 이때 에베소서를 다시 손에 들게 되어 하나님께 감사드립니다. 그렇다면 에베소 시에 교회는 어떻게 설립되었을까요?

에베소교회의 설립

에베소교회는 바울의 2차 선교여행에서 돌아오는 길에, AD 52년경 그리스에서 예루살렘으로 가는 길에 방문하여 세웠습니다. 그 후 자신은 예루살렘으로 가면서 브리스길라와 아굴라를 남겨두어 돌보게 하였습니다(사도행전 18:18~21). 바울은 AD 53년경 3차 선교여행 중 에베소에 다시 방문하여 3년간 말씀을 전했습니다. 이때 두란노서원에서도 강론하였습니다(사도행전 19:9~10). 그래서 에베소교회를 더욱 견고하게 세워갔습니다. 이 교회에 보낸 편지가 에베소서입니다.

에베소서 기본 정보

에베소서는 사도 바울이 기록한 성경입니다(에베소서 1:1). 그가 로마에 1차 투옥되었을 때 로마에서 기록하였습니다(사도행전 28:16, 30~31). 그래서 옥중서신(獄中書信, prison epistle)이라고 부릅니다. 기록 연대는 로마에서 1차 투옥 중이었던 AD 60년경(사도행전 28:16~31)으로 추정됩니다. 이 서신의 수신자는 말할 것도 없이 에베소 성도들(에베소서 1:1)입니다. 기록한 목적은 에베소교회의 신앙을 단단하게 해주기 위해 바른 교리를 가르치고, 교회가 교회다운 삶을 살도록 성화의 지침을 제시하는 것이었습니다. 에베소서의 기본 주제는 교회론인데, 그 안에 구원, 교회, 성도의 성화, 가정, 사회, 영적 전쟁을 다루고 있습니다.

바울의 인생 연대표

바울과 그의 사역을 이해하기 위하여 「바울의 인생 연대표」[6]를 정리했습니다. 여기에 나오는 연대는 자료마다 다소 차이가 있을 수 있습니다.

AD 5	바울의 출생
AD 35	바울의 회심(사도행전 9:1~19)

---

6 https://mpichurch.org/wp-content/uploads/2017/02/Unknown-1.jpeg 이 사이트 도표 참조

AD 35~38	아라비아 여행(갈라디아서 1:17)
AD 38	예루살렘 2주간 방문(사도행전 9:26~29; 갈라디아서 1:18~19)
AD 38~43	시리아와 길리기아 사역(사도행전 9:30; 갈라디아서 1:21)
AD 43	시리아 안디옥 도착(사도행전 11:25~26)
AD 43~44	기근으로 고생하는 유대의 형제들을 돕는 지원금을 가지고 예루살렘 방문(사도행전 11:27~30, 12:25; 갈라디아서 2:1~10)
AD 46~48	제1차 선교여행(사도행전 13:2~14:28)
AD 48~49	시리아 안디옥에서 사역
AD 49~50	예루살렘 공의회(사도행전 15:1~29; 갈라디아서 2:1~10)
AD 50~52	제2차 선교여행(사도행전 15:40~18:23)
AD 51	고린도에서 데살로니가전서 기록
AD 51~52	아가야 총독 갈리오 앞에 섬 (고린도는 아가야의 주도(州都), 사도행전 18:12~17)
AD 51~52	고린도에서 데살로니가후서, 갈라디아서 기록
AD 52	에베소교회 설립
AD 52	예루살렘과 시리아 안디옥으로 돌아옴(사도행전 18:22)
AD 53~57	제3차 선교여행(사도행전 18:23~21:17)
AD 53~55	에베소에서 사역(사도행전 19:1~20:1)
AD 55	에베소에서 고린도전서 기록, 마케도냐에서 고린도후서 기록
AD 57	고린도에서 로마서 기록

AD 57	예루살렘에서 체포됨(사도행전 21:27~22:30)
AD 57~59	가이사랴에 수감(사도행전 23:23~26:32)
AD 59~62	제1차 로마 투옥(사도행전 28:16~31)
AD 60	투옥 중 에베소서, 골로새서, 빌레몬서 기록
AD 61	투옥 중 빌립보서 기록
AD 62	석방
AD 62~67	크레테섬 등 선교지 방문(디도서 1:5)
AD 63~65	마케도냐에서 디모데전서, 디도서 기록
AD 67~68	제2차 로마 투옥
AD 68	로마 마메르틴 지하 감옥(Mamertine dungeon)에서 디모데후서 기록
AD 68	재판과 순교

이제 에베소서에 대한 대략적 이해를 마치고, 1장으로 들어가겠습니다.

Contents

1장

교회인
우리가
삼위일체 하나님을
찬송해야 할
이유_에베소서 1:1~14

강론

강론

가정예배

에베소서 1:1~14

1 하나님의 뜻으로 말미암아 그리스도 예수의 사도 된 바울은 에베소에 있는 성도들과 그리스도 예수 안에 있는 신실한 자들에게 편지하노니 2 하나님 우리 아버지와 주 예수 그리스도로부터 은혜와 평강이 너희에게 있을지어다 3 찬송하리로다 하나님 곧 우리 주 예수 그리스도의 아버지께서 그리스도 안에서 하늘에 속한 모든 신령한 복을 우리에게 주시되 4 곧 창세 전에 그리스도 안에서 우리를 택하사 우리로 사랑 안에서 그 앞에 거룩하고 흠이 없게 하시려고 5 그 기쁘신 뜻대로 우리를 예정하사 예수 그리스도로 말미암아 자기의 아들들이 되게 하셨으니 6 이는 그가 사랑하시는 자 안에서 우리에게 거저 주시는 바 그의 은혜의 영광을 찬송하게 하려는 것이라 7 우리는 그리스도 안에서 그의 은혜의 풍성함을 따라 그의 피로 말미암아 속량 곧 죄 사함을 받았느니라 8 이는 그가 모든 지혜와 총명을 우리에게 넘치게 하사 9 그 뜻의 비밀을 우리에게 알리신 것이요 그의 기뻐하심을 따라 그리스도 안에서 때가 찬 경륜을 위하여 예정하신 것이니 10 하늘에 있는 것이나 땅에 있는 것이 다 그리스도 안에서 통일되게 하려 하심이라 11 모든 일을 그의 뜻의 결정대로 일하시는 이의 계획을 따라 우리가 예정을 입어 그 안에서 기업이 되었으니 12 이는 우리가 그리스도 안에서 전부터 바라던 그의 영광의 찬송이 되게 하려 하심이라 13 그 안에서 너희도 진리의 말씀 곧 너희의 구원의 복음을 듣고 그 안에서 또한 믿어 약속의 성령으로 인치심을 받았으니 14 이는 우리 기업의 보증이 되사 그 얻으신 것을 속량하시고 그의 영광을 찬송하게 하려 하심이라

에베소서 1장의 첫 내용은 교회인 우리가 삼위일체 하나님을 찬송해야 하는 이유를 밝혀주고 있습니다. 다른 말로 하면, 에베소서 1장은 삼위일체 하나님에 대한 찬송으로 이루어져 있습니다.

- 에베소서 1장 6절은 성부 하나님에 대한 찬송입니다. 3~5절에 우리를 구원하기로 선택, 예정하시고 그 구원을 이루시기 위해서 독생자를 보내신 그 어마어마한 은혜에 대한 감사로 찬송을 드리는 것입니다.
- 에베소서 1장 12절은 성자 하나님에 대한 찬송입니다. 7~12절에 우리를 위해 피 흘리신 그 은혜는 참으로 놀랍고 놀라울 뿐입니다. 그래서 그 은혜에 대한 감사로 찬송을 드리는 것입니다.
- 에베소서 1장 14절은 성령 하나님에 대한 찬송입니다. 13절에 우리를 하나님의 자녀로 인(印) 치시고(도장 찍으심, 하나님의 소유된 자녀요 백성임을 확인시켜주시고 성도 안에 내주하심) 그 구원이 확실함을 보증해 주신 것에 대한 감사로 찬송을 드리는 것입니다.

이렇게 삼위일체 하나님에 대한 찬송이 에베소서 1장의 내용입니다. 교회란 무엇입니까? 삼위일체 하나님께 찬송을 드리는 사람들이 교회입니다. 그리고 교회가 모인 건물, 즉 예배당(교회당)은 삼위일체 하나님을 찬송하는 장소입니다.

1절부터 살펴보겠습니다.

> 하나님의 뜻으로 말미암아 그리스도 예수의 사도 된 바울은 에베소에 있
> 는 성도들과 그리스도 예수 안에 있는 신실한 자들에게 편지하노니
> _에베소서 1:1

이 편지를 쓰고 있는 사람은 자신의 이름을 바울이라고 밝히고, 자신의 직책을 사도라고 밝히고 있습니다. 사도(使徒)란 '보냄 받은 사람들'입니다. 헬라어로는 아포스톨로스(ἀπόστολος)이고, 영어로는 아포슬(apostle)이라고 합니다. 역시 그 뜻은 '보냄 받은 사람[7]'이란 뜻입니다. 좁은 의미에서는 열두 제자를 뜻하고, 넓은 의미에서는 바울과 바나바 등을 포함합니다.
F. F. 브루스 박사는 "그는 그리스도의 사도라고 자신의 신분을 밝혔다"[8]고 했습니다. 바울은 사도로서의 분명한 정체성을 가졌다는 말입니다. 정체성이 중요한 이유는 내가 누구인지를 명확히 알면 아무리 어려운 상황이라

---

7 https://en.wikipedia.org/wiki/Apostle Apostle is one who is sent off.
8 F. F. Bruce, The *New International Commentary on the New Testament: The Epistles to the Colossians to Philemon and to the Ephesians*, (Grand Rapids: Wm. B. Eerdmans Publishing. Company, 1984), p. 249. he identifies himself as Christ's apostle.

도 그 상황을 극복할 수 있는 힘이 있기 때문입니다. 바울은 사도의 정체성을 분명히 가지고 있었기에 투옥된 상황에서도 에베소 성도들을 생각하면서 편지를 써서 그들을 격려하고 믿음 생활을 붙잡아줄 수 있었습니다.

지금은 편지 쓰기가 쉽지만, 그때는 종이도 귀하고 펜도 귀한 시절이었습니다. 그리고 '내가 꼭 이렇게까지 해야 하나?' 하는 생각도 들었을 것입니다. 그러나 자아 정체감(나는 누구인가)에 대한 확신이 있는 사람은 상황에 굴복하지 않고 돌파할 마음을 가지게 됩니다. 바울도 열악한 환경, 제한된 모든 상황을 초월하여 그가 할 수 있는 최선의 방법을 연구했고, 그것이 바로 에베소서를 쓰는 것이었을 겁니다.

우리의 신앙생활에서도 자아 정체성이 중요합니다. 성도라는 정체성, 하나님의 아들과 딸이라는 자아 정체성을 가지고 있으면 상황이 아무리 어려워도 그 상황을 돌파하는 용기와 창의력을 얻게 됩니다.

이어 에베소서 1장 1절은 편지 수신자에 대해 다음과 같이 말씀합니다.

> **하나님의 뜻으로 말미암아 그리스도 예수의 사도 된 바울은** 에베소에 있는 성도들과 그리스도 예수 안에 있는 신실한 자들**에게 편지하노니**
> _에베소서 1:1

"에베소에 있는 성도들과 그리스도 예수 안에 있는 신실한 자들"은 서로 다른 사람을 말할까요? F. F. 브루스 박사는 그의 주석에서 다음과 같이 말합니다.

바울과 그의 동역자들에게 '성도들'과 '그리스도 안에 신실한 자들'은 동의어이다.[9]

에베소서 1장 1절에서 "에베소에 있는 성도들과 그리스도 예수 안에 있는 신실한 자들"은 동일한 사람들을 가리킵니다. 여기서 우리는 성도는 어떤 사람이 되어야 하는가를 생각하게 됩니다. 그것은 바로 '그리스도 안에 있는 신실한 사람'이 되어야 한다는 것입니다.

바울은 이러한 성도들을 위해서 은혜와 평강이 있기를 축복합니다(2절). 은혜(한자: 恩惠; 영어: grace; 헬라어: χάρις, 카리스; 히브리어: חֶסֶד, 헤세드)는 사랑, 호의, 받을 자격이 없는 자에게 값 없이 주시는 선물을 의미합니다. 이런 하나님의 은혜는 두 가지로 나타납니다.

첫째, 칭의 차원의 은혜입니다. 죄인 된 우리를 구원하시는 하나님의 사랑, 호의를 뜻합니다. 구원받을 자격이 없는 자에게 값 없이 주시는 선물을 의미합니다.

> 그리스도 예수 안에 있는 속량으로 말미암아 하나님의 은혜로 값 없이 의롭다 하심을 얻은 자 되었느니라 _로마서 3:24

---

9 Bruce, *NICNT: The Epistles to the Colossians to Philemon and to the Ephesians*, p. 250. For Paul and his circle "saints" and "faithful in Christ Jesus" are synonymous. 골로새서 1:2에서 '성도들'과 '신실한 형제들'은 같은 사람인 것이 분명하다. in Col. 1:2, where the 'saints' and 'faithful brothers' are self evidently the same people.

둘째, 성화 차원의 은혜입니다. 성화를 가능하게 하고, 헌신을 가능하게 하는 능력을 부여주시는 은혜입니다. 이것도 역시 받을 자격이 없는 자에게 값 없이 주시는 선물입니다.

> 나에게 이르시기를 내 은혜가 네게 족하도다 이는 내 능력이 약한 데서 온전하여짐이라 하신지라 그러므로 도리어 크게 기뻐함으로 나의 여러 약한 것들에 대하여 자랑하리니 이는 그리스도의 능력이 내게 머물게 하려 함이라_고린도후서 12:9

2절에서 성도들에게 은혜가 있기를 축복할 때 바울이 의도한 은혜는 두 번째 의미의 은혜입니다. 이미 구원받은 성도들을 축복하고 있기 때문입니다.

바울은 은혜가 있기를 축복한 후, 평강이 있기를 축복합니다. 평강(한자: 平康; 영어: peace; 헬라어: εἰρήνη, 에이레네; 히브리어: שׁלוֹם, 샬롬)의 뜻은 평화, 평안 등인데, 특히 어떤 환경에도 방해받지 않고 누리는 평화를 의미합니다. 그렇다면, 이러한 은혜와 평강은 어디서 오는 것일까요?

> 하나님 우리 아버지와 주 예수 그리스도로부터 은혜와 평강이 너희에게 있을지어다_에베소서 1:2

어떤 환경에도 방해받지 않고 누리는 평화는 하나님 우리 아버지와 주 예수 그리스도로부터 옵니다. 누구도 이런 평화를 줄 수 없습니다. 오직 하나님만이 이 평화를 주십니다.

세상이 아무리 힘들어도 하나님이 주시는 은혜의 힘과 어떤 환경에도 방해받지 않는 평화를 누린다면, 우리는 그 어떤 시련도 능히 이길 수 있습니다. 에베소서를 묵상하면서 그 은혜와 평강을 누리길 축복합니다. 나아가 서로에게 이러한 은혜와 평강이 있기를 기도하며 축복하길 바랍니다.

우리의 기도제목 가운데 하나님이 주시는 이 은혜와 평강이 있어야 합니다. R. A. 토레이(Torrey) 목사님은 기도에 대해 이런 말을 했습니다.

> 우리는 너무 바빠서 기도하지 못하고 있다. 그래서 우리는 너무 바빠서 능력도 소유하지 못하게 되었다. 기도는 하나님께서 행하실 수 있는 모든 것을 할 수 있다!_R. A. 토레이(Torrey)[10]

기도하면, 오늘의 시련과 유혹을 이길 능력인 은혜와 어떤 환경도 빼앗아 갈 수 없는 평안을 누릴 것입니다. 본문은 이제 우리가 성부 하나님을 찬송해야 할 이유를 말해주고 있습니다. 우리는 왜 하나님을 찬송해야 합니까?

1. 성부 하나님을 찬송해야 할 이유

1) 하늘에 있는 영적인 복을 주셨기 때문이다

---

10   We are too busy to pray, and so we are too busy to have power. Prayer can do anything that God can do.

찬송하리로다 하나님 곧 우리 주 예수 그리스도의 아버지께서 그리스도 안에서 하늘에 속한 모든 신령한 복을 우리에게 주시되_에베소서 1:3

신령한 복은 '영적인 복(spiritual blessing)'을 말합니다. 이와 대칭되는 복은 '물질적인 복(material blessing)'입니다. 당신은 이 둘 중에 어떤 복을 더 사모합니까? 적지 않은 분들이 물질적인 복을 더 사랑할 것입니다.

새해 인사를 생각해 보세요. 우리가 "복 많이 받으세요!"라고 인사할 때의 '복'은 건강의 복과 돈 많이 벌라는 덕담입니다. 또 새롭게 사업을 시작하는 사람들에게 "대박 나세요!", "부자 되세요!"라는 말을 많이 합니다. 그 사업장이 하나님의 뜻을 이루는 곳이 되어야 하는데, 우리는 무턱대고 대박과 부자 되라는 말을 서슴없이 합니다. 이는 우리의 가치관에 영적인 복보다 물질적인 복이 더 중요한 물질 만능주의가 깊이 뿌리박혀있기 때문입니다. 물론 물질적인 복이 아주 필요 없다는 것은 아닙니다. 하지만 더 중요한 복이 영적인 복임을 말하고 싶습니다.

심각하게 생각해 보세요. 건강의 복이 얼마나 갑니까? 돈의 복이 얼마나 갑니까? 과연 이것이 진정한 복입니까? 차라리 건강하지 않았다면 못된 짓 안 했을 것이고, 돈이 없었다면 못된 짓 안 했을 사람들이 얼마나 많습니까? 건강의 복도, 돈의 복도 오래가지 않습니다. 물론 정말 잘 사용된 돈과 건강은 하나님께 영광이 됩니다. 그렇다 할지라도 영적인 복과는 비교할 수 없습니다. 몸에서 영혼이 빠져나가면 죽는 것과 같이, 영적인 복을 누리지 못하고 물질적인 복만 누리면 우리는 살아도 죽은 것과 같은 인생을 살 수밖에 없습니다.

칼빈은 기독교강요 제2권 11장에서 구약과 신약의 차이점을 다섯 가지로 설명하던 중 그 첫 번째 차이점을 다음과 같이 설명합니다.

> 구약성경에서 이 땅의 복을 강조하는 것은 구약 성도들을 하늘의 복으로 이끌기 위함이었다. …… 구약의 여호와께서는 자기 백성에게 하늘의 기업을 가르치기 위해서 땅의 복을 사용하셨다. 그러나 이제 복음서는 미래 영생의 은혜를 보다 명료하고 분명하게 계시했다. 주님은 구약 이스라엘 백성에게 사용한 저급한 훈련 방식을 사용하지 않고 직접 진정한 복을 묵상하도록 우리 마음을 이끄신다. …… 그러므로 이러한 하늘의 복을 생각하지 않고 땅의 복만 생각하는 것은 그야말로 무지(ignorance)와 멍청함(blockishness)이 최고조에 달하는 것이다.[11]

구약성경에 나오는 부자들의 이야기를 물질적인 복으로만 보면 안 됩니다. 물질적인 복을 통해 보여주시는 영적인 복을 보아야 합니다. 칼빈의 말대로 "하늘의 복을 생각하지 않고 땅의 복만 생각하는 것은 그야말로 무지와 멍청함이 최고조에 달하는 것"입니다. 우리는 이런 무지와 멍청함에 빠져있지는 않은지 돌아보아야 합니다. 이제부터라도 물질적인 복보다 영적인 복을 우선에 두고, 우리가 받은 물질의 복을 가지고 영적인 복을 위하여 사용하도록 해야 합니다.

---

11 (ed.) John T. McNeil, *Calvin: Institute of the Christian Religion*, vol. 1 (Philadelphia: The Westminster Press, 1970) pp. 449-450.

우리가 성부 하나님을 찬송해야 할 이유는 우리에게 영적인 복을 주셨기 때문인데, 그렇다면 그 영적인 복은 무엇일까요? 그것은 우리를 하나님의 자녀 삼아주신 것입니다. 이것이 바로 우리가 성부 하나님을 찬송해야 할 두 번째 이유입니다.

2) 우리를 하나님의 자녀 삼아주신 것 때문이다

하나님은 우리를 하나님의 자녀 삼기 위해 대단히 오래전부터 계획하셨습니다.

> 곧 창세 전에 그리스도 안에서 우리를 택하사 우리로 사랑 안에서 그 앞
> 에 거룩하고 흠이 없게 하시려고_에베소서 1:4

여기서 "곧"은 앞 절인 3절에 나오는 신령한 복, 즉 영적인 복을 받는 말입니다. 영적인 복이 무엇입니까? 곧 창세 전에 우리를 선택하신 것입니다. 세상을 창조하기도 전에 우리를 선택하셨습니다. 창조보다 먼저 우리를 구원하기로 선택하셨습니다. 이 놀라운 은혜, 이 놀라운 복! 그래서 우리는 성부 하나님을 찬송해야 합니다. 그 선택은 다른 말로 "예정"입니다.

> 그 기쁘신 뜻대로 우리를 예정하사 예수 그리스도로 말미암아 자기의 아
> 들들이 되게 하셨으니_에베소서 1:5

무엇을 예정하셨습니까? 우리를 하나님의 아들과 딸이 되도록 예정하셨습니다. 얼마나 놀랍습니까! 우릴 향한 하나님 계획의 영원함이 말입니다. 세

상을 창조하기 전에 나를 만드실 것을, 또 나를 구원하실 것을 계획하셨다니 참으로 놀라고 놀랍지 않습니까?

가장 오래된 계획, 그것은 우리를 자녀 삼기로 작정하신 하나님의 계획입니다. 그분을 믿게 된 것은 우연이 아니라 창조 전부터 계획하신 하나님 계획의 성취입니다. 하나님이 우릴 구원하시기로 계획하셨기에 우리의 부족함에도 불구하고 이 계획은 반드시 성취될 것입니다.

> 나는 부족하여도 영접하실 터이니
> 영광 나라 계신 임금 우리 구주 예수라[12]

우리가 성부 하나님을 찬송해야 할 이유는 하나님께서 우리에게 이처럼 놀라운 영적인 복을 주셨기 때문입니다. 미천한 피조물이 하나님의 자녀 되는 놀라운 복을 받았기에 우리는 찬송해야 합니다. 또 찬송해야 할 이유는 무엇일까요?

3) 우리를 성화시켜 가시기 때문이다

하나님은 우리를 자녀로 삼으시고 내던져두시는 분이 아닙니다. 그분의 목적은 우리를 거룩하고 흠이 없는 자녀로 만드시는 것입니다. 우리가 구원받은 하나님의 자녀다워질 때, 하나님께서 영광을 받으시며 우리도 행복해집니다. 이것이 우리가 성부 하나님을 찬송해야 할 이유입니다.

성화의 기쁨을 아시지요? 변화된 나를 보고 하나님께서도 기뻐하시고 나

---

12 찬송가 493장 〈하늘가는 밝은 길이〉中.

도 기뻐하게 하십니다. 이것은 하나님께서 우리를 선택하실 때부터 가지신 목적이며 지금도 성취되고 있습니다.

> 곧 창세 전에 그리스도 안에서 우리를 택하사 우리로 사랑 안에서 그 앞
> 에 거룩하고 흠이 없게 하시려고_에베소서 1:4

빅토리아 여왕이 어렸을 때 그 누구도 그녀에게 영국의 차기 여왕이 될 것이라는 사실을 알리지 않았다고 합니다. 그것을 알면 교만해질까 우려했기 때문입니다. 그런데 어느 날 가정교사를 통해 자신이 훗날 영국의 여왕이 될 것을 들었을 때 빅토리아 공주는 다음과 같이 반응했다고 합니다. "그럼 내가 더 선해져야 하겠네요."[13] 그녀가 재위하는 63년 7개월 동안 영국은 산업, 정치, 과학, 군사 분야에서 탁월한 나라로 세워졌습니다. 영국을 해가 지지 않는 위대한 나라로 세운 여왕이 되었습니다.[14] 하나님의 자녀로 선택된 우리도 이제는 그분의 자녀답게 변화되어야 합니다. 그것이 바로 '성화'입니다. 이어서 6절을 보세요.

> 이는 그가 사랑하시는 자 안에서 우리에게 거저 주시는 바 그의 은혜의
> 영광을 찬송하게 하려는 것이라_에베소서 1:6

---

13 Swindoll, 『찰스 스윈돌 신약 인사이트 주석 시리즈 갈라디아서, 에베소서』, P. 206.

14 Victoria(1819-1901) was Queen of the United Kingdom of Great Britain and Ireland from 20 June 1837 until her death. Known as the Victorian era, her reign of 63 years and seven months was longer than that of any of her predecessors. It was a period of industrial, political, scientific, and military change within the United Kingdom, and was marked by a great expansion of the British Empire. The Empire on which the sun never set. https://en.wikipedia.org/wiki/Queen_Victoria

우리에게 영적인 복을 주신 이유, 우리를 창세 전에 선택하고 예정하여 자녀 삼으신 영적인 복을 주신 이유, 구원받은 이후 거룩하고 흠 없는 성화의 삶을 살게 하신 이유는 무엇이라고 말씀합니까? 그것은 미천한 피조물이 하나님의 자녀가 된 은혜에 대하여 찬송하게 하려는 것입니다. 우리 인생에 최고의 영광은 구원받은 영광입니다. 이 영광, 이 은혜를 일평생 찬송하길 바랍니다.

> 날 정케하신 피보니 그 사랑 한없네
> 살 동안 받는 사랑을 늘 찬송하겠네
> 늘 찬송하겠네 늘 찬송하겠네
> 살 동안 받는 사랑을 늘 찬송하겠네[15]

2. 성자 하나님을 찬송해야 할 이유

기독교의 가장 중요한 내용은 하나님이 인간을 위해 죽임당하신 것입니다. 인간을 위해 죽어준 다른 신은 없습니다. 그러나 성자 하나님이신 예수님은 우리를 위해 죽기 위해 오셨습니다. 이 얼마나 놀라운 사랑입니까? 그러므로 우리는 일생이 다하도록 하나님께 찬송을 드려야 합니다.

> 우리는 그리스도 안에서 그의 은혜의 풍성함을 따라 그의 피로 말미암아
> 속량 곧 죄 사함을 받았느니라_에베소서 1:7

---

15 찬송가 258장 〈샘물과 같은 보혈은〉 中.

여기서 중요한 문구는 "그리스도 안에서"입니다. 사도 바울이 즐겨 쓰는 표현입니다. 그리스도 안에서는 헬라어로 엔 토 크리스토(ἐν τῷ Χριστῷ)라고 합니다. 여기서 주목할 것은 헬라어 엔(ἐν)이라고 하는 전치사입니다. 우리 말로는 '~안에'로 번역됩니다. 이 엔의 뜻은 매우 많지만, 대표적인 뜻은 두 가지입니다. 먼저는 장소의 개념이고, 다른 하나는 인격적 개념입니다. 여기서는 두 번째 인격적 개념의 의미입니다. 그 뜻은 개인적으로 아주 친한 사이(personal close relation)를 말합니다. 그러므로 "그리스도 안에서"의 의미는 그리스도와 개인적으로 아주 친한 사이가 되는 것을 말합니다.

우리는 언제 죄 사함을 받습니까? 그리스도와 친한 사이가 될 때입니다. 그분을 구주로 믿는 것이 그리스도 안에 있는 것이고 칭의를 받는 것입니다. 구원받은 이후에 더 친한 사이가 되는 것을 성화라고 합니다. 당신은 지금 예수 그리스도를 당신의 구주로 믿고 계십니까? 그것이 바로 '그리스도 안에' 있는 것입니다. 그리스도와 친한 사이가 된 것은 은혜입니다.

> 우리는 그리스도 안에서 그의 은혜의 풍성함을 따라 그의 피로 말미암아
> 속량 곧 죄 사함을 받았느니라_에베소서 1:7

여기에 "그의 은혜의 풍성함을 따라"는 받을 자격이 없는 자에게 값없이 주시는 선물인 은혜를 따라 죄 사함을 받았다는 말입니다. 그 은혜는 그리스도 께서 피를 흘려주심으로 주어졌다는 것입니다. 하나님이신 그분이 우리를 위해 피 흘려주신 그 놀랍고 놀라운 사랑으로 우리는 죄 사함을 받아 구원받 았습니다. 그러니 어찌 그 주님의 은혜를 찬송하지 않을 수 있겠습니까?

여기에 "속량"이라는 어려운 단어가 나옵니다. 우리말로 속량(贖良)이란 몸값을 내고 종을 풀어주어 양민(良民, 자유로운 시민)이 되게 하는 것을 말합니다. 영어로는 리뎀션(redemption)이라 하고, 헬라어로는 아포루트로시스(ἀπολύτρωσις)라고 합니다. 그 뜻은 몸값을 치르고, 노예 혹은 포로를 사서 자유케 함[16]입니다.

우리는 죄에 매여 마귀의 종(마귀의 포로)이 되어 있었는데, 예수님께서 십자가에서 우리의 죄값(몸값)을 지불해 주심으로 자유의 몸이 되었습니다. 이제는 지옥에 가지 않게 되었고, 마귀의 공격은 있지만 마귀의 지배를 받지 않게 되었습니다. 우리는 소속이 바뀌었습니다. 마귀의 종(마귀의 포로)에서 자유를 누리는 하나님의 자녀, 즉 하나님의 백성이 되었습니다.

> 그러므로 이제 그리스도 예수 안에 있는 자에게는 결코 정죄함이 없나니
> 이는 그리스도 예수 안에 있는 생명의 성령의 법이 죄와 사망의 법에서
> 너를 해방하였음이라_로마서 8:1~2

정죄(定罪, 죄가 있다는 것을 단정함)가 없다는 말은 유죄판결이 없다, 즉 무죄(無罪)라는 말입니다. 무엇이 우리를 무죄 판결 받는 존재로 만들었습니까? 생명의 성령의 법, 즉 복음입니다. 그 복음이 죄와 사망의 법인 율법에서 우리를 해방하였습니다. 복음의 내용은 예수님의 십자가와 부활입니다. 복음을 가장 잘 설명해 주는 성경은 고린도전서 15장 1~4절입니다.

---

16 Bauer, *A Greek-English Lexicon of the New Testament*, p. 96. Redemption is buying back a slave or captive, making him free by payment of a ransom.

형제들아 내가 너희에게 전한 복음을 너희에게 알게 하노니 이는 너희가

받은 것이요 또 그 가운데 선 것이라 너희가 만일 내가 전한 그 말을 굳게

지키고 헛되이 믿지 아니하였으면 그로 말미암아 구원을 받으리라 내가

받은 것을 먼저 너희에게 전하였노니 이는 성경대로 그리스도께서 우리

죄를 위하여 죽으시고 장사 지낸 바 되셨다가 성경대로 사흘 만에 다시

살아나사_고린도전서 15:1~4

사도 바울은 매우 논리적으로 복음을 소개합니다. "내가 너희에게 전한 복음"(1절)이 "내가 전한 그 말"(2절)로 이어지고, "내가 받은 것"(3절)으로 이어집니다. 이 복음을 굳게 지키고(붙잡고, hold), 참되게 믿으면 그로 말미암아 구원을 받습니다. 복음을 믿음으로 구원받습니다. 그렇다면 복음의 내용은 무엇입니까? 3절에 나오는 "이는" 이하에 나옵니다. "성경대로(이때 성경은 신약성경 완성 이전이었기에 구약성경을 가리킴) 그리스도께서 우리 죄를 위하여 죽으시고", "성경대로(구약성경 예언대로) 사흘 만에 다시 살아나사" 즉 십자가와 부활이 복음입니다.

십자가의 은혜로 속죄 받은 우리는 지금 죽어도 천국에 갑니다. 예수님께서 부활하심으로 우리도 예수님 재림 시에 부활하게 되었습니다(고린도전서 15:20). 부활이 없다면 우리는 영혼만 구원받을 것입니다. 그러나 예수님의 부활로 말미암아 우리 몸도 부활하게 되었습니다. 예수님 다시 오시는 그때, 죽은 성도의 몸이 부활하되 영광스러운 몸으로 부활하여 구원의 완성을 경험케 될 것입니다(빌립보서 3:21). 그리고 그때까지 살아있는 성도는 변화될 것입니다(고린도전서 15:51~52).

십자가는 우리를 지옥으로부터, 마귀로부터 자유케 하는 속량을 주었습니

다. 그런데 그 대가는 엄청난 것이었습니다. 하나님이신 그분이 나를 위해 죽으심으로 얻은 속량이기 때문입니다. 그러므로 우리는 그 엄청난 은혜를 주신 성자 하나님께 찬송하지 않을 수 없습니다. 그리고 몸으로도 찬송해야 합니다.

> 너희 몸은 너희가 하나님께로부터 받은 바 너희 가운데 계신 성령의 전인 줄을 알지 못하느냐 너희는 너희 자신의 것이 아니라 값으로 산 것이 되었으니 그런즉 너희 몸으로 하나님께 영광을 돌리라_고린도전서 6:19~20

내 몸은 내 것이 아닙니다. 내 몸을 이미 예수님이 사셨습니다. 그리고 성령께서 거하시기 때문에 성전입니다. 이 몸으로 하나님께 영광 돌리는 삶을 살아야 합니다. 우리의 모든 폭력성, 중독성, 거룩하지 않은 것을 버리는 것이 나를 위해 어마어마한 대가를 지불하신 예수님께 대해 몸으로 드리는 찬송 아닐까요?

> 이는 그가 모든 지혜와 총명을 우리에게 넘치게 하사 그 뜻의 비밀을 우리에게 알리신 것이요 그의 기뻐하심을 따라 그리스도 안에서 때가 찬 경륜을 위하여 예정하신 것이니_에베소서 1:8~9

8절에 "이는"이란 이런 속량, 속죄는 하나님께서 지혜와 총명을 우리에게 넘치게 주셨기 때문에 알고 믿었다는 말입니다. 하나님이 알려주시지 않으면 이 속량, 속죄는 알 수 없습니다.

비밀(秘密)은 영어로 미스터리(mystery)입니다. 우리는 흔히 이 미스터리를 알 수 없는 수수께끼로 생각합니다. 그런데 미스터리의 어원인 헬라어 뮈스테리온(μυστήριον)은 신비로워서 인간이 알 수 없는 것을 말합니다. 즉 인간의 지식과 경험을 초월하여 사람이 알 수 없는 비밀을 말합니다. 그러면 그 신비한 비밀은 무엇일까요? 사도 바울은 그리스도의 성육신과 십자가 사역을 통해 우릴 구원하시는 하나님의 뜻을 비밀이라고 말합니다.[17]

그렇습니다. 하나님의 비밀은 그리스도입니다. 그리스도의 성육신과 십자가 사역을 통한 인간 구원은 사람의 머리로는 이해할 수 없는 신비로운 것입니다. 어떻게 창조주가 피조물을 위해 피조물이 되고, 또 피조물을 위해 죽으신다는 말입니까? 이것은 인간의 지혜로는 풀 수 없는 신비로운 하나님의 사랑입니다. 골로새서는 그리스도를 하나님의 비밀이라고 말합니다.

> 이는 그들로 마음에 위안을 받고 사랑 안에서 연합하여 확실한 이해의 모든 풍성함과 하나님의 비밀인 그리스도를 깨닫게 하려 함이니_골로새서 2:2

하나님은 구약에서 지속적으로 오실 메시야가 하나님의 아들로, 제물 되어 죽으심으로 인간들을 구원하실 것을 예언하셨습니다. 그러나 사람들은 오실 메시야를 정치적 지도자로 오해했습니다. 그들에게는 그리스도의 성육신과 십자가의 죽으심이 비밀이었습니다.

하나님은 구약의 예언대로 처녀의 몸에서 자신의 아들을 낳게 하셨습니다. 그리고 예수님은 고단한 33년의 생애를 사시며 메시야의 길을 걸으시

---

17   Clinton E. Arnold, *Exegetical Commentary on the New Testament Ephesians*, 정옥배 옮김, 『존더반 신약주석 강해로 푸는 에베소서』 (서울: 도서출판 디모데, 2017), p. 87.

고, 십자가에서 제물 되어 죽으심으로 우리의 구원을 완성하셨습니다. 사람들은 이런 방식으로 인간의 구원이 이루어질 줄을 몰랐습니다. 그래서 이것이 비밀입니다. 그런데 이 비밀을 우리가 알고 믿도록, 또 믿고 알도록 하나님께서 모든 지혜와 총명을 우리에게 주셨기 때문에 우리가 믿게 된 것입니다(에베소서 1:8).

하나님의 비밀인 예수 그리스도, 그분의 십자가와 부활을 통한 구원, 즉 복음에 대한 또 다른 중요한 표현이 9절 하반절에 나옵니다.

> 그 뜻의 비밀을 우리에게 알리신 것이요 그의 기뻐하심을 따라 그리스도
> 안에서 때가 찬 경륜을 위하여 예정하신 것이니_에베소서 1:9

경륜(經綸)은 헬라어로 오이코노미아(οἰκονομία)라고 합니다. 그 뜻은 '하나님의 구원 계획, 즉 인간의 속량을 위한 하나님의 준비'[18]입니다.
경륜은 우릴 구원하시기 위한 하나님의 계획입니다. 이것은 다른 면에서는 예정이라고 할 수 있습니다. 이 계획은 하나님의 때가 되니 예수님을 이 땅에 보내심으로 성취되었습니다. 그것이 바로 9절의 의미입니다.
이렇게 예수님을 이 땅에 보내서서 인간을 구원하신 하나님의 목적, 그 예정의 목적은 무엇입니까? 경륜, 즉 그 계획의 목적은 무엇입니까? 인간 구원만입니까? 아닙니다. 그보다 더 넓습니다. 10절에 그 내용이 나옵니다.

---

18 Bauer, *A Greek-English Lexicon of the New Testament*, p. 559. God's plan of salvation, his arrangement for man's redemption.

하늘에 있는 것이나 땅에 있는 것이 다 그리스도 안에서 통일되게 하려
하심이라_에베소서 1:10

"통일되게 하려 하심이라"는 헬라어로 아나케팔라이오사스다이(ἀνα-
κεφαλαιώσασθαι)입니다. 무려 알파벳이 17개나 되는 긴 단어입니다. 제가
1987년 군목 강도사고시 칠 때 주해 본문이어서 이 단어를 기억하고 있
습니다. 이 단어는 아나(ἀνα)라는 전치사와 케팔라이오사스다이(κεφαλαι-
ώσασθαι)라는 부정사가 결합된 단어입니다. 여기서 아나는 '다시'라는 뜻이
있고, 케팔라이오사스다이는 '머리가 되게 하다'는 뜻이 있습니다. 그러므
로 아나케팔라이오사스다이의 뜻은 '다시 머리 되게 하다'의 뜻입니다.
누구를 다시 머리가 되게 하는 것입니까? 그리스도입니다. 본래 만물의 머
리 되신 그리스도께서 다시 머리 되게 한다는 뜻입니다. 즉 만물이 그리스
도의 통치를 받게 하는 것입니다. 우리를 구원하신 목적은 우리를 통하여
만물이 그리스도의 통치를 받게 하는 것입니다.[19]
하나님의 구원 계획은 우리 한 사람의 구원에만 있지 않습니다. 그것을 뛰
어넘는 것입니다. 우리를 통하여 예수 그리스도의 통치가 우리 자신과 가
정, 교회, 사회, 국가, 지구촌, 창조세계 전부에 미치는 것입니다. 그래서 에
베소서 1장 22~23절은 예수님을 교회의 머리로만 말씀하지 않습니다.

또 만물을 그의 발 아래에 복종하게 하시고 그를 만물 위에 교회의 머리
로 삼으셨느니라 교회는 그의 몸이니 만물 안에서 만물을 충만하게 하시
는 이의 충만함이니라_에베소서 1:22~23

---

19 Arnold, 『존더반 신약주석 강해로 푸는 에베소서』, p. 89.

하나님께서 디자인한 교회는 교회만을 위해 존재하지 않습니다. 만물을 충만케 하기 위해 존재합니다. 만물을 충만케 하는 것은 이웃 사랑, 복음 전파, 사회 변혁을 실천하는 것입니다. 그 충만은 그리스도를 머리로 모시고 통치 받을 때 이루어집니다. 그리스도는 만물을 통치하시며, 그 만물 위에 교회의 머리이십니다. 우리를 구원하신 하나님의 목적은 나만의 구원이 아니라 만물을 그리스도의 통치 아래 놓는 것을 목적으로 삼으신 것입니다. 그것이 바로 에베소서 1장 10절의 의미입니다.

요즘 세상은 얼마나 이기적이고 자기중심적입니까? 이런 세상에서 그리스도의 통치가 이루어지도록 대리 통치자의 역할을 감당하는 사람이 바로 우리 그리스도인들이어야 합니다. 교회된 성도의 사명이 바로 이것입니다. 나 하나 잘 사는 것이 아니라 주님이 머리 되시고 주님의 뜻이 이루어지는 세상으로 바꾸며 사는 것이 교회인 성도의 존재 이유입니다.

그런데 교회인 우리는 어떻게 살고 있습니까? 가정에서, 일터에서, 사회 속에서 만물의 머리 되신 그리스도의 통치가 임하는 것에 관심이 있습니까? 그리스도가 다스리는 삶이 아니라 내 성질대로 살고, 내 욕심대로 살지는 않습니까? 그것은 에베소서 1장 10절의 만물을 통일하시고 통치하시는 그리스도의 뜻에 어긋난 삶입니다.

하나님 나라의 방식은 왕따를 왕자와 공주로 만드는 것입니다. 우리는 왕따였던 삭개오를, 수가성 우물가의 여인을, 간음하여 붙잡혀온 여인을 회복시키시고 그들의 삶에 하나님이 주시는 구원과 평화와 회복과 부흥을 주신 예수님을 따라야 합니다. 그것이 바로 만물을 통일하시는, 다시 말해 통치하시는 그리스도의 뜻입니다.

신약 성경학자들은 에베소서의 주제를 에베소서 1장 10절로 뽑습니다. 그만큼 중요한 구절이 에베소서 1장 10절입니다. 내가 주인 된 삶, 내가 왕이된 삶을 버리고 그리스도가 주인 되시고 왕이 되신 삶을 회복하길 바랍니다. 나아가 그리스도의 통치가 내 삶의 모든 범위에 미치게 해야 합니다.

한 예로, 우리 교회는 코로나19 이전부터 임대료 인하 운동을 벌였습니다. 많은 성도들이 이 말씀에 순종했습니다. 이것은 우리 도시 안에 하나님의 사랑을 흘려보내며, 이 선한 섬김으로 그들이 복음을 받아들이는 계기가 될 수 있습니다. 이처럼 나만의 구원을 넘어서서 그리스도의 통치가 만물에 미치게 할 수 있길 바랍니다. 나아가 우리를 대리 통치자로 사용하시는 하나님의 놀라운 계획, 그 경륜을 찬양합시다!

> 모든 일을 그의 뜻의 결정대로 일하시는 이의 계획을 따라 우리가 예정을 입어 그 안에서 기업이 되었으니_에베소서 1:11

기업이란 단어는 두 가지 뜻이 있습니다. 먼저는 '영리를 목적으로 하는 사업체'인 기업(企業, company)인데, 본문은 그 기업을 가리키는 것이 아닙니다. 다른 하나는 '대대로 물려 내려오는 재산 또는 상속된 재산'인 기업(基業, inheritance)인데, 이것이 바로 본문이 가리키는 기업입니다.

하나님이 주신 기업은 '천국'을 말합니다. 하나님 아버지께서 자녀 된 우리에게 상속하여 준 재산은 바로 천국입니다. 그런데 본문에서는 기업의 의미가 독특합니다. 우리가 하나님의 기업이 되었다고 말씀합니다. 이것은 우리가 하나님의 가장 소중한 재산과도 같은 존재가 되었다는 말입니다. 하나님께서 보실 때 우리는 이 땅에서 가장 소중한 존재입니다. 하나님의 형상대로 창조되었기 때문입니다. 하나님을 배신하고 범죄 하였을 때 그 아들의 피로 우리를 구원하셨기 때문입니다.

> 땅에 있는 성도들은 존귀한 자들이니 나의 모든 즐거움이 그들에게 있도
> 다_시편 16:3

그 누가 뭐라 해도 우리는 하나님께 매우 소중한 존재입니다. 하나님의 가장 소중한 재산, 즉 기업입니다. 그러므로 우리의 미래를 반드시 가장 존귀하게 이끌어 주실 것입니다.

> 이는 우리가 그리스도 안에서 전부터 바라던 그의 영광의 찬송이 되게 하
> 려 하심이라_에베소서 1:12

> 그것은 그리스도께 맨 먼저 소망을 둔 우리로 하여금 하나님의 영광을 찬
> 미하는 사람이 되게 하시려는 것이었습니다. _에베소서 1:12, 새번역

우리는 예수 그리스도의 피 흘림을 통해 구원받았습니다. 이것이 하나님의 비밀입니다. 또 하나님의 경륜, 즉 계획입니다. 그리고 우리는 하나님의 소중한 기업, 즉 재산이 되었습니다. 그러므로 우리는 성부 하나님과 성자 하나님께 영광을 올려드려야 마땅합니다.

3. 성령 하나님을 찬송해야 할 이유

인간의 구원은 삼위일체 하나님의 동역으로 이루어졌습니다. 그 역할은 다음과 같습니다.

- 성부 하나님의 **계획**
- 성자 하나님의 **시행**
- 성령 하나님의 **적용**

우리가 성령 하나님을 찬송해야 할 이유를 살펴보겠습니다.

> 그 안에서 너희도 진리의 말씀 곧 너희의 구원의 복음을 듣고 그 안에서
> 또한 믿어 약속의 성령으로 인치심을 받았으니_에베소서 1:13

예수님의 복음을 듣고 믿을 때 우리는 성령님의 인치심을 받습니다. 우리의 지혜로 된 것이 아닙니다. 사실 믿음도 성령께서 주신 선물입니다. 성령님의 감동이 있어서 우리가 진리의 말씀, 즉 구원의 복음을 들을 때 믿게된 것입니다.

> 성령으로 아니하고는 누구든지 예수를 주시라 할 수 없느니라
> _고린도전서 12:3b

> 왜 내게 성령 주셔서 내 마음 감동해
> 주 예수 믿게 하는지 난 알 수 없도다

내가 믿고 또 의지함은 내 모든 형편 아시는 주님

늘 보호해 주실 것을 나는 확실히 아네[20]

그다음에 인치셨다는 말씀이 나옵니다.

그 안에서 너희도 진리의 말씀 곧 너희의 구원의 복음을 듣고 그 안에서

또한 믿어 약속의 성령으로 인치심을 받았으니(were sealed with the Holy

Spirit)_에베소서 1:13

인치심을 받았다(were sealed)고 할 때, 인(印, 도장 인)은 도장을 의미합니다. 그러므로 인치심을 받았다는 말은 도장 찍혔다는 것입니다. 그러면 성령으로 인치심을 받았다는 말은 무슨 뜻입니까? 예수님의 보혈로 속량 받은 사람의 마음속에 성령께서 거주하시는데(內住, 성령의 내주), 그것을 성령의 인치심이라고 말합니다.

도장은 소유를 말합니다. 이 서신서가 기록될 당시에 자기의 소유, 심지어 종과 가축에도 도장(낙인)을 찍어서 소유권을 나타냈습니다. 그런데 하나님은 그런 무시무시한 낙인이 아니라 좋으신 성령님을 우리 마음에, 우리 영혼에 보내주심으로 우리가 하나님의 소유임을 알려주셨습니다. 그래서 예수님을 믿는 사람의 마음에는 늘 성령님의 감동이 있습니다. 하나님의 뜻을 추구하는 감동이 항상 있습니다. 이렇게 성령님의 내주하심, 내 안에 거하심이 내가 하나님의 자녀임을 확인하는 도장입니다.

---

20 찬송가 310장 〈아 하나님의 은혜로〉 中.

또한 정식 도장이 찍힌 것(正品, 정품, 진짜)은 책임진다는 뜻도 있습니다. 다시 말해, 성령님께서 인치신 성도의 생애는 하나님께서 책임져 주신다는 말입니다. 우리는 얼마나 놀라운 은총을 받은 사람입니까? 전능하신 삼위일체 하나님께서 우리의 인생을 책임져주시니 말입니다.

성령님은 이렇게 우리에게 복음을 믿게 믿음을 주시고, 우리 안에 거하심으로 우리가 하나님의 자녀임을 확인시켜주셨습니다. 그러므로 우리는 성령 하나님을 찬송해야 하고, 그 성령님의 감동에 순종해야 합니다.

> 이는 우리 기업의 보증이 되사 그 얻으신 것을 속량하시고 그의 영광을
> 찬송하게 하려 하심이라_에베소서 1:14

여기서 기업은 천국을 말합니다. 죽어서 가는 천국, 더 나아가서는 예수님의 재림으로 이루어질 구원의 완성 이후의 천국의 삶을 말합니다. 우리가 천국에 들어간다는 보증이 바로 성령님이십니다. 어떤 물건이나 재산을 맡겨놓았을 때 보증서를 받으면 나중에 그 보증서를 내고 맡긴 물건을 돌려받을 수 있습니다. 이처럼 우리의 구원의 완성, 천국과 영생을 확실히 담보해 주는 것이 바로 성령님이십니다. 성령님이 내 안에 계신 것, 그 자체가 우리에게는 구원의 완성(천국, 영생)을 보증해 주는 것입니다.

성령님은 우리에게 믿음, 인치심, 보증을 해주시는 분이기에 우리는 찬송해야 합니다. 성령님이 하지 않으시면 가장 오래된 성부 하나님의 구원 계획이 내 것이 될 수 없고, 나의 속량을 이루신 예수님의 피 묻은 복음을 믿을 수 없습니다. 뿐만 아니라 이 땅 위에서 확신을 갖고 살아갈 수 없습니다. 그러므로 우리는 성령 하나님께 찬송을 드려야 합니다.

1장은 교회인 우리가 삼위일체 하나님을 찬송해야 할 이유에 대한 말씀입니다. 우리가 찬송해야 할 이유가 무엇인지 함께 나눠봅시다.

1. 성부 하나님을 찬송해야 할 이유는 무엇입니까?

   (영적인 복, 선택과 예정, 성화)

2. 성자 하나님을 찬송해야 할 이유는 무엇입니까?

   (그리스도 안에, 속량, 비밀, 경륜, 통일, 기업)

3. 성령 하나님을 찬송해야 할 이유는 무엇입니까? (인치심, 보증하심)

4. 이 세 가지 찬송해야 할 이유를 생각하면서 어떤 느낌이 듭니까?

5. 이 세 가지 찬송해야 할 이유를 생각하면서 실천하고 싶은 진리는 무엇입니까?

2장

교회인
우리의
기도와 사명_에베소서 1:15~19

가정예배

에베소서 1:15~19

15 이로 말미암아 주 예수 안에서 너희 믿음과 모든 성도를 향한 사랑을 나도 듣고 16 내가 기도할 때에 기억하며 너희로 말미암아 감사하기를 그치지 아니하고 17 우리 주 예수 그리스도의 하나님, 영광의 아버지께서 지혜와 계시의 영을 너희에게 주사 하나님을 알게 하시고 18 너희 마음의 눈을 밝히사 그의 부르심의 소망이 무엇이며 성도 안에서 그 기업의 영광의 풍성함이 무엇이며 19 그의 힘의 위력으로 역사하심을 따라 믿는 우리에게 베푸신 능력의 지극히 크심이 어떠한 것을 너희로 알게 하시기를 구하노라

1장에서는 교회인 우리가 삼위일체 하나님을 찬송해야 할 이유에 대해 자세히 살펴보았습니다. 2장에서는 교회인 우리의 기도와 사명에 대해 알아보고자 합니다.

바른 기도란 무엇입니까? 교회인 성도가 먼저 드려야 할 기도, 즉 기도의 우선순위가 바로 된 기도를 말합니다. 기도의 우선순위를 말씀드리기 전에 본문의 15절과 16절을 먼저 살펴보겠습니다.

> 이로 말미암아 주 예수 안에서 너희 믿음과 모든 성도를 향한 사랑을 나
> 도 듣고_에베소서 1:15

사도 바울은 에베소 교인들의 주님을 향한 믿음과 성도를 향한 사랑을 들었습니다. 그가 떠난 지 약 6년이 지난 지금도 그들은 주님을 향한 믿음과 성도를 향한 사랑을 키워가고 있었습니다.

내가 기도할 때에 기억하며 너희로 말미암아 감사하기를 그치지 아니하고_에베소서 1:16

그리고 바울은 기도할 때 그것을 기억하여 감사를 그치지 않았습니다. 바울에게 에베소 교인은 영적 자녀와 같았습니다. 그가 영적 자녀들을 바라보며 감사한 것은 주님에 대한 믿음과 성도에 대한 사랑이었습니다.

좋은 신앙이란 대신관계(對神關係)와 대인관계(對人關係)가 모두 좋아야 합니다. 우리가 자녀를 생각하면서 감사할 것은 좋은 학교에 진학하는 것, 좋은 직장에 취직하는 것, 좋은 배우자를 만나 결혼하는 것, 귀한 손자와 손녀를 임신하고 출산하는 것만이 아닙니다. 물론 이것도 귀한 감사의 제목입니다. 하지만 사랑하는 자녀가 하나님에 대한 믿음인 대신관계, 성도에 대한 사랑인 대인관계가 올바른 사람이 되는 것이 더 중요한 감사의 제목입니다. 우리가 먼저 그것에 대해 감사할 때 자녀도 그것의 중요함을 배웁니다. 그저 학교에서 성적이 잘 나오고, 좋은 학교에 진학하며, 좋은 직장에 취직하고, 좋은 배우자 만나는 것을 보면서 크게 기뻐하면 자녀들 마음에도 '아, 믿음이 그렇게 중요하지는 않구나. 사랑을 실천하는 것도 그렇게 중요하지는 않구나'라고 생각하게 됩니다. 우리가 무엇에 대해 감사하는지에 따라 우리 믿음의 수준을 자녀에게 보여주며, 이것은 자녀의 신앙에 큰 영향을 줍니다. 또한 자녀가 주일예배도 드리지 않는데 무관심하다면, 자녀가 성도들과 이웃을 사랑하지 않는데도 바로잡아주지 않는다면 그건 주님이 꿈꾸신 교회의 모습이 아닙니다. 그러면 바울이 우선적으로 기도했던 내용에 대해 살펴볼까요?

1. 하나님을 알게 해주십시오

사도 바울은 에베소교회 성도들이 하나님을 알게 해달라고 기도했습니다. 우리는 먹고사는 문제, 자녀의 진로 문제, 질병 문제 등을 먼저 기도합니다. 현실적이고 중요한 기도제목입니다. 그러나 그보다 먼저 기도할 것이 있다는 것을 우리는 바울의 기도에서 배워야 합니다.

> 우리 주 예수 그리스도의 하나님, 영광의 아버지께서 지혜와 계시의 영을
> 너희에게 주사 하나님을 알게 하시고_에베소서 1:17

내가 믿는 하나님이 어떤 분인지를 알면 내 신앙과 인생이 확실해집니다. 하지만 내가 믿는 하나님에 대해서 잘 알지 못하면 신앙도, 인생도 불확실해지고 방황하게 됩니다. 성경을 잘 알면 하나님을 알게 됩니다. 그리고 그 성경 말씀에 순종할 때 하나님을 알아갑니다. 또한 기도하는 가운데, 찬송 드리는 가운데 우리는 하나님을 알아갑니다. 그중에서도 우리는 성경을 통해 하나님이 누구신지를 가장 잘 알 수 있습니다. 하나님이 어떤 분인지를 가장 잘 알려준 것이 성경이기 때문입니다. 하나님을 알면 내가 누구인지를 알게 됩니다.

예를 들어 우리는 이미 1장에서 하나님이 어떤 분인지를 알게 되었습니다. 첫째, 창세 전에 나를 구원하기로 선택하고 예정하신, 나를 사랑하시는 '성부 하나님'을 알게 되었습니다. 둘째, 그 아들 되시는 성자 하나님, 즉 예수님께서 나를 위해 인간이 되시고 제물이 되셔서 죽으셨습니다. 그 피 흘리심으로 내가 속량 받았습니다. 마귀와 지옥의 권세에서 자유케 되어 구원받은 것입니다. 즉, 나를 사랑하사 목숨을 주신 '예수님'을 알게 되었습니

다. 셋째, 나는 본래 하나님도, 예수님도 모르는데 성령님께서 나에게 믿음을 주셔서 예수님을 구주로 믿게 하시고 내 안에 거주하심으로 내가 구원받은 자녀임을 인쳐 주시며(정품 확인) 보증해 주셨습니다(미래 예수님 재림 시 부활과 영화). 즉, 성령 하나님의 나를 향한 돌보심과 그 사랑이 얼마나 큰 것인가를 알게 되었습니다.

이렇게 1장만 봐도 우리는 하나님이 어떤 분인지를 알게 됩니다. 그리고 하나님을 알게 되면 내가 누구인지를 알게 됩니다. 하나님의 사랑을 받은 존재이니 내가 얼마나 소중한 존재인지를 깨닫게 되는 것입니다. 창조 전부터, 나의 부모님이 나를 알기도 전부터 성부 하나님은 나를 사랑하사 선택과 예정을 하셨습니다. 나의 부모님이 나를 위해 희생하기 훨씬 전부터 예수님은 나를 위해 희생하셨습니다. 부모님의 희생보다 더 큰, 비교할 수 없는 큰 희생을 해주셨습니다. 이러한 사랑을 받은 나는 얼마나 소중한 존재입니까? 회사에서는 직급이나 실적으로, 학교에서는 성적으로 나의 가치를 결정하지만 하나님은 나를 있는 그대로 소중하게 여기십니다. 할렐루야! 그래서 성경은 성도들을 향해 다음과 같이 말씀합니다.

> 땅에 있는 성도들은 존귀한 자들이니 나의 모든 즐거움이 그들에게 있도다_시편 16:3

> 이 날에 그들의 하나님 여호와께서 그들을 자기 백성의 양 떼 같이 구원하시리니 그들이 왕관의 보석 같이 여호와의 땅에 빛나리로다_스가랴 9:16

> 너의 하나님 여호와가 너의 가운데에 계시니 그는 구원을 베푸실 전능자

이시라 그가 너로 말미암아 기쁨을 이기지 못하시며 너를 잠잠히 사랑하
시며 너로 말미암아 즐거이 부르며 기뻐하시리라 하리라_스바냐 3:17

하나님을 알아가면, 먼저는 하나님을 바로 섬기게 됩니다. 그리고 다음으로
는 내가 누구인지를 알게 됩니다. 내가 얼마나 소중한 존재인지를 알기에
아무리 어려운 상황을 만나도, 나 자신이 한없이 부족한 존재라는 것을 느
껴도 나를 학대하거나 열등감에 포로가 되지 않습니다. 그래서 결국에는 승
리합니다.

> 감사해요 깨닫지 못했었는데 내가 얼마나 소중한 존재라는 걸
> 태초부터 지금까지 하나님의 사랑은 항상 날 향하고 있었다는 걸
> 고마워요 그 사랑을 가르쳐준 당신께 주께서 허락하신 당신께
> 그리스도의 사랑으로 더욱 섬기며 이제 나도 세상에 전하리라
> 당신은 사랑받기 위해 그리고 그 사랑 전하기 위해
> 주께서 택하시고 이 땅에 심으셨네 또 하나의 열매를 바라시며[21]

지난 송구영신 예배에 참석한 한 성도는 당시 이혼의 아픔으로 인해 외로
움과 분노로 참을 수 없는 시간을 보내고 있었다고 합니다. 하지만 송구영
신예배의 메시지 '당신이 누구인지를 아십시오'라는 말씀을 통해, 내가 왕
같은 제사장인데 이렇게 분노와 미움으로 살아서 되겠는가를 깨달은 후
마음속의 분노가 가라앉고 용서가 되며 감사가 회복되었다고 합니다. 많은

---

21 〈또 하나의 열매를 바라시며〉中.

시간 기도하면서 눈물로 지냈는데, 2020년의 마지막 날 기도제목이 이루어져서 감사하고 또 감사하다고 하시면서 지금은 가장 행복한 시간을 보내고 있다고 합니다. 이처럼 내가 누구인지를 알면 인생의 가장 큰 짐도 능히 벗을 수 있습니다. 한 번의 예배가 내 인생의 문제에 대한 해답을 주기도 합니다. 이 책을 읽는 이 시간도 우리의 인생 전반에 있는 모든 문제에 대한 해답을 주시길 간절히 소망합니다.

에베소서의 주제 구절인 1장 10절의 말씀처럼, 구원받은 성도의 삶은 구원 받은 것에 멈추지 말고 머리 되신 그리스도의 통치를 받는 삶으로 나아가야 합니다. 하나님의 구원 계획은 우리 한 사람의 구원에만 있지 않고, 더 나아가 만물이 그리스도의 통치를 받게 하는 데 있기 때문입니다. 이러한 하나님의 뜻을 알면, 우리 삶이 바뀌게 됩니다. 우리에겐 창조 때부터 받은 사명이 있습니다. 하나님의 대리 통치자입니다. 하나님께서 만물을 통치하시는데 우리를 대리 통치자로 사용하시려고 창조하셨습니다.

> 하나님이 이르시되 우리의 형상을 따라 우리의 모양대로 우리가 사람을
> 만들고 그들로 바다의 물고기와 하늘의 새와 가축과 온 땅과 땅에 기는
> 모든 것을 다스리게 하자 하시고_창세기 1:26

우리는 하나님의 대리(代理) 통치자입니다. 그러므로 이 땅에 살면서 원래 통치자인 그리스도의 통치, 즉 그리스도의 뜻이 이루어지도록 이 땅에서 살아야 합니다. 가정에서 우리는 그리스도의 뜻을 이루어야 합니다. 자녀를 학대하면 안 됩니다. 부모를 거역하면 안 됩니다. 부부가 서로에게 나쁜

짓을 해서는 안 됩니다. 그리스도의 뜻은 부부가 서로 사랑과 존중하는 것이기 때문입니다. 직장에서 힘없는 사람을 함부로 무시하면 안 됩니다. 누군가를 모함하거나 공격해서도 안 됩니다. 오히려 배려하고 도우며 사랑해야 합니다. 이것이 그리스도의 뜻을 이루는 직장 생활입니다. 나아가 그들이 예수님을 구주로 믿도록, 그들도 예수님을 나의 주, 나의 왕으로 모시도록 도와야 합니다. 하나님의 뜻을 알면 그리스도를 머리로 모시고, 그분의 통치가 이루어지는 삶을 살 수 있습니다.

김장환 목사님의 장남인 김요셉 목사님이 있습니다. 그는 한국인 아버지와 미국인 어머니 사이에서 태어났습니다. 저랑 동갑이니까 어린 시절, 즉 60~70년대에는 혼혈아라고 놀림을 많이 받았습니다. 그의 저서 『삶으로 가르치는 것만 남는다』(두란노, 2006) 35쪽 이하에 보면, 초등학교 4학년 때 어머니의 고향 미시간으로 여행을 떠난 이야기를 우리에게 해줍니다.
목사님은 1년간 그곳에 머물렀기에, 그곳에서 크리스천학교를 다니게 되었다고 합니다. 첫 수업은 스펠링 시간이었습니다. 선생님이 '스프링'이라고 말씀하면, 지목받은 아이는 's-p-r-i-n-g'라고 스펠링을 말해야 합니다. 당시 어린이였던 김요셉 목사님은 걱정이 태산이었습니다. '난 들을 줄만 알지 스펠링은 모르는데 어떻게 하지? 하필이면 첫 수업이 스펠링 수업일 게 뭐람! 창피해서 앞으로 학교를 어떻게 다니지? 정말 어떻게 해 …….' 그런데 선생님이 "김요셉, 앞으로 나와"라고 불렀습니다. 그의 기대는 무참히 깨졌습니다. 봐주기는커녕 칠판 앞으로 불러내시다니, 스펠링을 쓰게 하실 것만 같았습니다. 이제 그는 웃음거리가 되거나, 바보가 되거나 둘 중 하나였습니다. 도살장에 끌려가는 소처럼, 발걸음이 떨어지지 않았습니다.

주먹을 움켜쥐고 눈을 내리깐 채 칠판 앞에 섰습니다. 선생님은 단어 카드를 들고 그의 옆으로 다가오셨습니다. 그리고 이렇게 말씀하셨습니다. "너희들에게 이야기했지? 한국에서 온다는 선교사님 자녀 말이야. 얘가 바로 그 요셉이야. 요셉이는 한국이라는 곳에서 태어나서 우리와 전혀 다른 말을 배우며 자라서 한국어를 아주 잘 한단다. 요셉아, 선생님 이름을 한국말로 써 줄래?" 목사님은 귀를 의심했습니다. 눈물이 왈칵 쏟아질 뻔했습니다. '한국어로 쓰라고? 영어가 아니고? 그것도 달랑 이름 하나를?' "선생님 이름은 샤프야!" 목사님은 칠판에 선생님의 이름을 한글로 또박또박 적었습니다. '샤프' 그러자 여기저기서 탄성과 환호가 터져 나왔습니다. "내 이름도 한국말로 써줘. 내 이름은 탐이야!" "나도, 나도! 나는 메리야!" "나는 수잔!" 이름을 적을 때마다 아이들은 감탄사를 내뿜으며 손뼉을 쳤습니다. 근심과 두려움이 순식간에 기쁨과 자신감으로 바뀌었습니다.

"얘들아, 요셉이가 한국말을 참 잘하지? 너희도 선교사가 되려면 다른 나라말을 이렇게 잘해야 하는 거야." 그때 그는 한줄기 따뜻한 빛을 느꼈습니다. 어느 결에 소문이 났는지 수업이 끝난 후에는 다른 반 아이들에, 형들까지 그에게 몰려들었습니다. 그는 학교의 스타로 급부상했습니다. 학교를 다니는 1년 내내 얼마나 인기가 대단했는지 모릅니다. '한국말로 이름 쓰기'가 1년 내내 대유행이었습니다. 그날의 일을 떠올리면 김요셉 목사님은 아직도 가슴이 뜨거워진다고 합니다. '영어도 못하는 아이'가 될 뻔했던 그를, 샤프 선생님은 '한국어 잘하는 아이'로 만들어주셨습니다. 그날 샤프 선생님은 한 아이를 부끄럽게 하지 않으시고 인생을 빛 가운데로 인도해 주셨습니다.[22]

22 김요셉, 『삶으로 가르치는 것만 남는다』 (서울: 두란노, 2006), pp. 35-41.

샤프 선생님은 그날 그 교실을 그리스도의 통치가 임하는 교실로 만들었습니다. 그것은 열등감이 가득한 소년을 오늘날 대한민국의 영향력 있는 한 목회자로, 나아가 그의 목회와 기독교 학교 사역을 통해 수많은 인물을 키워내는 사람으로 만든 것입니다. 이것이 바로 그리스도를 머리로 모신 통일의 모습입니다. 우리가 우리의 가정에서, 일터에서, 학교에서 이런 모습으로 살아가길 축복합니다. 이 모든 것은 하나님을 알 때 일어나는 놀라운 역사입니다. 그래서 가장 우선되는 기도의 내용은 "주여, 저와 우리 가족, 우리 교회가 하나님을 알아가게 하옵소서!"가 되어야 합니다. 그런데 하나님을 알아가는 것은 인간 스스로는 불가능합니다.

> 우리 주 예수 그리스도의 하나님, 영광의 아버지께서 지혜와 계시의 영을
> 너희에게 주사 하나님을 알게 하시고_에베소서 1:17

> 여기 '지혜와 계시의 영(a spirit of wisdom and of revelation)'은 헬라어로 프뉴마 소피아스 카이 아포카륍세오스(πνεῦμα σοφίας καὶ ἀποκαλύψεως): 지혜와 계시가 소유격으로 사용되었는데 결과의 소유격으로서, 성령께서 지혜와 계시를 주신다는 뜻이다.[23]

계시(啓示)는 눈을 열어 보여준다는 뜻입니다. 여기서 지혜와 계시의 영은 성령님을 말합니다. 다시 말해, 하나님과 하나님의 뜻을 아는 것은 성령님의 도움이 없이는 불가능합니다.

---

23   Arnold, 『존더반 신약주석 강해로 푸는 에베소서』, p. 106.

오직 하나님이 성령으로 이것을 우리에게 보이셨으니(계시하셨으니, reveal-
ed, ἀπεκάλυψεν, 아페칼륍센) 성령은 모든 것 곧 하나님의 깊은 것까지도 통
달하시느니라_고린도전서 2:10

그러므로 우리의 기도제목은 "하나님! 저에게, 우리 자녀손들에게, 우리 소
그룹원들에게, 우리 주일학교 반 학생들에게 성경을 깨달을 수 있도록 성
령님께서 지혜를 주시고 계시, 즉 영의 눈을 열어주옵소서"가 우선 되어야
합니다. 부자 되는 것보다, 성공하는 것보다 하나님을 알게 해주십시오가
더 중요한 기도제목입니다. 그럼, 바울의 우선되는 두 번째 기도제목은 무
엇입니까?

2. 이미 소유한 복을 알게 해주십시오

사도 바울은 에베소교회가 이미 소유한 복을 알게 해달라고 기도했습니
다. 1장에서 우리는 우리가 얼마나 '영적인 복(spiritual blessing)'보다 '물질적
인 복(material blessing)'을 좋아하는지 살펴보았습니다. 우리는 영적인 복을
먼저 추구해야 합니다. 영적인 복에 의해서 통제되지 않는 물질적인 복은
우리의 인생을 망가뜨릴 수 있다는 것을 알아야 합니다. 아무리 돈이 많아
도 영적인 복이 없으면 나중엔 허무해지는 것입니다. 칼빈의 말이 맞습니
다. 땅의 복만 생각하고 하늘의 복을 생각하지 않는 것은 그야말로 무지와
멍청함이 최고조에 달하는 것입니다. 그래서 사도 바울은 에베소교회가 이
미 소유한 복을 알게 해달라고 기도를 드리는 것입니다.

너희 마음의 눈을 밝히사 그의 부르심의 소망이 무엇이며 성도 안에서 그
기업의 영광의 풍성함이 무엇이며 그의 힘의 위력으로 역사하심을 따라
믿는 우리에게 베푸신 능력의 지극히 크심이 어떠한 것을 너희로 알게 하
시기를 구하노라_에베소서 1:18~19

"마음의 눈을 밝히사"는 앞절에 '성령께서 지혜와 계시를 주시는 것'과 같
은 말입니다. 성령께서 감동하시면 우리 마음의 눈이 밝아져 하나님의 말씀
이 깨달아집니다. 그래서 알게 하시기를 구하는 세 가지 복이 나옵니다.

1) 부르심의 소망 자체가 복임을 알게 해주십시오

부르심의 소망은 역사의 마지막 날, 예수님께서 재림하실 때 이루어지는
우리 몸의 부활을 말합니다. 부활의 몸은 영광스러운 몸입니다. 그래서 영
광의 몸으로 변화되는 것을 영화(榮化, glorification)라고 합니다. 지금 우리 몸
은 늙어가는 몸, 병들어가는 몸, 죽어가는 몸입니다. 그러나 영화롭게 된
몸은 늙지 않는 몸, 병들지 않는 몸, 죽지 않는 몸, 영생하는 몸입니다. 여기
서 한걸음 더 나아가 지금 우리의 몸은 죄짓는 몸입니다. 남이 알지 못하는
수많은 죄가 우리 몸 안에, 우리 마음에 도사리고 있지 않습니까? 그런데
영화의 몸은 죄성을 다 이긴 성화가 완성된 몸입니다. 그래서 우리는 주님
의 재림을 기다립니다. 그날 우리는 구원의 최종적 완성을 경험할 것입니
다. 이것이 바로 "부르심의 소망"입니다. 주님이 꿈꾸신 그 교회는 이 소망
을 분명히 가지고, 이 복을 알고 기뻐하며 소망하는 교회입니다.

2) 기업의 영광이 풍성한 것이 복임을 알게 해주십시오

기업이라는 말은 이미 1장에서 설명했습니다. 여기서는 상속된 재산이라는 뜻의 '기업(基業, inheritance)'을 말합니다. 하나님께서 우리에게 상속받게하신 최고의 재산은 천국입니다. 그 천국은 영광이 풍성한 곳입니다. 이 영광을 알면, 구원받은 것이 우리에게 최고의 복이라고 고백할 수 있습니다.

> 그가 낙원으로 이끌려 가서 말로 표현할 수 없는 말을 들었으니 사람이
> 가히 이르지 못할 말이로다 _고린도후서 12:4

> was caught up into Paradise and heard inexpressible words, which a
> man is not permitted to speak. _2 Corinthians 12:4, NASB

사람의 언어로는 그 영광을 다 표현할 수 없는 것이 천국의 영광입니다. 우리가 지금은 이곳에서 가난할 수 있고 집 한 칸이 없어서 고생할 수 있지만, 우리가 들어갈 천국의 영광은 놀라운 것입니다. 사도 바울은 에베소에서 박해받던 성도들이 이 영광을 바라보도록 기도하고 있습니다. 우리도이 땅의 부귀영화에 너무나 매달려 살고 있지는 않은지 돌아보아야 합니다. 그것은 주님이 꿈꾸신 그 교회 모습이 아닙니다. 우리는 천국의 영광의풍성함을 누릴 사람임을 알아야 합니다.

3) 하나님이 주신 지극히 큰 능력이 복임을 알게 해주십시오

19절의 이 지극히 큰 능력을 무슨 뜻입니까? F. F. 브루스 박사는 이 본문을 다음과 같이 해석합니다.

그리스도의 죽음이 하나님의 사랑의 최고의 표현이라면, 그리스도의 부활은 그의 능력의 최고의 표현이다.[24]

그리스도의 부활의 능력이 역사의 마지막 날 죽은 우리 몸도 부활시킬 것입니다. 부활은 우리에게 최고의 복입니다. 부활을 통해 하나님은 우리에게 죽지 않는 몸, 병들지 않는 몸, 그리고 죄성을 이긴 몸을 주시기 때문입니다. 그리고 이 부활의 능력이 현재 성도들에게도 이루어질 것을 F. F. 브루스 박사는 다음과 같이 말합니다.

지극히 큰 영광스러운 능력은 그리스도의 사람들 안에서도 역사하고 있다. …… 그들의 죽을 몸 안에 새 생명의 에너지를 불어넣고 있으며, 그래서 그들을 위한 실제적인 부활의 소망이 이루어지고 있다.[25]

지극히 큰 부활의 능력은 지금도 우리의 죽을 몸 안에 역사하여 새 생명의 에너지를 불어넣고 있습니다. 부활의 능력을 지금도 경험하면, 완전한 몸으로의 부활은 아니라 할지라도 영적 생명력이 충만한 삶을 살 수 있습니다.

---

24 Bruce, NICNT: *The Epistles to the Colossians to Philemon and to the Ephesians*, p. 271. If the death of Christ is the supreme demonstration of the love of God … the resurrection of Christ is the supreme demonstration of his power.)

25 Ibid. And glorious power, in its "surpassing greatness," is at work in the people of Christ: … energizing the new life within their mortal bodies and so making the hope of resurrection real for them.

3. 우리가 기도해야 할 근거와 사명

이어서 바울은 우리가 기도해야 할 근거와 사명에 대해 말합니다.

> 그의 능력이 그리스도 안에서 역사하사 죽은 자들 가운데서 다시 살리시
> 고 하늘에서 자기의 오른편에 앉히사_에베소서 1:20

"그의 능력"은 성부 하나님의 능력을 말합니다. 그 능력은 그리스도 안에서 역사합니다. 이때 사용된 "역사"라는 단어는 지난날 일어난 사건과 과정을 기록한 역사(歷史)도 아니고, 기차역으로 쓰이는 건물을 말하는 역사(驛舍)도 아닙니다. 여기서의 역사는 '일 하신다'는 뜻의 역사(한자: 役事; 영어: work, bring about; 헬라어: ἐνεργέω, 에네르게오)입니다.

즉, 성부 하나님의 능력이 그리스도 안에서 역사하사 죽은 자들 가운데서 다시 살리시는 부활을 일으키셨습니다. 그리고 승천하게 하셔서 하나님 오른편에 앉게 하셨습니다. 그렇다면, 이 하늘은 어디일까요? 신학자 루이스 벌코프는 자신의 저서 『조직신학』에서 하늘에 대해 다음과 같이 말합니다.

> 승천은 한 장소에서 다른 장소로 가는 장소의 이동이었다. 이것은 물론
> 지상뿐만 아니라 천국이 분명히 장소라는 것을 포함한다. …… 성경에서
> 천국은 인성을 입고 계신 그리스도, 그리고 죽은 성도들과 천사들이 거하
> 는 장소를 의미한다. …… 성경은 장소로서의 하늘나라를 생각하도록 우
> 리를 가르친다.[26]

---

26 L. Berkhof, *Systematic Theology* (Grand Rapids: Wm. B. Eerdmans Publishing, Company, 1976), p. 350. It was a local transition, a going from place to place. This implies, of course, that heaven is a place as well as earth. ⋯ Heaven is represented in Scripture as the dwelling place of created beings (angels, saints, the human nature of Christ). ⋯ Bible teaches us to think of heaven as a place.

하나님 나라는 현재 이 시대의 하나님 통치를 의미하기도 하지만, 미래에 죽어서 가는 하나님 나라를 의미하기도 합니다. 루이스 벌코프 박사는 우리가 죽어서 가는 하늘나라를 분명히 장소라고 가르칩니다. 그 장소로 예수님이 승천하셨고, 거기서 만물을 통치하십니다. 여기서 오른편은 최고의 영광의 자리, 가장 강력한 자리를 의미합니다.[27]

> 모든 통치와 권세와 능력과 주권과 이 세상뿐 아니라 오는 세상에 일컫는
>
> 모든 이름 위에 뛰어나게 하시고_에베소서 1:21

"통치와 권세와 능력과 주권"은 천사를 가리키는 단어입니다. 천사는 선한 천사와 악한 천사(타락한 천사장인 사탄, 곧 마귀와 타락한 천사인 귀신들)가 있습니다. 여기서는 이 둘 다를 의미합니다.[28] 성부 하나님께서 예수님을 이 모든 것 위에 뛰어나게 하셨다는 말씀은 모든 천사, 즉 선한 천사와 악한 천사까지 다 다스리신다(통치하신다)는 뜻입니다. 지금뿐만 아니라 미래의 시대에도 통치하십니다. 하지만 재림하시는 그때까지는 마귀의 역사(役事)도 부분적으로 허락하셨습니다.

에베소는 우상숭배가 극성했던 곳입니다. 그러므로 그곳의 성도들에게 예수 그리스도가 모든 악한 영들보다 뛰어나시다는 사실은 놀라운 위로가 되었을 것입니다. 그들은 사도행전 19장 12절에 바울을 통하여 귀신들이 떠나간 사건과 19절에 마술하던 사람들이 마술책을 모아서 불사르며(책값

---

27 Arnold, 『존더반 신약주석 강해로 푸는 에베소서』, pp. 112-113.

28 Ibid., pp. 114-116.

이 은 오만, 은 오만은 노동자 137명의 연봉) 주님을 따르던 일들을 기억하면서 이 말씀에 큰 힘을 얻었을 것입니다.

심지어 사람들이 바울의 몸에서 손수건이나 앞치마를 가져다가 병든 사람에게 얹으면 그 병이 떠나고 악귀도 나가더라_사도행전 19:12

또 마술을 행하던 많은 사람이 그 책을 모아 가지고 와서 모든 사람 앞에서 불사르니 그 책 값을 계산한즉 은 오만이나 되더라_사도행전 19:19

우리가 예수님의 이름으로 기도할 수 있는 근거는 그분이 '내 이름으로 기도하라'고 하셨기 때문입니다. 또 예수님이 만왕의 왕으로 하늘 보좌에 앉으셔서 오늘도 하늘과 땅에 있는 모든 것, 즉 보이는 것과 보이지 않는 것을 통치하시기 때문에 우리의 기도에 응답해주실 수 있습니다.

내 이름으로 무엇이든지 내게 구하면 내가 행하리라_요한복음 14:14

또 만물을 그의 발 아래에 복종하게 하시고 그를 만물 위에 교회의 머리로 삼으셨느니라_에베소서 1:22

기도는 하나님께서 하실 수 있는 모든 것을 할 수 있다!_R. A. 토레이[29]

---

29 Prayer can do anything that God can do.

그러나 기억하십시오. 우리의 기도는 우선적으로 기도해야 할 제목을 먼저 가지고 기도해야 합니다. 토레이 목사님은 이런 말을 남겼습니다.

기도의 주된 목적은 그 응답이 하나님께서 영광을 받으시도록 하는 것이다._R. A. 토레이[30]

위대한 것들을 위해 기도하라, 위대한 것들을 기대하라, 위대한 것들을 위해 일하라. 그러나 무엇보다 기도하라._R. A. 토레이[31]

우리는 본문에서 기도해야 할 근거를 찾았을 뿐 아니라 교회의 사명도 찾을 수 있습니다.

또 만물을 그의 발 아래에 복종하게 하시고 그를 만물 위에 교회의 머리로 삼으셨느니라_에베소서 1:22

교회의 머리가 누구십니까? 예수 그리스도이십니다. 예수 그리스도의 머리 되심에 대해서 F. F. 브루스 박사는 이렇게 말했습니다.

유기적 관계(organic relation)와 생명의 연합(vital union)이다.[32]

---

30 The chief purpose of prayer is that God may be glorified in the answer.

31 Pray for great things, expect great things, work for great things, but above all pray.

32 F.F. Bruce, *NICNT: The Epistles to the Colossians to Philemon and to the Ephesians*, p. 275.

유기적이란 서로 연결되어 돕는 관계를 말합니다. 우리는 예수 그리스도와 꼭 연결되어 있어야 합니다. 친밀한 관계가 되어야 합니다. 그것이 유기적인 것입니다. 생명의 연합입니다. 그런데 이 유기적 관계가 생명을 유지하는데 필수적입니다. 뗄래야 뗄 수 없는 관계입니다. 포도나무와 가지의 관계입니다. 내가 네 안에, 네가 내 안에 있는 관계가 되어야 합니다. 그것은 성경을 읽고 묵상하며 기도하고 찬송하면서 그때 주신 예수님의 뜻에 순종할 때 맺어지는 관계입니다. 성경을 읽고 묵상하지 않으며 기도하고 찬송하지 않으면 예수님과의 유기적 관계, 생명의 연합을 경험할 수 없습니다. 한 걸음 더 나아가 성경을 읽고 묵상하며 기도하고 찬송하더라도, 그때 주신 감동에 순종하지 않으면 유기적 관계, 생명의 연합은 이루어질 수 없습니다. 이런 유기적 관계, 생명의 연합이 있을 때 우리는 교회다운 교회가 될 수 있습니다.

주님이 꿈꾸신 그 교회는 어떤 교회입니까? 머리 되신 그리스도와 생명의 연합과 교제가 있는 교회입니다. 이 생명의 연합이 없다면 주님이 꿈꾸신 그 교회가 아닙니다. 그것은 형식적인 종교 생활입니다. 우리가 형식적인 종교 생활을 한다면 주님이 피 흘려 세우신 교회의 목적에 크게 어긋난 것입니다. 이 말씀을 읽으면서 성경과 기도, 찬송과 순종으로 주님과 생명의 교제, 연합을 경험하는 삶이 시작되고 훈련되며 성숙해가길 축복합니다. 그런데 이 교회의 머리는 그리스도이신데, 이 교회의 위치는 만물 위에 있습니다. 즉, 교회가 만물 위에 있습니다. 만물을 통치하는 것이 교회의 사명입니다. 이것은 군림이 아니라 섬김이어야 합니다. 1장에서 에베소서의 주제 구절을 묵상했습니다.

하늘에 있는 것이나 땅에 있는 것이 다 그리스도 안에서 통일되게 하려

하심이라_에베소서 1:10

"통일되게 하려 하심이라"는 '다시 머리가 되게 하다'는 뜻입니다. 여기서 머리는 통치자를 의미합니다. 그러므로 통일은 만물의 유일한 통치자이신 예수님의 통치를 우리가 받고, 그후 우리는 가정과 교회와 일터에서 예수님의 통치(뜻)를 실현하는 것입니다. 내기 끼칠 수 있는 영향력의 범위 안에서 대리 통치하는 것입니다. 이것은 일찍이 창세기 1장에서 우리에게 주신 대리 통치의 명령을 수행하는 것입니다.

하나님이 이르시되 우리의 형상을 따라 우리의 모양대로 우리가 사람을

만들고 그들로 바다의 물고기와 하늘의 새와 가축과 온 땅과 땅에 기는

모든 것을 다스리게 하자 하시고_창세기 1:26

우리는 원래의 통치자가 아니라 대리 통치자(vicarious ruler)입니다. 원래 통치자는 예수 그리스도이십니다. 우리는 그 원래 통치자의 뜻에 따라 만물을 다스려야 합니다. 그것이 23절의 내용입니다. 이것은 교회의 사명을 더 구체적으로 보여줍니다.

교회는 그의 몸이니 만물 안에서 만물을 충만하게 하시는 이의 충만함이

니라_에베소서 1:23

교회는 그리스도의 몸입니다. 머리는 몸을 통해서 일합니다. 머리는 지시

하고 몸은 움직입니다. 이처럼 머리 되신 그리스도께서는 교회를 통해, 즉 우리를 통해 일하길 원하십니다. 머리는 지시하고, 몸은 움직이는 것에 대해 F. F. 브루스 박사는 다음과 같이 말합니다.

> 만약 머리와 몸의 유추를 주장한다면 몸은 머리를 보완하는 것으로 생각 될 수도 있다.[33]

몸의 사명은 매우 큽니다. 몸 없이 머리의 뜻이 이루어질 수 없기 때문입니다. 따라서 머리 되신 그리스도의 충만함이 가장 충만하게 머무는 곳은 바로 그의 몸 된 교회입니다. 그분의 은혜와 평강이 가장 충만하게 머무는 곳이 바로 교회인 것입니다. 그러므로 교회는 만물에 그리스도의 은혜와 평강을 충만케 해주는 사명을 감당해야 합니다. 교회가 만물을 충만케 할 그리스도의 유일한 대안입니다. 그 충만의 내용은 세 가지입니다.

첫째, 사랑입니다. 세상은 이기적입니다. 사랑이 없습니다. 하나님은 사랑입니다. 그래서 우리는 하나님의 사랑으로 이웃을 섬겨야 합니다. 그것이 만물을 충만케 하는 첫 번째 내용입니다. 둘째, 복음입니다. 사랑의 결핍보다 더 큰 결핍은 생명(영혼)[34]의 결핍입니다. 하나님의 생명에서 끊어진 것입

---

33 F.F. Bruce, *NICNT: The Epistles to the Colossians to Philemon and to the Ephesians*, p. 275. If the head-body analogy be maintained, the body may be thought of as the complement of the head.

34 영혼을 생명으로 표기한 이유는 영혼이라는 히브리어는 네페쉬(שׁפֶנֶ)이고 헬라어는 프쉬케(ψυχή)인데, 이는 영혼(soul)이라는 뜻도 있지만, 생명(life)이라는 뜻도 있다. 우리의 구원은 영혼만의 구원이 아니라, 몸까지 부활하는 전인적 구원이므로 영혼을 생명으로 표기했다. William Gesenius, *Gesenius's Handwörterbuch über das Alte Testament, tr.* Edward Robinson, (ed.) Francis Brown, S. R. Driver and Charles A. Briggs, *A Hebrew and English Lexicon of the Old Testament with an Appendix Containing the Biblical Aramaic* (Oxford: Oxford University Press, 1978), p. 659. Bauer, *A Greek-English Lexicon of the New Testament*, p. 893.

니다. 오로지 복음만이 하나님의 생명을 이어줍니다. 그리고 생명의 결핍이 해결됩니다. 그것이 만물을 충만케 하는 두 번째 내용입니다. 셋째, 세상 변혁입니다. 하나님의 통치를 받지 않고 제 맘대로 사는 사람들로 인해 세상의 문화와 시스템이 병들어 있습니다. 이 병들고 어그러진 문화를 변혁시키는 것이 바로 충만케 하는 세 번째 내용입니다.

이웃을 사랑하고, 그들에게 복음을 전하며, 세상의 악한 문화와 하나님을 거역하는 문화, 그리고 그 시스템을 변혁시키는 것이 교회인 우리가 이 세상에 사는 이유입니다.

세상의 변혁이 얼마나 중요한지 더 말씀드리고자 합니다. 리차드 니버는 『그리스도와 문화』라는 책에서 지나간 2천 년 교회 역사 속에 교회와 사회의 관계를 다음과 같이 다섯 가지로 요약했습니다. 저는 리처드 니버의 신학에 동의하지는 않지만, 이 분류는 참고할 만합니다.

　〔교회의 다섯 가지 유형〕[35]
　　1) 문화에 대립하는 그리스도(Christ against Culture)
　　2) 문화의 그리스도(Christ of Culture)
　　3) 문화 위에 군림하는 그리스도(Christ above Culture)
　　4) 그리스도와 문화의 모순적 관계(Christ and Culture in paradox)
　　5) 문화의 변혁자인 그리스도(Christ the Transformer of Culture)

35　H. Richard Niebuhr, *Christ and Culture*, 홍병룡 옮김, 『그리스도와 문화』 (서울: 한국기독학생회 출판부, 2014), pp. 127, 175, 215, 257, 309.

여기서 '그리스도(Christ)'는 교회로 해석할 수 있고, '문화(Culture)'는 사회로 해석할 수 있습니다. 그렇게 해석하여 다섯 가지 유형의 제목을 다시 붙이고, 설명을 덧붙이면 다음과 같습니다.

1) 사회에 대립하는 교회 유형

수도원처럼 거룩을 지키기 위해 세상과의 접촉을 차단하는 태도입니다. 이것은 세상의 빛과 소금이 되라는 예수님의 말씀을 수행하지 못합니다. 우리는 거룩도 지키면서 변혁도 주도해야 하기에 옳지 않은 입장입니다.

2) 사회의 교회 유형

사회만을 위한 교회입니다. 복음 없이 사회사업이나 정치 운동을 하는 교회를 말합니다. 교회의 핵심은 '복음'입니다. 십자가와 부활을 통한 구원과 변혁(고린도전서 15:1~4; 에베소서 1:10, 23)이 없다면, 그 교회는 교회가 아니라 사회사업 단체 혹은 정치 단체가 되어버립니다.

3) 사회 위에 군림하는 교회 유형

중세의 가톨릭처럼 교황이 왕을 임명하기도 하고 폐위하기도 했던 역사를 말합니다. 그러나 교회의 그런 절대 권력은 부패한 권력입니다. 이것도 성경이 말하는 교회의 모습은 아닙니다.

4) 사회와 교회의 모순적 관계 유형

여기서 paradox는 흔히 역설로 번역합니다만, 저는 알기 쉽게 모순으로 번역했습니다. 성도의 교회 생활과 사회 생활이 모순되는 것입니다. 교회에서는 좋은 성도인데, 세상에서는 비성경적 시민으로 살아가는 것을 말합니다. 영적인 지킬 박사와 세상의 하이드 씨가 되는 것입니다. 이것도 성경적이지 않습니다.

5) 사회를 변혁시키는 교회 유형

바로 주님이 꿈꾸신 그 교회입니다. 이것이 바로 에베소서 1장 23절의 만물을 충만케 하는 교회가 되는 것입니다.

2장은 교회인 우리의 기도와 사명에 대한 말씀입니다. 교회인 우리는 어떻게 기도를 드려야 하며, 어떤 사명이 있을지 함께 나눠봅시다.

1. 우리가 우선하여 드릴 기도는 무엇입니까?

2. 우리가 예수님의 이름으로 기도할 수 있는 근거는 무엇입니까?

3. 나의 기도 생활에 어떤 변화가 필요합니까?

4. 교회의 사명에 대해서 배운 것은 무엇입니까?

5. 나의 가정 생활과 사회 생활에 필요한 변화는 무엇입니까?

3장

우리가
살아나
교회가 된 기적 _에베소서 2:1~10

에베소서 2:1~10

1 그는 허물과 죄로 죽었던 너희를 살리셨도다 2 그 때에 너희는 그 가운데서 행하여 이 세상 풍조를 따르고 공중의 권세 잡은 자를 따랐으니 곧 지금 불순종의 아들들 가운데서 역사하는 영이라 3 전에는 우리도 다 그 가운데서 우리 육체의 욕심을 따라 지내며 육체와 마음의 원하는 것을 하여 다른 이들과 같이 본질상 진노의 자녀이었더니 4 긍휼이 풍성하신 하나님이 우리를 사랑하신 그 큰 사랑을 인하여 5 허물로 죽은 우리를 그리스도와 함께 살리셨고 (너희는 은혜로 구원을 받은 것이라) 6 또 함께 일으키사 그리스도 예수 안에서 함께 하늘에 앉히시니 7 이는 그리스도 예수 안에서 우리에게 자비하심으로써 그 은혜의 지극히 풍성함을 오는 여러 세대에 나타내려 하심이라 8 너희는 그 은혜에 의하여 믿음으로 말미암아 구원을 받았으니 이것은 너희에게서 난 것이 아니요 하나님의 선물이라 9 행위에서 난 것이 아니니 이는 누구든지 자랑하지 못하게 함이라 10 우리는 그가 만드신 바라 그리스도 예수 안에서 선한 일을 위하여 지으심을 받은 자니 이 일은 하나님이 전에 예비하사 우리로 그 가운데서 행하게 하려 하심이니라

2장에서는 주님이 꿈꾸신 그 교회는 '기도의 우선순위가 되어있는 교회', '교회의 사명을 알고 그것을 수행하는 교회'임을 살펴보았습니다. 3장에서는 우리가 받은 구원에 대해 다시 말씀합니다.

먼저 예수님을 구주로 믿어 구원받기 전, 우리의 상태에 대해서 성경은 무엇이라고 말하는지 알아보고자 합니다.

1. 예수님을 믿기 전, 우리는 죽어있었다

예수님을 구주로 믿기 전, 우리는 죽어있었다고 1절은 말씀합니다.

> 그는 허물과 죄로 죽었던(νεκροὺς, 네크루스, 복수 목적격) 너희를 살리셨도
> 다_에베소서 2:1

에베소서 2장 1절에서 '죽었다'는 단어로 네크루스(νεκροὺς)가 사용되었지만, '죽음'이라는 또 다른 헬라어는 싸나토스(θάνατος)입니다. 그 어원은 분

리(分離)인데, 이 분리라는 개념은 성경이 말하는 죽음을 이해하는 데 도움이 됩니다. 성경이 말하는 죽음은 세 가지입니다.

1) 영적인 죽음: 하나님과의 관계 분리, 곧 단절을 의미합니다.
2) 육신적 죽음: 우리가 아는 일반적 죽음, 몸과 영혼의 분리입니다.
3) 영원한 죽음: 지옥에 들어가는 것, 하나님과 영원히 분리되는 것입니다.

이 세 가지 죽음은 극복 가능합니다. 그런데 모두 예수님을 통해서만 극복됩니다.

1) 영적인 죽음은 예수님을 구주로 믿는 즉시 살아 하나님의 자녀로 태어납니다.
2) 육신적 죽음은 예수님을 구주로 믿으면, 예수님 재림 시 부활로 극복됩니다.
3) 영원한 죽음도 예수님을 구주로 믿으면, 영원히 하나님과 분리되는 지옥에 가지 않아 극복됩니다.

인류의 가장 큰 문제인 이 세 가지 죽음의 원인은 무엇이었습니까? 에베소서 2장 1절에 "허물과 죄"라고 말합니다. F. F. 브루스 박사는 허물과 죄에 대해서 다음과 같이 말합니다.

허물과 죄는 바울 서신에서는 동의어이다.[36]

---

36 Bruce, *NICNT: The Epistles to the Colossians to Philemon and to the Ephesians*, p. 280. trespasses and sins are used as synonyms in the Pauline writings.

'허물(trespass)'은 불법적인 행동(an unlawful act)[37] 즉, 성경 말씀을 어긴 것을 말합니다. '죄(sin)'도 하나님의 법에 대한 위반(transgression of the law of God)[38]을 말합니다. 하나님의 법인 성경에 대한 위반이 죽음의 원인입니다. 하나님의 법을 어기고, 하나님을 믿지 않는 것이 성경이 말하는 근원적인 죄입니다. 허물과 죄와 대조되는 말은 '범죄(crime)'입니다. 범죄는 어떤 사람이 정부에 의해 처벌받을 수 있는 불법적 행동[39]입니다. 본문이 말하는 죄는 세상적으로 말하는 범죄(crime)를 말하는 것이 아니라, 하나님의 법인 성경을 어긴 죄(sin)를 말하는 것입니다.

이 죄로 말미암아 영적으로 죽어있었던 우리, 그래서 하나님을 알지도 못하고 하나님과 교제 하지도 못하며 하나님께서 주시는 생명도 누리지 못하던 비참한 상태에 있었고 지옥에 갈 존재였던 우리를 하나님이 살리셨습니다. 소망 없는 우리를 기적적으로 살리신 하나님께 모든 영광을 올려드립니다. 예수님을 믿기 전, 우리는 이렇게 비참한 상태에 있었습니다.

> 그 때에 너희는 그 가운데서 행하여 이 세상 풍조를 따르고 공중의 권세
> 잡은 자를 **따랐으니** 곧 지금 불순종의 아들들 가운데서 역사하는 영이
> 라_에베소서 2:2

"그 때"는 영적으로 죽어있었을 때, 예수님 믿기 전을 말합니다. 그때 우리

---

37 https://www.merriam-webster.com/dictionary/trespasses

38 https://www.merriam-webster.com/dictionary/sin

39 https://www.merriam-webster.com/dictionary/crime an illegal act for which someone can be punished by the government

는 이 세상 풍조를 따르고 있었습니다. 풍조(風潮)는 '시대에 따라 변하는 세태'를 말합니다. 헬라어로는 아이온(αἰών)이라고 하는데, 아이온의 뜻은 시대(age) 혹은 흐름(course)을 말합니다. 예수님을 믿기 전, 우리는 하나님 말씀보다는 시대의 흐름을 따랐습니다. 예수님을 믿지 않으면 그렇게 살 수밖에 없습니다. 믿음과 삶의 표준인 성경이 없으면 사람들은 시대의 흐름을 따라 삽니다. 시대의 흐름 속에는 보이지 않는 힘이 있기 때문입니다.

그 힘은 바로 "공중의 권세 잡은 자"의 힘입니다. 여기서 권세 잡은 자는 헬라어로 통치자(ruler)라는 뜻의 아르콘(ἄρχων)입니다. 공중의 권세 잡은 자는 하나님의 통치에 반역하는 통치자입니다. 즉, 사탄(마귀, 요한계시록 12:9)입니다. 이 마귀는 공중을 주관합니다. 유대의 개념으로 공중은 마귀가 활발하게 활동하는 장소입니다. 공중은 지상보다 높은 개념입니다. 그래서 '공중의 권세를 잡았다'는 말은 인간보다 강한 존재라는 뜻입니다. 마귀는 하나님보다는 매우 약하지만, 인간보다는 강합니다. 그는 인간을 지배하려고 합니다. 불신자들 가운데 강하게 역사하며 성도들도 공격합니다.

사탄(마귀)은 "불순종의 아들들 가운데 역사하는 영"이라고 합니다. 이 사탄(마귀)은 불순종의 아들들, 이 말은 불신자들을 말합니다. 그들 가운데 사탄은 강력하게 역사하여 하나님을 믿지 못하게 막고, 제 맘대로 살게 만듭니다. 그리고 타락하게 만듭니다. 영적으로 죽은 존재는 이렇게 세상의 흐름을 따라가고, 마귀의 통치를 받는 삶을 삽니다. 이어서 3절을 보겠습니다.

전에는 우리도 다 그 가운데서 우리 육체의 욕심을 따라 지내며 육체와 마음의 원하는 것을 하여 다른 이들과 같이 본질상 진노의 자녀이었더니_에베소서 2:3

영적으로 죽은 사람은 육체의 욕심을 따라, 육체의 욕심대로 삽니다. 여기서 "육체"라는 말이 두 번이나 반복되어 나옵니다. 예수님을 구주로 믿기 전, 우리의 삶을 지배했던 대표적인 것이 육체이기 때문입니다. 그렇다면, 여기서 육체는 무엇을 말할까요?

육체는 헬라어로 사르크스(σάρξ)입니다. 로마서 8장에는 "육신"으로도 번역되었습니다. 그 뜻은 ① 신체적 몸(physical body), ② 죄된 인간의 본성(sinful human nature), ③ 자발적으로 죄를 짓는 마음의 동기(the willing instrument of sin)[40]입니다.

바울 서신에서 육체, 혹은 육신으로 번역되는 사르크스는 인간의 신체적인 몸을 가리킬 때도 있지만 대부분은 죄성과 죄를 자발적으로 지으려는 마음이라는 뜻으로 사용됩니다. 구원받은 이후에도 이 죄성, 죄를 지으려는 마음의 동기는 매우 큰 문제입니다. 그래서 로마서 7장 24절에 "오호라 나는 곤고한 사람"이라고 고민했고, 8장에서는 성령의 생각과 성령의 감동을 따른 행동을 하여 이 육신(죄성, σάρξ, 사르크스)을 이기라고 말씀합니다.

예수 믿기 전 우리는 이 죄성을 따라 행했습니다. 그래서 "본질상 진노의 자녀"였습니다. 타고난 진노의 자녀였습니다. 태어날 때부터 죄성을 가진 존재로 태어난 것입니다. 우리가 죄성을 따라 사는 것은 태어날 때부터 가진 죄성 때문입니다. 누가복음 15장에 나오는 탕자의 비유를 보면, 돌아온 탕자에 대해 아버지가 이렇게 표현합니다.

---

40 Barclay M. Newman Jr., Greek-English Dictionary of the New Testament (London: United Bible Society, 1980), p. 161. Bauer, A Greek-English Lexicon of the New Testament, p. 744.

이 내 아들은 죽었다가 다시 살아났으며(νεκρὸς ἦν καὶ ἀνέζησεν, 네크로스 엔 카이 아네제센) 내가 잃었다가 다시 얻었노라 하니 그들이 즐거워하더라_누가복음 15:24

여기서 "죽었다가"라는 말은 에베소서 2장 1절에 사용된 '죽었다'와 같은 단어, 네크로스(νεκρὸς)입니다. 이 단어는 32절에도 사용되었습니다.

이 네 동생은 죽었다가 살아났으며(ὁ ἀδελφός σου οὗτος νεκρὸς ἦν καὶ ἔζησεν, 호 아델포스 수 후토스 네크로스 엔 카이 에제센) 내가 잃었다 얻었기로 우리가 즐거워하고 기뻐하는 것이 마땅하다 하니라_누가복음 15:32

탕자의 삶을 아버지는 '죽었다가 다시 살아났다'고 했습니다. 헬라어 네크로스(νεκρὸς)입니다. '죽은 삶'이란 예수님을 구주로 믿지 않으며, 마귀의 통치를 받고 마음의 죄성을 따라 사는 것입니다.

오늘 이 시대에도 수많은 탕자들이 있습니다. 그들은 아버지께로 돌아와야 합니다. 우리는 그들이 하늘 아버지께로 돌아오도록 끊임없이 섬기고, 복음을 전해야 합니다. 아버지께로 돌아온 사람들, 죽었다가 살아난 사람이 가득한 교회가 바로 주님이 꿈꾸시는 그 교회입니다.

예수님을 믿기 전 우리는 죽었던 사람, 비참하고 소망이 없던 사람들이었습니다. 그런데 우리가 살아나게 되었습니다. 이건 기적입니다. 육신이 죽은 자가 살아난 것도 기적이지만, 영적으로 죽은 자가 살아난 것도 기적입니다.

2. 우리가 살아난 원동력은 하나님께로 부터다

구원에 있어서 우리는 아무것도 할 수 없었습니다. 영적으로 죽어있었기 때문입니다. 우리의 구원은 전적으로 하나님에게서 나왔습니다. 자력(自力) 구원이 아니라, 타력(他力) 구원입니다. 그 타력은 바로 하나님의 힘을 말합니다. 그러면 하나님은 우리를 어떻게 구원하셨습니까?

긍휼이 풍성하신 하나님이 우리를 사랑하신 그 큰 사랑을 인하여

_에베소서 2:4

긍휼(矜恤)이란 우리 말로 '불쌍히 여김'을 의미합니다. 헬라어로는 엘레오스(ἐλεος)인데, 불행을 당한 사람에 대해 느끼는 불쌍히 여기는 마음을 뜻합니다. 하나님은 마귀의 권세에 짓눌려 살면서 죄성을 따라 사는 우리를 불쌍히 여기셨습니다. 이것이 긍휼입니다.

허물로 죽은 우리를 그리스도와 함께 살리셨고 (너희는 은혜로 구원을 받은 것이라)_에베소서 2:5

허물은 죄를 말합니다. 그 죄 때문에 죽은 사람이 살아나는 방법은 "그리스도와 함께"입니다. 그리스도와 함께 살리셨다는 말씀은 그리스도께서 우리를 위해 죽으셨다는 것을 전제합니다. 그분은 죽으시고 다시 살아나셨습니다.

에베소서 1장 7절을 보면, 우리는 그의 피로 속량을 받았습니다. 즉, 마귀와 지옥의 권세에서 자유케 되었습니다. 그리스도의 피흘리심으로 우리는

속죄 받고 구원받았습니다. 그리스도와의 관계가 없는 사람, 즉 그리스도를 구주로 믿지 않는 사람은 살아날 방법이 없습니다. 그래서 사도 바울의 서신에 가장 많이 나오는 어구가 그리스도 안에, 그리스도와 함께입니다.

오직 예수! 오직 예수! 오직 예수!

그래서 5절 하반절에 "너희는 은혜로 구원을 받은 것이라"고 했습니다. 은혜의 반대말은 내가 댓가를 지불하는 것입니다. 내 실력으로, 내 공로로 얻은 것입니다. 그러나 구원은 절대로 내가 할 수 있는 것이 아닙니다. 오직 하나님께서 거저 주시는 은혜로 얻는 것입니다.

> 은혜(恩惠)는 헬라어로 카리스(χάρις), 히브리어로는 헤세드(חֶסֶד)입니다. 그 뜻은 '사랑, 호의, 그리고 받을 자격이 없는 자에게 값없이 주시는 선물'입니다.

우리는 죄인, 본질상 진노의 자녀, 마귀의 지배를 받던 사람, 그리고 더러는 하나님의 원수처럼 살던 사람이었습니다. 그래서 구원받을 자격이 없는 사람이었습니다. 그런데 하나님께서는 우리를 구원하셨습니다. 그래서 은혜입니다. 다시 말하면, 우리는 마귀의 지배를 받던 사람, 죄성을 따라 살던 사람, 세상의 흐름을 따라 살던 사람, 죄를 지은 사람(성경과 하나님을 대적하던 사람)이므로 우리는 구원 받을 자격이 없는 사람이었습니다. 또 이런 죄성을 해결할 수도 없던 사람이었습니다. 그런 우리가 오직 은혜로 구원받아 교회가 되었습니다. 할렐루야!

또 함께 일으키사 그리스도 예수 안에서 함께 하늘에 앉히시니

_에베소서 2:6

성경은 구원받은 성도를 예수님 안에서 함께 하늘에 앉게 하셨다고 말씀합니다. 지금 현재 우리가 천국에 앉아 있습니까? 그건 아닙니다. 우리 몸은 지금 여기에 있습니다. 그러면 6절은 무슨 뜻일까요?

"앉히시니"는 헬라어로 쉰에카디센(συνεκάθισεν)인데, 그것은 과거형 동사입니다. 영어로는 '앉게 하셨다(seated)'입니다. 헬라어에 과거형은 부정 과거형과 미완료 과거형이 있습니다. 부정 과거형은 단정적이고 확실한 행동을 표현하고, 미완료 과거형은 진행 중인 행동을 표현합니다. 여기에 "앉히시니"가 부정 과거형으로 쓰였다는 것은, 앉았다는 것이 매우 확실하다는 뜻입니다. 하지만 우리가 천국에 가서 예수님과 함께 앉을 것은 미래에 있을 일입니다. 그런데 왜 과거형 동사를 썼을까요? 그 이유는 성경은 너무나 확실한 미래를 과거형으로 표현하기 때문입니다. 이것을 '예언적 완료형(과거형)'이라고 합니다.[41] 예언은 미래에 이루어질 일이지만, 아주 확실한 미래는 완료형(과거형) 동사를 씁니다. 따라서 이 말씀을 지금 현재 우리 영혼이 영적으로 천국에 올라가 앉아 있다고 해석하는 것은 오해하는 것입니다. 미래 있을 일이지만, 확실하게 이루어질 일이기에 과거형 동사로 썼다고 해석해야 합니다. 우리가 장차 천국에서 주님과 함께 할 사람들이라는 것을 확실하게 표현한 것으로 해석해야 합니다.

41 The prophetic perfect tense is a literary technique used in the Bible that describes future events that are so certain to happen that they are referred to in the past tense as if they had already happened. https://en.wikipedia.org/wiki/Prophetic_perfect_tense

이는 그리스도 예수 안에서 우리에게 자비하심으로써 그 은혜의 지극히
풍성함을 오는 여러 세대에 나타내려 하심이라_에베소서 2:7

하나님은 하나님의 은혜를 오고 오는 세대에 나타내기를 원하십니다. 그
은혜는 그리스도 예수 안에서 우리에게 베푸신 자비입니다. 자비(慈悲)는
다른 말로 '사랑'입니다. 그래서 하나님을 사랑이시라고 하는 것입니다.

너희는 그 은혜에 의하여 믿음으로 말미암아 구원을 받았으니 이것은 너
희에게서 난 것이 아니요 하나님의 선물이라_에베소서 2:8

"은혜에 의하여(by grace)"에서 by는 행위의 원인을 가리킵니다. 그래서 '은
혜가 원인이 되어'로 번역하면 이해가 더 잘 됩니다. 또한 "은혜에 의하여"
는 헬라어로 '테 가르 카리티(Τῇ γὰρ χάριτι)'인데, 여기서 "의하여(by)"에 해
당하는 헬라어가 바로 '가르(γὰρ)'입니다. 이 '가르'도 원인(cause)을 가리킵
니다. 그래서 우리말 성경의 "은혜에 의하여"는 '은혜가 원인이 되어'로 번
역하면 이해가 더 잘 됩니다.
"믿음으로 말미암아(through faith)"에서 through는 원인보다는 통로의 의미
입니다. 따라서 '믿음을 통하여'로 번역하면 이해가 더 잘 됩니다. "믿음으
로 말미암아"가 헬라어로는 '디아 피스테오스(διὰ πίστεως)'인데, 여기서 "말
미암아(through)"에 해당하는 헬라어가 바로 '디아(διὰ)'입니다. 이 '디아'도
'통하여'의 뜻이므로, '믿음을 통하여'로 번역하면 이해가 더 잘됩니다.
에베소서 2장 8절을 다시 정리하면, 원인은 은혜이고 통로(수단, 도구)는 믿
음입니다. 은혜가 믿음보다 훨씬 더 크고 놀랍습니다. 우리를 구원하시기

로 성부 하나님께서 계획하시고 성자 하나님께서 시행하시며 성령 하나님께서 적용하지 않으셨다면, 즉 삼위일체 하나님의 그 은혜가 없었다면 우리는 구원받을 수 없었습니다. 그러므로 은혜가 가장 근원적 원인이고, 그 은혜를 받은 통로(도구)가 믿음입니다. 즉, 우리는 은혜가 원인이 되고 믿음이 통로(도구)가 되어 구원받은 것입니다.

3. 은혜를 받은 도구는 믿음이다

하나님의 놀라운 은혜가 내게 이루어져 구원받는 과정에 믿음을 사용하셨습니다. 은혜를 받아들이는 통로로 믿음을 사용하신 것입니다. 그 원인으로서의 은혜가 더 중요하기에, 8절 하반절에서 한 번 더 강조합니다.

> 너희는 그 은혜에 의하여 믿음으로 말미암아 구원을 받았으니 이것은 너
> 희에게서 난 것이 아니요 하나님의 선물이라_에베소서 2:8

상(賞)과 선물(膳物)의 차이가 무엇일까요? 상은 나의 노력과 실력과 공로로 받는 것입니다. 그러나 선물은 대가와 공로 없이 받는 것입니다. 구원은 선물입니다. 구원의 선물은 세상에서 가장 비싼 선물입니다. 성부 하나님께서 창조 전에 계획하신 선물, 성자 하나님이신 예수님께서 목숨 바쳐 만든 선물, 그리고 나에 대해 너무나도 잘 아시는 성령님께서 얼마나 자격 없는지 아시지만 나의 마음을 감동해 믿음까지 주셔서 받게 하신 세상에서 가장 비싼 선물입니다. 자세히 살펴보면, 믿음도 나로부터 시작된 것이 아닙니다. 비록 내가 믿는다고 고백하지만, 성령의 도움으로 믿게 된 것입니다.

성령으로 아니하고는 누구든지 예수를 주시라 할 수 없느니라

_고린도전서 12:3b

우리의 마음과 입으로 고백하기에, 예수님을 구주로 믿는 것을 우리가 한 것처럼 생각하지만 사실은 그것조차도 성령 하나님의 도움으로 된 것이니 엄격하게 말하면 믿음도 은혜입니다. 그래서 9절은 이렇게 말씀합니다.

행위에서 난 것이 아니니 이는 누구든지 자랑하지 못하게 함이라

_에베소서 2:9

감히 누가 구원받은 것을 자랑하겠습니까? 우리는 오직 은혜로 구원받았습니다. 오직 은혜입니다. 한 번 더 은혜의 정의를 살펴봅시다.

은혜(恩惠)는 헬라어로 카리스(χάρις), 히브리어로는 헤세드(חֶסֶד)입니다. 그 뜻은 '사랑, 호의, 그리고 받을 자격이 없는 자에게 값없이 주시는 선물'입니다.

인간의 공로로 구원받는다고 주장하는 구원론은 비성경적입니다. 2017년 종교개혁 500주년에 '다섯 가지 오직(FIVE SOLAS)'이란 제목으로 설교한 적이 있습니다. '다섯 가지 오직'은 다음과 같습니다.

Sola Scriptura(오직 성경), *Solus Christus*(오직 그리스도), *Sola Gratia*(오직 은혜), *Sola Fide*(오직 믿음), *Soli Deo Gloria*(오직 하나님께 영광)[42]

이 다섯 가지 오직 중에 '오직 은혜(Sola Gratia)'가 있습니다. 우리가 죽었다가 기적적으로 살아난 것은 오직 은혜로 된 것입니다. 그러므로 우리는 오직 하나님께만 영광을 돌려야 합니다. 하나님께만 영광을 돌리는 삶은 다음과 같은 삶으로 이어집니다.

4. 기적적으로 살아난 우리는 이제 선한 일을 추구해야 한다

우리가 추구해야 할 선한 일은 그냥 선한 일이 아닙니다. 그리스도 예수 안에 있는 선한 일입니다.

> 우리는 그가 만드신 바라 그리스도 예수 안에서 선한 일을 위하여 지으심을 받은 자니 이 일은 하나님이 전에 예비하사 우리로 그 가운데서 행하게 하려 하심이니라_에베소서 2:10

그렇다면, 우리가 추구해야 할 선한 일은 무엇을 말할까요?

> 하늘에 있는 것이나 땅에 있는 것이 다 그리스도 안에서 통일되게 하려 하심이라_에베소서 1:10

---

42 박성규, *FIVE SOLAS, 종교개혁의 핵심가치* (부산: 효민디앤피, 2017), pp. 32-96.

그것은 바로 그리스도 안에서 만물이 통일되는 삶을 사는 것입니다. 여기서 통일은 앞에서 말한 '다시 머리가 되게 하다' 입니다. 범죄한 인간은 자기가 스스로 머리가 되고 주인이 되어 제 맘대로 삽니다. 그래서 이 세상이 병들었습니다. 이 세상이 치료되기 위해, 다시 말하면 정상적으로 작동되는 세상이 되기 위해서는 그리스도를 우리 개인과 가정과 교회와 사회에 다시 머리로 모시는 일, 즉 통일되는 것에 달려있습니다. 구원받은 성도는 이 통일되는 일을 위해서 살아야할 사명이 있습니다.

우리가 머리 되신 그리스도의 통치에 순종함으로, 그리스도 안에서 통일이 이루어집니다. 나아가 내가 영향을 미칠 수 있는 모든 곳에 그리스도의 통치가 이루어지게 살아야 합니다. 그럴 때 만물을 충만케 하는 일이 이루어집니다. 이것이 바로 우리를 만드신 하나님의 목적입니다.

> 하나님이 이르시되 우리의 형상을 따라 우리의 모양대로 우리가 사람을 만들고 그들로 바다의 물고기와 하늘의 새와 가축과 온 땅과 땅에 기는 모든 것을 다스리게 하자 하시고_창세기 1:26

우리는 대리(代理) 통치자(vicarious ruler)가 되어 만물을 다스려야 할 사명이 있습니다. 교회인 우리의 사명은 만물이 그리스도 안에서 통일되게 하는 것입니다(에베소서 1장 10절). 이것을 에베소서 1장 23절은 다음과 같이 말씀합니다.

> 교회는 그의 몸이니 만물 안에서 만물을 충만하게 하시는 이의 충만함이니라_에베소서 1:23

교회인 우리의 사명은 ① 이기적 세상에서 이웃을 사랑과 섬김으로, ② 복음을 전함으로, ③ 병들고 망가진 사회의 시스템을 변혁시킴으로 만물을 충만케 하는 것입니다. 이것은 만물을 그리스도 안에서 통일되게 하는 것과 같은 내용입니다. 그런데 우리는 어떤가요? 그리스도를 머리로 모시고 그분의 통치를 받고 있습니까? 또 그 통치 가운데 만물을 충만케 하는 삶을 살고 있습니까? 그것이 없다면, 우리는 사명을 망각한 교회입니다. 달라스 윌라드 목사님은 다음과 같이 말합니다.

> 언젠가 토저(A. W. Tozer)는 "복음주의 기독교 진영 전반에 확연한 이단이 생겼다"고 자신의 심경을 토로했다. 뱀파이어 그리스도인이 되는 것도 제법 타당한 일이라는 인상이 그 '이단'에서 생겨났다. 사실상 우리는 예수께 이렇게 말하는 것이다. "부디 당신의 피가 조금 필요합니다. 하지만 저는 당신의 제자가 되거나 당신의 성품을 닮을 마음은 없습니다. 솔직히, 제가 인생을 즐기는 동안 좀 못 본 척해 주시렵니까?"[43]

죽었던 우리를 살려주신 그 놀라우신 주님의 은혜를 생각한다면, 더는 내가 주인 된 삶을 살면 안 됩니다. 그분이 주인이시기에 나는 순종해야 합니다. 그냥 선행이 아니라 그리스도 안에서의 선행입니다. 주님의 뜻을 이루는 선행이어야 합니다. 생색을 내고, 자랑하는 그런 종류의 선행이 아닙니다. 그것이 바로 통일과 충만입니다.

---

43 Dallas Willard, *The Great Omission: Reclaiming Jesus's Essential Teaching on Discipleship*, 윤종석 옮김 『잊혀진 제자도』 (서울: 복있는사람, 2007), p. 34.

3장은 우리가 살아나 교회가 된 기적에 대한 말씀입니다. 우리가 교회가 된 것은 정말 기적이었습니다. 어떤 점에서 그런지 함께 나눠봅시다.

1. 예수님을 믿기 전, 우리의 상태는 얼마나 절망적인 상태였습니까?

2. 죽음의 세 가지 종류와 극복 방안은 무엇입니까?

3. 절망(영적 죽음)의 상태에서 우리가 살아난 것은 기적이었습니다. 우리를 살린 하나님의 은혜란 무엇입니까?

4. 하나님의 은혜와 우리의 믿음의 관계를 설명해 보십시오.

5. 우리는 하나님의 은혜와 믿음으로, 기적적으로 살아났습니다. 그래서 교회가 되었습니다. 그렇다면, 교회의 사명은 무엇입니까?

4장

민족을
뛰어넘는
하나의 교회_에베소서 2:11~22

강론

에베소서 2:11~22

11 그러므로 생각하라 너희는 그 때에 육체로는 이방인이요 손으로 육체에 행한 할례를 받은 무리라 칭하는 자들로부터 할례를 받지 않은 무리라 칭함을 받는 자들이라 12 그 때에 너희는 그리스도 밖에 있었고 이스라엘 나라 밖의 사람이라 약속의 언약들에 대하여는 외인이요 세상에서 소망이 없고 하나님도 없는 자이더니 13 이제는 전에 멀리 있던 너희가 그리스도 예수 안에서 그리스도의 피로 가까워졌느니라 14 그는 우리의 화평이신지라 둘로 하나를 만드사 원수 된 것 곧 중간에 막힌 담을 자기 육체로 허시고 15 법조문으로 된 계명의 율법을 폐하셨으니 이는 이 둘로 자기 안에서 한 새 사람을 지어 화평하게 하시고 16 또 십자가로 이 둘을 한 몸으로 하나님과 화목하게 하려 하심이라 원수 된 것을 십자가로 소멸하시고 17 또 오셔서 먼 데 있는 너희에게 평안을 전하시고 가까운 데 있는 자들에게 평안을 전하셨으니 18 이는 그로 말미암아 우리 둘이 한 성령 안에서 아버지께 나아감을 얻게 하려 하심이라 19 그러므로 이제부터 너희는 외인도 아니요 나그네도 아니요 오직 성도들과 동일한 시민이요 하나님의 권속이라 20 너희는 사도들과 선지자들의 터 위에 세우심을 입은 자라 그리스도 예수께서 친히 모퉁잇돌이 되셨느니라 21 그의 안에서 건물마다 서로 연결하여 주 안에서 성전이 되어 가고 22 너희도 성령 안에서 하나님이 거하실 처소가 되기 위하여 그리스도 예수 안에서 함께 지어져 가느니라

3장에서는 '우리가 살아나 교회가 된 기적'을 아는 것이 주님이 꿈꾸신 그 교회임을 살펴보았습니다. 4장에서는 '민족을 뛰어넘는 하나의 교회'가 주님이 꿈꾸신 그 교회임에 대해 알아보고자 합니다.

사도 바울 당시, 세계 교회의 문제는 무엇이었습니까?

1. 유대인 교회와 이방인 교회의 민족적 갈등이 있었다

유대인들은 자존심이 매우 강했습니다. 자신들은 하나님이 택한 선민(選民)이라는 우월감이 있었습니다. 그래서 이방인들을 무시했습니다. 그리고 사도들이 의도하지는 않았지만 그들 모두 유대인이었기에 이방인 교회들은 그에 대한 열등감도 있었을 것입니다. 유대인 교회의 우월감과 이방인 교회의 열등감, 그래서 둘 사이에는 긴장과 갈등이 있었습니다. 그러나 이런 모습은 주님이 꿈꾸신 교회의 모습이 아니었습니다. 우리는 에베소서의 주제 구절에서 주님의 뜻을 알 수 있습니다.

> 하늘에 있는 것이나 땅에 있는 것이 다 그리스도 안에서 통일되게 하려
> 하심이라_에베소서 1:10

하나님의 구원계획은 만물이 그리스도 안에서 "통일", 즉 그리스도의 통치를 받게 하는 것인데 정작 이 사명을 감당해야 할 교회가 통일되지 않고 갈등과 분열에 휩싸여 있다면 그것은 하나님의 구원계획에 맞지 않습니다. 또한 교회가 그리스도의 몸이라면, 이방인이나 유대인이 분열되지 않는 하나의 몸이 되어야 하지 않겠습니까?

> 교회는 그의 몸이니 만물 안에서 만물을 충만하게 하시는 이의 충만함이
> 니라_에베소서 1:23

그래야 만물을 "충만"케 하는 사명도 감당할 수 있는 것이 아닙니까? 교회는 자가면역질환(autoimmune disease)에 걸리면 안 됩니다. 자가면역질환은 자기 몸 안에 면역체계가 자기 몸을 공격하기 때문에 고치기가 힘듭니다. 교회가 이러한 자가면역질환에 걸리면 교회 생활에 은혜를 누리지 못하고 능력을 받지 못하며 통일과 충만의 사명도 감당하지 못하게 됩니다. 그래서 하나님은 우리에게 유대인과 이방인의 민족적 차별을 뛰어넘는 하나의 교회가 되라고 말씀합니다.

> 그러므로 생각하라 너희는 그 때에 육체로는 이방인이요 손으로 육체에
> 행한 할례를 받은 무리라 칭하는 자들로부터 할례를 받지 않은 무리라 칭
> 함을 받는 자들이라_에베소서 2:11

예수님을 구주로 믿어 영적으로 살아나기 전에 에베소 교인들은 육체 (physical body)로는 이방인이었습니다. "손으로 육체에 행한 할례를 받은 무리"라고 할 때 '손으로 행한'은 헬라어로 케이로포이에토스(χειροποίητος)인데, 그 뜻은 구약 히브리어 성경을 헬라어로 번역한 70인역을 보는 유대인들은 잘 아는 내용이었습니다.

레위기 26장 1절, 30절; 이사야 2장 18절 등에는 '손으로 만든 우상'이라는 말이 나옵니다. '손으로 만든'이 구약 히브리어 성경의 헬라어 번역본인 70인역에 케이로포이에토스(χειροποίητος)가 사용되었습니다.[44] 히브리어 뿐 아니라 헬라어에도 능한 바울은 70인경에 나오는 이 헬라어 단어를 가지고 유대인들의 교만을 꺾고 있습니다. 손으로 우상을 만들던 것처럼, 손으로 할례를 행하는 것이 할례를 우상화하는 것이라고 그들을 책망합니다. 유대인 교회는 에베소교회를 비롯한 이방인 교회가 할례를 받지 않았으므로 우리보다 열등하다는 생각을 하고 있었습니다. 바울은 이것이 잘못되었음을 지적합니다. 그것은 우상숭배만큼이나 잘못된 것이라고 말합니다. 동시에 에베소 교인들에게는 이렇게 격려하고 있습니다. "너희는 그들에게 할례받지 않는 자라고 무시를 당했었지? 괜찮아, 오히려 그들이 할례를 우상화 하고 있단다."

그 때에 너희는 그리스도 밖에 있었고 이스라엘 나라 밖의 사람이라 약속의 언약들에 대하여는 외인이요 세상에서 소망이 없고 하나님도 없는 자이더니_에베소서 2:12

---

44 Arnold, 『존더반 신약주석 강해로 푸는 에베소서』, p. 156.

예수님을 구주로 믿기 전에 에베소교회를 비롯한 이방인 교회는 그리스도 밖에 있었습니다. 그리스도를 알지도, 믿지도 않았습니다. 하나님의 언약 백성인 이스라엘 밖에 있었고, 구약의 언약에 대해서도 상관없는 사람들이었으며, 세상에서도 죽으면 절망으로 가득찬 지옥에 들어가는 존재, 즉 영생의 소망도 없었던 자들이었습니다. 그런데 놀라운 일이 일어났습니다. 구원을 받을 뿐만 아니라 유대인과 하나의 교회가 되었습니다.

2. 주님이 꿈꾸신 교회는 민족적 차별을 뛰어넘는 것이다

예수님이 꿈꾸신 교회는 민족적 차별을 뛰어넘는 것입니다. 유대인들이 가진 선민의식은 잘못되었습니다. 비록 그들이 먼저 선택받았지만, 그 선택의 목적은 아브라함에게 말씀하신 것처럼 "땅의 모든 족속이 너로 말미암아 복을 받을 것"(창세기 12:3)입니다. 먼저 선택받은 목적은 구원의 복이 아브라함과 그 후손으로 말미암아 모든 민족에게 전달되기 위함입니다. 그런데 이스라엘의 문제는 자기들만이 선민(選民)이라는 의식에 빠져 전도하지 않았습니다. 한편 예수님께서는 제자들을 포함한 유대인 성도들에게 모든 민족에게 가서 복음을 전하라고 하셨고, 그 말씀에 순종해서 이방인을 구원해 교회를 세웠지만 그들은 이방인 성도들을 무시했습니다. 이것은 하나님의 뜻에 어긋나는 잘못된 또 다른 선민의식이었습니다. 에베소서는 이것이 잘못되었다고 날카롭게 지적하고 있습니다.

이제는 전에 멀리 있던 너희가 그리스도 예수 안에서 그리스도의 피로 가까워졌느니라_에베소서 2:13

에베소교회를 비롯한 이방인 교회는, 전에 유대인 교회와 멀리 있었지만 그리스도 예수 안에서(ἐν Χριστῷ Ἰησοῦ) 그리스도의 피로 가까워졌습니다. '예수 안에서'라는 말은 그리스도와 개인적으로 친밀한 관계(personal close relation)를 뜻합니다. 여기서는 예수님을 구주로 믿는 것을 말합니다. 그 구주의 피로 구원받은 모든 사람은 민족적 차별을 뛰어넘어 하나의 교회가 되었습니다. 구주의 보혈로 말미암은 이 속량의 은혜는 유대인에게나 이방인에게나 차별이 없이 주시는 은혜입니다. 모든 민족이 예수님의 피로 속량 받습니다. 하나님 나라에 2등 시민은 없습니다.

> 그는 우리의 화평이신지라 둘로 하나를 만드사 원수 된 것 곧 중간에 막
> 힌 담을 자기 육체로 허시고_에베소서 2:14

예수 그리스도는 이방인과 유대인의 갈등을 해결하는 화평이 되셨습니다. "화평"은 영어로 peace, 헬라어로 에이레네(εἰρήνη), 히브리어로 샬롬(שָׁלוֹם)입니다. 예수님이 우리의 화평이라는 말씀은, 이방인과 유대인 교회 사이를 평화롭게 만드시는 분(peace maker)이라는 뜻입니다. 그분은 피스메이커의 역할을 하셨습니다. 그래서 유대인 교회와 이방인 교회의 갈등을 해결하셨습니다.

오늘도 예수님의 제자 된 우리 성도들은 피스 메이커의 역할을 해야 합니다. 그것이 제자가 걸어야 할 길, 즉 제자도입니다. 예수님은 갈등의 두 공동체를 하나로 만드셨습니다. 원수처럼 여기던 그들을 하나의 교회로 만드셨습니다. 이것을 보편적 교회(普遍的 敎會)라고 합니다. 전 세계에 두루 퍼져있는 교회가 하나의 교회라는 뜻입니다.

'중간에 막힌 담을 허셨다'는 말은 예루살렘 성전을 연상시킵니다. 성전 경내는 약 16만㎡(48,400평)였습니다. 그 둘레는 높이 21m 기둥으로 된 주랑으로 둘러싸여 있었습니다. 이렇게 감싸진 구역 안으로 여러 개의 뜰이 이어져 있었습니다. 가장 바깥 뜰이 이방인의 뜰, 그다음 유대인 여인의 뜰, 그다음 유대인 남자들의 뜰, 가장 안쪽이 제사장의 뜰로 구성되어 있었습니다. 유대인 역사가 요세푸스에 따르면, 이방인의 뜰과 유대인 여인의 뜰 사이에는 담이 쳐져 있는데 약 1.5m(혹은 1.3m) 높이였습니다. 그렇게 높지는 않지만, 이 담벼락에는 13개의 경고문이 비문으로 세워져 있었다고 합니다.

> 어떤 이방인도 들어오지 못한다. 누구든 이를 어기면 죽임을 당하는 결과에 책임을 져야 할 것이다.[45]

실제로 바울은 이것을 경험했습니다. 사도행전 21장 28~29절에 보면, 바울이 헬라인을 데리고 성전에 들어가서 이 거룩한 곳을 더럽혔다고 하면서(사실은 에베소 사람 드로비모가 시내에 있는 것을 보면서 성전에 들어갔다 왔다고 오해함) 이방인을 성전의 안뜰로 데리고 왔다는 이유로 유대인들이 바울을 고발했습니다. 이로 인해 바울은 거의 4년간 투옥되고, 그가 에베소서를 작성할 당시 로마에 구금된 발단이 그것이었습니다.[46] 바울은

45 Arnold, 『존더반 신약주석 강해로 푸는 에베소서』, p. 162.
46 Ibid.

유대인과 이방인 사이의 차별의 담을 허물어야 한다고 말합니다. 그리고 그것은 눈에 보이는 담뿐만 아니라 마음에 있는 차별의 담을 허물어야 한다는 것입니다.

그는 우리의 화평이신지라 둘로 하나를 만드사 원수 된 것 곧 중간에 막힌 담을 자기 육체로 허시고_에베소서 2:14

예수님의 죽으심을 통해 성소와 지성소를 가로막는 휘장이 찢어짐으로 누구나 예수님을 구주로 믿으면 하나님 앞에 직접 나아가게 된 것처럼, 이제는 유대인과 이방인의 차별의 담도 허물어 버리셨다고 말씀합니다.

법조문으로 된 계명의 율법을 폐하셨으니 이는 이 둘로 자기 안에서 한 새 사람을 지어 화평하게 하시고_에베소서 2:15

여기서 율법은 무엇을 말합니까? 김희보 박사님의 『구약 이스라엘사』에 보면, 율법을 다음과 같이 분류합니다.

1) 도덕법(Moral Law): 이 도덕법은 영원불변한 법인데 십계명을 말한다. 십계명은 하나님에 대한 의무와 인간 상호 간의 의무를 밝히고 있다. 지금도 유효하다. 다만 안식일은 주일로 바뀐다. 첫 창조를 기념하는 안식일(토요일)이 두 번째 창조를 기념하는 주일(일요일)로 변화가 되었기 때문이다.

2) 시민법(Civil Law): 이 시민법은 그 당시 하나님 백성들의 사회생활을

위하여 주신 법이다. 물론 그 기초는 도덕법인 십계명이다. 그러나 이 것은 도덕법같이 영원성을 띤 것은 아니다. 이것은 도덕법의 정신을 따라 적용하면 된다. 지금은 그대로 지키지 않는다.

3) 의식법(Ceremonial Law): 이 의식법은 제사법, 절기법과 성결법 등이 다. 종교적이요 의식적(儀式的)인 것들을 말한다. 특별히 레위기 같은 성경은 이러한 의식법을 주로 취급했다. 이 모든 의식법은 오실 그리 스도에 관한 예표요 비유로서(히브리서 9:9) 상당한 중요성을 띠고 있 다. 그러나 의식법은 그리스도의 대속으로 성취되었고, 완성, 폐지되 었다. 오늘날 문자적으로 지키지 않는다.[47]

신약에서 율법이 폐지되었다고 말할 때는 의식법이 폐지된 것입니다. 어떻 게 폐지되었는가 하면, 예수님이 십자가로 의식법(제사법)을 완성하심으로 폐지한 것입니다. 그래서 우리는 이제 짐승을 끌고 예배하러 오지 않습니 다. 완전한 제물 되신 예수님을 마음에 모시고 오면 우리의 예배를 하나님 께서 받으십니다. 다시 말하면 그리스도의 십자가의 대속으로 구약의 제사 제도, 성전제도가 완성되었고 율법의 의식법이 폐지되었습니다. 성전제도 가 폐지되었습니다. 그리고 이방인과의 차별도 없어졌습니다. 그래서 오늘 본문에 민족을 뛰어넘는 하나의 교회를 말하고 있는 것입니다.

> **법조문으로 된 계명의 율법을 폐하셨으니 이는 이 둘로 자기 안에서** 한 새 사람을 지어 **화평하게 하시고**_에베소서 2:15

---

47 김희보, 『구약 이스라엘사』 (서울: 총신대학 출판부, 1981), pp. 115-116.

여기에 '한 새 사람을 짓는다'는 말은 무슨 뜻입니까? F. F. 브루스 박사는 새로운 인류(new humanity), 새로운 인간(new human being)이라고 했습니다. 그리고 이 새로운 인류, 새로운 인간들에 대한 예수 그리스도의 사역의 목적을 다음과 같이 말했습니다.

> 그리스도의 사역의 목적은 그들이 새로운 연합을 함께 이루게 하는 것이다.[48]

유대인과 이방인이 새로운 연합을 이루는 것이 바로 예수님 사역의 목적입니다. 계속해서 이 내용이 반복됩니다. 그만큼 중요한 것입니다.

> 또 십자가로 이 둘을 한 몸으로 하나님과 화목하게 하려 하심이라 원수
> 된 것을 십자가로 소멸하시고_에베소서 2:16

예수님의 십자가의 죽으심이, 이방인과 유대인 교회를 하나의 몸으로 하나님과 화목하게 하려는 것이었습니다. 하나님과 원수 되었던 우리를 화목시키실 때 이방인 성도와 유대인 성도 전체를 하나의 교회로 묶어서 하나님과 화목시키려고 하셨습니다. 여기서 공교회 의식, 모든 교회가 하나의 그리스도의 몸이라는 신학이 나옵니다.

그리스도의 십자가로 구원받은 모든 성도는 하나의 교회입니다. 우리는 개교회 의식이 아니라 공교회 의식을 가져야 합니다. 우리는 주일마다 사도

---

48 Bruce, *NICNT: The Epistles to the Colossians to Philemon and to the Ephesians*, p. 299. The purpose of the work of Christ is that they should be brought together into a new unity.

신경으로 신앙고백 합니다. 그 사도신경에 공교회 의식을 가진 문장이 있는데, 그것은 "거룩한 공회를 믿사오며"입니다. 공회는 공교회를 말합니다. 그렇다면 공교회란 무엇일까요?

> 공교회(ἡ καθολικός ἐκκλησία, 헤 카톨리코스 에클레시아)에서 '공(公)'은 헬라어로 카톨리코스(καθολικός)이다. 카톨리코스는 '카타(κατά)'와 '홀로스(ὅλος)'의 합성어로, 그 의미는 '처음부터 끝까지 전부'(throughout all)이다. 보편적(普遍的, universal)이란 뜻이다. 즉, 공회란 보편적 교회를 뜻한다. 보편(普遍)은 넓고 두루 퍼져있다는 뜻이다. 그러므로 보편적 교회는 하나의 지역 교회만이 아니라 전 지구상에 두루 퍼져있는 모든 교회를 말한다. 보편적 교회는 개교회와 대조되는 의미이다(the universal church in contrast to a single congregation).[49]

가톨릭은 본래 보편(普遍) 교회라는 말입니다. 예수 그리스도를 머리로 모시고 전 세계 두루 퍼져있는 교회(universal church)를 말합니다. 그리고 그 교회가 하나라는 뜻입니다. 그런데 문제는 천주교가 진정한 가톨릭이 아니라는 것입니다. 그들에게는 보이지 않는 교회의 머리는 그리스도이나, 보이는 교회의 머리는 교황입니다. 이것이 문제입니다. 성경이 말하는 교회의

---

49 Bauer, *A Greek-English Lexicon of the New Testament, p.* 390.
사도행전에서 "온 교회"(church throughout all)라고 쓰였다(행 9:31 NASB).
http://apostles-creed.org/interpretation/the-holy-catholic-church/. 헬라어 사도신경에 "성령을 믿사오며 거룩한 공회를 믿사오며"(피스튜오 에이스 토 프뉴마 토 하기온, 하기안 카톨리켄 에클레시안, Πιστεύω εἰς τὸ Πνεῦμα τὸ Ἅγιον, ἁγίαν καθολικήν ἐκκλησίαν)라고 기록되어 있다.

머리, 즉 보이는 교회와 보이지 않는 교회의 머리는 오직 예수 그리스도 한 분뿐입니다. 이렇게 보이는 교회와 보이지 않는 교회의 머리를 그리스도로 모신 모든 교회는 하나의 교회, 즉 보편 교회입니다. 공교회입니다.

예수 그리스도를 구주와 머리로 모신 바른 교회와는 하나의 교회이기에 서로 협력해야 합니다. 함께 협력하여 만물을 통일하고 충만케 해야 합니다. 이것이 바로 교회 연합의 근거입니다. 크고 작은 교회가 서로 돌아보고 협력하는 것과 복음 전파와 세상의 변혁을 위해서 공교회가 협력해야 합니다. 만약 대한민국에 오셨던 선교사님들이 민족적 경계를 뛰어넘지 않았다면 어떻게 우리가 오늘 구원받았을까요? 한국 교회가 어떻게 이렇게 귀한 지금의 모습으로 설 수 있었을까요? 루비 켄드릭 선교사(Ruby Kendrick, 1883~1908, 26세)의 고백은 지금도 우리의 심금을 울립니다.

> 내가 줄 수 있는 생명이 천 개가 된다면, 그 모든 생명을 코리아를 위해 바치리라.[50]

이처럼 선교사님들은 민족의 경계를 뛰어넘어 하나님 나라를 확장하는 귀한 분들입니다. 오늘도 전 세계에서 복음을 전하기 위해, 보편적 교회를 세우기 위해 헌신하시는 귀한 선교사님들을 위해 기도하며 후원하는 것은 가장 가치 있는 일입니다.

---

50 If I had a thousand lives to give, Korea should have them all.

3. 주님이 꿈꾸신 교회는 민족적 경계를 넘어선 평안 공동체다

주님이 꿈꾸신 교회는 단지 민족의 경계를 뛰어넘는 것에 만족하는 것이 아니라 평안을 누리는 교회였습니다.

> 또 오셔서 먼 데 있는 너희에게 평안을 전하시고 가까운 데 있는 자들에게 평안을 전하셨으니 이는 그로 말미암아 우리 둘이 한 성령 안에서 아버지께 나아감을 얻게 하려 하심이라_에베소서 2:17~18

하나의 교회가 된다는 것은 "평안"을 가진 공동체가 되는 것입니다. 이 평안이 14절에 "화평"으로 번역되었습니다. 영어로는 peace, 헬라어로는 에이레네(εἰρήνη), 히브리어로는 샬롬(מַּבֵּי)입니다. 이 단어가 한국어 성경에는 평화, 화평, 평안, 평강으로 번역되고 있습니다. 평안의 공동체인 교회인 우리는 당연히 어디를 가든 평화를 구축하는 삶을 살아야 합니다. 가정, 교회, 일터에서 그래야 합니다. 주님이 꿈꾸신 교회는 민족의 경계를 뛰어넘는 평안의 공동체입니다.

4. 주님이 꿈꾸신 교회는 하나의 시민, 하나의 가족이다

성경은 이방인 교회와 유대인 교회, 이방인 성도와 유대인 성도가 하나의 시민이며, 하나의 가족이라고 말씀합니다.

> 법조문으로 된 계명의 율법을 폐하셨으니 이는 이 둘로 자기 안에서 한 새 사람을 지어 화평하게 하시고 또 십자가로 이 둘을 한 몸으로 하나님

과 화목하게 하려 하심이라 원수 된 것을 십자가로 소멸하시고

_에베소서 2:15~16

이방인 교회와 유대인 교회, 이 둘을 한 몸으로 만드셨습니다.

이는 그로 말미암아 우리 둘이 한 성령 안에서 아버지께 나아감을 얻게
하려 하심이라_에베소서 2:18

그리스도로 말미암아 우리 둘이, 즉 유대인 교회와 이방인 교회가 한 성령
안에서 하나 되어 하나님께 나아가게 하려 함이라고 말씀합니다. 한 새 사
람이 되고, 한 몸이 되며, 하나가 되어 함께 아버지 하나님께 나아가게 하
려는 것이 하나님의 목적이었습니다.

그러므로 이제부터 너희는 외인도 아니요 나그네도 아니요 오직 성도들
과 동일한 시민이요 하나님의 권속이라_에베소서 2:19

여기에 "그러므로"는 '유대인 성도와 이방인 성도가 하나의 몸이 되고, 둘
이 성령 안에서 하나로 성부 하나님께 나아가게 하셨으므로'의 뜻입니다.
또한 "이제부터 너희는 외인도 아니요, 나그네도 아니요"에서 '외인(ξένος,
크세노스)'은 낯선 사람(stranger)을 의미하고, '나그네(πάροικος, 파로이코스)'는
외국인(alien)을 의미합니다. 즉 이방인 성도는 낯선 사람도, 외국인도 아니
라는 말입니다. 이방인 성도도 동일한 시민이라는 것입니다. 신분의 차이
가 하나도 없는 동등한 하나의 천국 시민이라는 뜻입니다.

"하나님의 권속"이라는 말의 '권속(眷屬, οἰκεῖος, 오이케이오스)'은 한집안 (household) 식구를 의미합니다. 모든 민족의 교회가 하나님을 아버지로 모신 한가족이라는 말입니다. 그러므로 이방인 교회와 유대인 교회가 하나의 천국 시민, 하나님 아버지의 자녀요 가족이라는 뜻입니다. 민족이 다르다고 해서 어떤 차별도 해서는 안 된다는 것입니다.

이처럼 교회는 모든 종류의 차별이 없는 곳이 되어야 합니다. 그러나 분별은 있어야 합니다. 교회 안에 밀려오는 잘못된 이단이나 잘못된 세속화의 사상들을 분별하는 것은 반드시 필요합니다. 분별을 차별로 오해하면 안 됩니다. 동성애와 동성혼에 대해서 차별은 하지 않아도 분별은 해야 합니다. 그것은 하나님께서 금하신 것입니다. 하나님께서 허락하신 부부는 한 남자와 한 여자입니다. 그러므로 우리는 동성애자에 대해서는 차별하지 않고 하나님의 사랑으로 돌보아야 합니다. 그러나 동성애나 동성혼을 옹호해서는 안 됩니다. 그것은 차별의 문제가 아니라 분별의 문제이기 때문입니다.

바울의 시대에 민족적 차별을 교회 안에서 했던 것은 잘못된 것입니다. 하나님의 자녀 된 성도들은 민족과 인종을 뛰어넘어 동일한 하나님의 가족이요, 동일한 천국 시민입니다.

5. 건축 중인 하나의 성전이다

우리는 에베소서 2장 14절을 통해 성전에 이방인의 뜰과 유대인 여인의 뜰을 가로막던 중간에 막힌 담을 예수님 자신의 육체로 허무셨다는 것을 확인했습니다. 그리고 율법에는 세 가지 법, 즉 도덕법, 시민법, 의식법이 있는데 의식법은 십자가의 예표라고 했습니다. 그러므로 의식법은 실체인 십자가로 완성되었다고 말씀드렸습니다. 의식법은 완성되어서 폐지되었습니다. 그래서 제사의 센터인 성전 제도가 폐지되었습니다.

지금 우리가 모이는 곳은 성전이라기보다는 예배당(禮拜堂), 교회당(敎會堂)입니다. 여기서 '당(堂)'은 집을 말합니다. 예배당, 교회당은 예배드리는 집, 교회가 모이는 집을 말합니다. 교회는 건물이 아니라 구원받은 성도의 모임이기에, 건물은 교회가 모이는 집이라는 뜻을 가진 '교회당(敎會堂)'이라고 부르는 것이 맞습니다.

신약의 성전은 우리의 몸입니다. 성령이 거하시는 거룩한 집입니다. 그러므로 성도의 몸은 하나님을 24시간 예배하는 몸이 되어야 합니다.

> 너희는 너희가 하나님의 성전인 것과 하나님의 성령이 너희 안에 계시는
> 것을 알지 못하느냐_고린도전서 3:16

> 너희 몸은 너희가 하나님께로부터 받은 바 너희 가운데 계신 성령의 전인
> 줄을 알지 못하느냐 너희는 너희 자신의 것이 아니라_고린도전서 6:19

보편적(普遍的, universal, 전 세계적인, catholic, 보편적인) 교회, 즉 전 지구상에 두루 퍼져있는 그리스도를 머리로 모신 모든 교회가 하나의 교회인데 이것이 성전이라고 성경은 설명합니다. 한 사람의 성도도 성전이요, 전체 성도의 모임도 성전인 것입니다. 이방인 성도와 유대인 성도를 포함한 보편적 교회가 하나의 성전이라고 말씀합니다.

너희는 사도들과 선지자들의 터 위에 세우심을 입은 자라 그리스도 예수
께서 친히 모퉁잇돌이 되셨느니라_에베소서 2:20

20절은 성전의 기초를 보여주고 있습니다. 사람이 손으로 지은 헤롯 성전을 허물고 새로운 성전을 지을 때 그 기초는 예루살렘의 시온산 언덕이 아니었습니다. 그럼 무엇입니까? "사도들과 선지자들의 터"입니다. 그 터는 사도들과 선지자들이 기록한 성경을 말합니다. 교회의 기초는 인간이 만든 제도나 인간의 철학이 기초일 수 없습니다. 오직 성경만이 교회의 기초가 됩니다. 즉, 신·구약 성경 66권을 하나님의 말씀으로 받아들인 사람들의 신앙고백 위에 교회는 세워집니다. 성경을 하나님의 말씀으로 받아들이지 않고, 인간의 글로 받아들이는 곳에는 교회가 세워지지 않습니다. 자유주의 신학을 받아들이면 교회가 침체하고 문을 닫는 것은, 이것을 웅변적으로 증명해 줍니다.

자유주의 신학을 따르는 어느 목사님이 설교하면서 이스라엘이 홍해를 건넌 것은 바닷속에 길이 난 것이 아니고 수심이 얕은 갈대 바다를 지나간 것이라고 했습니다. 그가 주장한 근거는 '홍해'라는 히브리어 때문입니다. 홍해는 히브리어로 '얌숲(יַם סוּף)'인데, '얌(יַם)'은 바다를 뜻하고 '숲(סוּף)'은 붉다(red)는 뜻입니다. 그래서 얌숲이 붉은 바다, 즉 홍해(紅海)가 됩니다. 그런데 여기서 '숲(סוּף)'은 붉다(red)는 뜻과 함께 갈대(reed)라는 뜻도 있는데, 그것을 근거로 자유주의 신학을 따르는 목사님은 이스라엘이 갈대가 있는 얕은 바다를 건넌 것이라고 주장한 것입니다. 그러자 설교를 듣고 있던 주일학교 학생이 그 목사님에게 질문했습니다. "목사님! 이스라엘이 그 얕은 갈대 바다를 건너갔다면, 애굽 군대는 그 얕은 갈대 바다에서 어떻게 다 빠

져 죽었나요?" 이 학생의 질문 앞에 자유주의 신학을 따르는 목사님은 무너졌습니다. 성경을 무시하면 목사도, 교회도 무너집니다.

따라서 '다섯 가지 오직(Five Solas)'은 순서도 중요합니다. 오직 성경(Sola Scriptura)이 되면 오직 그리스도(Solus Christus)가 믿어지고, 오직 그리스도가 믿어지면 오직 은혜(Sola Gratia)임을 알게 되며, 오직 은혜를 믿으면 내 공로를 주장하지 않고 그리스도의 속죄만을 신뢰하는 오직 믿음(Sola Fide)을 갖게 됩니다. 그리고 이 모든 것의 결과로 오직 하나님께만 영광(Soli Deo Gloria)을 돌리게 됩니다. 이 모든 출발이 '오직 성경(Sola Scriptura)'입니다.

종교개혁자들의 슬로건 중 '아드 폰테스(Ad Fontes)'가 있습니다. 이 아드 폰테스는 '샘으로 돌아간다'는 뜻입니다. 의역하면 '근원으로 돌아가자, 본질로 돌아가자'입니다. 종교개혁자들이 '본질로 돌아가자'는 것은 곧 '성경으로 돌아가자'였습니다. 중세의 교회는 성경을 제대로 가르치지 않고 교회의 전통을 가르치며, 미신적 성례전을 가르쳤습니다. 그러다보니 교회가 무너졌습니다. 기초가 바로 되지 않았기 때문입니다. 우리는 성경 66권을 정확 무오한 하나님의 말씀으로 받아야 합니다.

전도사 시절 박희천 목사님께 6년을 배운 것은 저에게 큰 복이었습니다. 전도사들이 설교를 좀 못해도 괜찮은데, 성경을 바로 해석하지 않으면 반드시 말씀해 주셨습니다. 그런 담임목사님께 배운 것은 '계시의존사색(啓示依存思索)'입니다. 하나님의 계시인 성경을 해석할 때 계시인 성경에 의존해서 해석하는 것입니다. 이처럼 성경을 성경으로 해석하는 훈련은 매우 중요합니다.

교회의 본질과 기초는 성경입니다. 사도들과 선지자들이 기록한 '성경'이 라는 기초가 있으면 교회는 절대로 흔들리지 않습니다. 바른 해석으로 말 씀을 선포하는 강단과 그 강단에서 선포된 하나님의 말씀을 '아멘'으로 받 는 교회는 건강합니다. 데살로니가교회가 바로 그런 교회였습니다(데살로니 가전서 2:13). 성경을 사랑하는 성도가 많은 교회, 성경의 가르침대로 순종하 는 성도가 많은 교회는 보이지 않는 영적 성전의 기초가 든든한 교회입니 다. 주님이 꿈꾸신 그 교회가 바로 이러한 교회입니다.

교회의 기초가 성경인데, 그 기초에 모퉁잇돌이 있습니다. 모퉁잇돌은 그 당시의 건축 양식에서 유래했습니다. 건축할 때 처음으로 내려놓는 '코너스 톤'을 말합니다. 그 돌을 중심으로 해서 기초가 놓입니다. 그래서 아주 반듯 한 직육면체의 돌을 씁니다. 성경에서 이 모퉁잇돌은 누구를 가리킵니까? 예수 그리스도이십니다. 에베소서 2장 20절에 '예수께서 친히 모퉁잇돌이 되셨다'고 말씀합니다. 교회의 기초인 성경은 예수님을 중심으로 해서 놓이 고, 그 위에 새로운 건물로 지어집니다. 예수님을 빼놓고는 성전이 세워질 수 없습니다. 이 새로운 성전의 기초는 성경인데, 이 성경은 모퉁잇돌 되신 예수님을 중심으로 기록된 것입니다.

> 너희가 성경에서 영생을 얻는 줄 생각하고 성경을 연구하거니와 이 성경
> 이 곧 내게 대하여 증언하는 것이니라_요한복음 5:39

> 사람에게는 버린 바가 되었으나 하나님께는 택하심을 입은 보배로운 산
> 돌이신 예수께 나아가_베드로전서 2:4

사람들은 예수님의 구주되심을 믿지 않았지만, 하나님께서는 예수님을 우리의 구주로 택하셨습니다. 그분은 죽은 돌이 아니라 보배로운 산 돌(living stone)이셨습니다.

> 너희도 산 돌 같이 신령한 집으로 세워지고 예수 그리스도로 말미암아
> 하나님이 기쁘게 받으실 신령한 제사를 드릴 거룩한 제사장이 될지니라
> _베드로전서 2:5

사람이 집으로 비유되고 있습니다. 집이 여러 재료를 가지고 하나의 건물로 만들어지듯, 교회도 다양한 재료 같은 성도들이 모여서 하나의 멋진 성전이 됩니다. 이 원리로 볼 때 주님이 꿈꾸신 교회는 민족, 직업, 기질, 가정배경, 경제 정도를 다 뛰어넘어 하나 되어야 합니다. 그리고 동시에 하나님이 기쁘시게 받을 신령한 제사를 드릴 거룩한 제사장이 되어야 합니다.

> 성경에 기록되었으되 보라 내가 택한 보배로운 모퉁잇돌을 시온에 두노
> 니 그를 믿는 자는 부끄러움을 당하지 아니하리라 하였으니_베드로전서 2:6

내가 택한 보배로운 모퉁잇돌을 믿는 자는 부끄러움을 당하지 아니할 것이라는 말씀은 '구원을 받을 것'이라는 뜻입니다. 오직 모퉁잇돌 되시는 예수님만이 우리를 구원하십니다.

> 그러므로 믿는 너희에게는 보배이나 믿지 아니하는 자에게는 건축자들
> 이 버린 그 돌이 모퉁이의 머릿돌이 되고_베드로전서 2:7

예수님을 믿는 사람에게 예수님은 보배이나, 예수님을 믿지 않는 사람에게 예수님은 건축자들이 버린 모퉁잇돌과 같습니다. 예수님을 무시하고 구주로 믿지 않았다는 말입니다. 건축자들이 모퉁잇돌 감이 되지 않는다고 버렸는데, 그것이 오해였다는 것입니다. 그렇게 예수님을 오해하는 사람은 어떻게 될까요?

> 또한 부딪치는 돌과 걸려 넘어지게 하는 바위가 되었다 하였느니라 그들이 말씀을 순종하지 아니하므로 넘어지나니 이는 그들을 이렇게 정하신 것이라_베드로전서 2:8

복음의 말씀에 순종하지 않고 예수님을 믿지 않는 사람은 그 모퉁잇돌에 걸려 넘어집니다. 이것은 불신자에게 임할 심판에 대한 말씀입니다.

> 그의 안에서 건물마다 서로 연결하여 주 안에서 성전이 되어 가고
> _에베소서 2:21

> in whom the whole building, being fitted together, is growing into a holy temple in the Lord, _Ephesians 2:21, NASB

여기서 특이한 것은, 이 건물은 계속해서 지어져가고 성장해간다는 것입니다. 죽은 건물이 아니라 살아있는 건물입니다. 이처럼 주님이 꿈꾸신 교회는 모든 성도가 하나가 되어 연결되고, 함께 건강하게 성장해 갑니다. 또한 이 성전은 벽돌마다 연결되는 것이 아니라 건물마다 연결된다고 말

씀합니다. 즉 각각의 성도가 성전이므로, 그 성전을 존중하면서 더 큰 성전으로 세워지는 것이라는 뜻입니다.

> 너희도 성령 안에서 하나님이 거하실 처소가 되기 위하여 그리스도 예수
> 안에서 함께 지어져 가느니라_에베소서 2:22

이방인 교회인 너희도 하나의 성전으로 함께 지어져 간다고 말씀하고 있습니다. 서로 다른 것이 아니라 하나입니다. 그러므로 유대인 성도와 이방인 성도 사이에는 차별없이 연합해야 합니다.

오늘 이 시대의 교회 안에도 많은 차별이 존재할 수 있습니다. 이제 대한민국도 국제화된 나라입니다. 다른 인종과 민족이 교회 안에 들어올 수 있습니다. 우리에게는 인종적, 민족적 차별이 없습니까? 가진 사람과 가지지 못한 사람의 차별, 사회적 지위가 있는 사람과 그렇지 않은 사람의 차별, 교회를 오래 섬긴 성도와 갓 등록한 성도의 차별, 그 외에도 많은 차별이 있을 수 있습니다.

에베소서에 따르면, 우리는 하나의 성전으로 지어져 가는 공동체입니다. 그러므로 일체의 차별을 버리는 것이 주님이 꿈꾸신 교회임을 확신해야 합니다. 그 이유는 다음과 같습니다. 우리는 모두 ① 그리스도의 몸, ② 주님이 만드시는 한 새 사람, ③ 하나님 나라의 동일한 시민, ④ 하나님의 한 가족(대가족), ⑤ 그리고 함께 지어져 가는 성전입니다. 이것이 바로 주님이 꿈꾸신 교회를 세워가는 것입니다.

4장은 민족을 뛰어넘는 하나의 교회에 대한 말씀입니다. 교회는 어떤 차별도 없는 곳이어야 합니다. 그리스도를 머리로 모신 모든 성도와 교회는 하나이기 때문입니다. 민족과 인종도 뛰어넘어야 합니다.

1. 교회가 하나 되어야 하는 이유는 무엇입니까?

2. 교회의 하나 됨을 막는 장애물은 무엇입니까?

3. 교회가 하나 됨을 더욱 잘 유지하기 위해서는 어떻게 해야 합니까?

4. 이웃 교회들과 하나 됨을 이루기 위해서는 어떻게 해야 합니까?

5. 선교사님들은 다른 민족에 달려가 복음을 전하는 소중한 분들입니다. 그분들을 어떻게 도울 수 있을지 함께 나눠봅시다.

5장

이방인을 교회 삼으신 하나님의 계획_에베소서 3:1~13

에베소서 3:1~13

1 이러므로 그리스도 예수의 일로 너희 이방인을 위하여 갇힌 자 된 나 바울이 말하거니와 2 너희를 위하여 내게 주신 하나님의 그 은혜의 경륜을 너희가 들었을 터이라 3 곧 계시로 내게 비밀을 알게 하신 것은 내가 먼저 간단히 기록함과 같으니 4 그것을 읽으면 내가 그리스도의 비밀을 깨달은 것을 너희가 알 수 있으리라 5 이제 그의 거룩한 사도들과 선지자들에게 성령으로 나타내신 것 같이 다른 세대에서는 사람의 아들들에게 알리지 아니하셨으니 6 이는 이방인들이 복음으로 말미암아 그리스도 예수 안에서 함께 상속자가 되고 함께 지체가 되고 함께 약속에 참여하는 자가 됨이라 7 이 복음을 위하여 그의 능력이 역사하시는 대로 내게 주신 하나님의 은혜의 선물을 따라 내가 일꾼이 되었노라 8 모든 성도 중에 지극히 작은 자보다 더 작은 나에게 이 은혜를 주신 것은 측량할 수 없는 그리스도의 풍성함을 이방인에게 전하게 하시고 9 영원부터 만물을 창조하신 하나님 속에 감추어졌던 비밀의 경륜이 어떠한 것을 드러내게 하려 하심이라 10 이는 이제 교회로 말미암아 하늘에 있는 통치자들과 권세들에게 하나님의 각종 지혜를 알게 하려 하심이니 11 곧 영원부터 우리 주 그리스도 예수 안에서 예정하신 뜻대로 하신 것이라 12 우리가 그 안에서 그를 믿음으로 말미암아 담대함과 확신을 가지고 하나님께 나아감을 얻느니라 13 그러므로 너희에게 구하노니 너희를 위한 나의 여러 환난에 대하여 낙심하지 말라 이는 너희의 영광이니라

4장에서 주님이 꿈꾸신 교회는 이방인 교회와 유대인 교회가 민족의 경계를 뛰어넘어 하나의 교회임을 살펴보았습니다. 5장에서는 이방인을 교회 삼으신 하나님의 계획에 대해 알아보고자 합니다.

먼저, 바울은 자신이 이방인을 위해 일하는 사도라고 밝힙니다. 그러면서 자신이 로마에 수감 된 이유에 대해 다음과 같이 말합니다.

> 이러므로 그리스도 예수의 일로 너희 이방인을 위하여 갇힌 자 된 나 바울이 말하거니와_에베소서 3:1

"그리스도 예수의 일"이란 예수님이 하신 가장 중요한 일인 십자가와 부활, 즉 '복음'을 말합니다. 이 복음을 전하여 세상 사람들을 구원하려는 일을 말합니다. 또한 "이방을 위하여"는 이 복음이 이방인에게 전파되는 일을 위해 바울 자신은 지금 로마에 수감되었다고 말합니다.

베드로에게 역사하사 그를 할례자의 사도로 삼으신 이가 또한 내게 역사
하사 나를 이방인의 사도로 삼으셨느니라_갈라디아서 2:8

사도 바울은 복음을 위해 자신이 이방인의 사도로 세워졌다고 말합니다.

이 은혜는 곧 나로 이방인을 위하여 그리스도 예수의 일꾼이 되어 하나
님의 복음의 제사장 직분을 하게 하사 이방인을 제물로 드리는 것이 성령
안에서 거룩하게 되어 받으실 만하게 하려 하심이라_로마서 15:16

바울은 복음 전파를 위해서라면 수감되는 것을 마다하지 않았습니다. 어떤
희생도 마다하지 않았습니다. 그만큼 그리스도의 복음은 가치가 있는 것입
니다. 예수님이 피 흘리신 희생으로 이루신 복음은, 전파의 과정에서도 누
군가의 희생을 통해 전파됩니다. 누군가에게 복음을 전하기 원하십니까?
희생 없이는 되지 않음을 기억하십시오.

내가 달려갈 길과 주 예수께 받은 사명 곧 하나님의 은혜의 복음을 증언
하는 일을 마치려 함에는 나의 생명조차 조금도 귀한 것으로 여기지 아
니하노라_사도행전 20:24

사명(使命)은 맡겨진 임무를 뜻합니다. 헬라어로는 디아코니아(διακονία)라
고 합니다. 그 뜻은 직무(ministry), 또는 임무(task)를 의미합니다.

너희를 위하여 내게 주신 하나님의 그 은혜의 경륜을 너희가 들었을 터이
라_에베소서 3:2

여기서의 경륜은 자전거 경기를 말하는 경륜(競輪, cycle racing)이 아닙니다. 바로 이 경륜(經綸)입니다. 헬라어로는 오이코노미아(oikovoμía)라고 합니다. 사전을 보면 경륜을 다음과 같이 정의합니다.

하나님의 구원계획, 즉 인간의 속량을 위한 하나님의 준비[51]

에베소서에서 하나님의 경륜은 '인간을 구원하시는 하나님의 계획'입니다. 에베소서 3장 2절을 다시 보십시오.

너희를 위하여 내게 주신 하나님의 그 은혜의 경륜을 너희가 들었을 터이라_에베소서 3:2

너희를 위하여, 즉 이방인을 위하여 내게 주신, 바울에게 주신 하나님의 은혜로운 경륜, 곧 하나님의 은혜로운 구원계획을 너희가 들었을 것이라고 말합니다. 그렇다면 그 구원계획은 무엇입니까?

곧 계시로 내게 비밀을 알게 하신 것은 내가 먼저 간단히 기록함과 같으니_에베소서 3:3

계시(啓示)는 열어 보여준다는 뜻입니다. 사람이 알 수 없는 하나님의 뜻을

---

51 Bauer, *A Greek-English Lexicon of the New Testament*, p. 559. God's plan of salvation, his arrangement for man's redemption.

하나님께서 알려주신다는 것입니다. 하나님께서 자기 뜻을 바울에게 알려주셨다는 것입니다. 그런데 거기에 비밀이 있었다고 합니다. 우리 말로 '비밀(秘密)'은 헬라어로는 뮈스테리온(μυστήριον)이라고 하는데, 아놀드 박사는 다음과 같이 정리했습니다.

> 사도 바울은 비밀이라는 말을 그리스도의 성육신과 십자가 사역을 통해 구원하시는 하나님의 뜻을 가리킬 때 사용했다.[52]

에베소서 3장 4절에는 비밀에 대해 이렇게 말씀합니다.

> 그것을 읽으면 내가 그리스도의 비밀을 깨달은 것을 너희가 알 수 있으리라_에베소서 3:4

"그것을 읽으면"은 '에베소서 1장 9절과 2장 11~22절을 읽으면'이라는 뜻입니다. 에베소서 1장 9절은 '그리스도 안에서 때가 찬 경륜, 즉 그리스도가 오실 때가 되어 이루어지는 구원계획'에 대해 말씀합니다. 에베소서 2장 11~22절은 '이방인을 구원하시는 구원계획'에 대해 말씀합니다. 즉 그것을 읽으면 내가 깨달은 그리스도의 비밀을 너희가 알 것이라고 사도 바울은 말합니다. 그것을 읽으면 하나님의 비밀인 성자 하나님이 인간

---

52 Arnold, 『존더반 신약주석 강해로 푸는 에베소서』, p. 87. 영국의 청교도 신학자 매튜 풀은 '비밀'은 하나님께서 그리스도 안에서 이방인들을 부르셔서 율법의 행위가 아니라, 믿음으로 구원받게 하실 것을 가리킨다고 했다. *Matthew Poole, Matthew Poole's Commentary: Ephesians*, 박문재 옮김, 『매튜 풀 청교도 성경주석: 에베소서』 (경기 파주: 크리스찬다이제스트, 2017), p. 47.

의 몸을 입으신 성육신과 그 성자 하나님의 십자가를 통한 속량을 깨닫게 된다는 말씀입니다.

> 이제 그의 거룩한 사도들과 선지자들에게 성령으로 나타내신 것같이 다른 세대에서는 사람의 아들들에게 알리지 아니하셨으니_에베소서 3:5

이 비밀을 다른 세대에서는 사람의 아들들에게 알리지 않으셨습니다. 예수님께서 오시기 전까지의 세대에게는 예수님을 통해 이룰 구원 사역을 구체적으로 알리지 않았다는 뜻입니다. 그래서 비밀입니다. 계시의 점진성(漸進性, 점점 발전함, Progressive revelation)[53]이라는 것이 있습니다. 가면 갈수록 하나님의 계시가 점진적으로 구체적으로 밝혀진다는 것입니다. 이에 대해 아놀드 박사는 이렇게 정리합니다.

> 하나님의 구원계획을 비밀이라고 말하는 것은 그 성취되는 내용과 방식이 예상치 못한 것이었기 때문이다. ① 메시야가 피 흘려 죽음으로 구원하실지 몰랐다. ② 모세 율법을 폐하는 방법으로 구원하실지 몰랐다. ③ 유대인과 이방인을 통합해서 하나의 평등한 하나님의 백성, 하나의 그리스도의 몸을 만들지 몰랐다. ④ 새 언약은 옛 언약을 뛰어넘어 그렇게 주님과 가까워질지 몰랐다.[54]

---

53 Progressive revelation is the doctrine in Christianity that the sections of the Bible that were written later contain a fuller revelation of God than the earlier sections.
https://en.wikipedia.org/wiki/Progressive_revelation_(Christianity)

54 Arnold, 『존더반 신약주석 강해로 푸는 에베소서』, pp. 192-193.

이 모든 것은 물론 구약에 다 예언되고, 예표 된 것인데 구체적이지 않았기 때문에 사람들이 알기는 어려웠습니다. 하나님께서는 한 번에 하나님의 계획 전부를 말씀하지 않으십니다. 뒤로 갈수록 더 많은 내용을 말씀하십니다. 이것이 계시의 점진성입니다. 이것은 구약이 신약보다 낮은 수준의 진리라는 것이 아닙니다. 신·구약 성경 66권은 다 하나님의 말씀입니다. 구약 성도들은 구약의 제사법을 통해 하나님의 은혜를 받았습니다. 그러나 인간의 죄를 동물이 대신하기에 그 가치가 열등했습니다. 그래서 완전하신 인간으로 오신 성자 하나님이 제물 되어 우리를 속죄하시고, 구원을 완성하신 것입니다. 이처럼 사람이 생각하지 못한 방식으로 구원의 계획이 성취되었기에 '비밀'이라고 부릅니다. 하나님의 비밀은 군사 비밀(secret)처럼 숨기는 것이 목적이 아닙니다. 다만 사람들의 지식으로는 이해할 수 없는 신비로운 비밀(mystery)입니다. 하나님은 이 비밀을 많은 사람에게 알리기를 원하십니다. 이것이 군사 비밀과 다른 점입니다.

> 이는 이방인들이 복음으로 말미암아 그리스도 예수 안에서 함께 상속자
> 가 되고 함께 지체가 되고 함께 약속에 참여하는 자가 됨이라_에베소서 3:6

그런데 비밀이 하나 더 있는데, 그리스도의 비밀인 성육신과 십자가 사건으로 이방인도 구원받는다는 것입니다. 이것을 에베소서 3장 6절의 표현으로 하면, ① "함께 상속자가 되고"는 이방인도 하나님의 자녀가 되고 권속(가족)이 되며 천국을 상속받는다는 것입니다. ② "함께 지체가 되고"는 이방인도 그리스도 안에서 유대인과 함께 그리스도의 몸이 되었다는 것입니다. ③ "함께 약속에 참여하는 자가 됨이라"는 성령의 임재를 염두에 둔

것입니다. 에베소서 1장 13절에 "약속의 성령"이라고 말한 바 있습니다. 이는 약속의 성령이 유대인 성도만 아니라 이방인 성도에게도 임한다는 뜻입니다.

> 이 복음을 위하여 그의 능력이 역사하시는 대로 내게 주신 하나님의 은혜
> 의 선물을 따라 내가 일꾼이 되었노라_에베소서 3:7

"이 복음"은 무엇입니까? 예수님의 십자가와 부활을 말하는데, 여기서는 복음의 적용 대상까지 생각한 것입니다. 유대인들은 자기들만 선택받은 민족, 즉 선민(選民)이라고 생각했습니다. 하나님의 구원계획에는 구약에도 일부 이방인들을 구원하셨지만, 예수님이 오신 후 임한 하나님 나라에는 모든 이방인들에게 구원의 문이 활짝 열렸습니다.

구약에 쓰임 받은 이방인들을 보면, 이방 여인들이 눈에 띕니다. 여리고 성의 라합(마태복음 1:5, 보아스의 어머니), 모압 여인 룻(보아스와의 사이에서 오벳을 낳음), 오벳은 이새를 낳고 이새는 다윗 왕을 낳습니다. 다윗 왕의 증조할머니가 이방 여인 룻인 것입니다.

다윗 왕의 부하 장군 중에 이방인 헷 사람(힛타이트 족) 우리야는 대단히 충성스러운 부하였습니다. 그는 신앙도 좋았습니다. 사무엘하 11장 10~11절에 보면, 다윗 왕이 "어찌하여 네 집으로 내려가지 아니하였느냐"라고 물으니 우리야가 "언약궤와 이스라엘과 유다가 야영 중에 있고 내 주 요압과 내 왕의 부하들이 바깥 들에 진 치고 있거늘 내가 어찌 내 집으로 가서 먹고 마시고 내 처와 같이 자리이까"라고 답합니다. 이방인으로서 신앙과 충성을 갖춘 우리야 같은 이들이 구약에도 있었습니다.

또 다윗 왕이 압살롬 반군에 쫓겨갈 때 그를 끝까지 수행한 충성스러운 장군, 가드 사람 잇대가 있습니다. 가드는 블레셋의 도시 국가였고, 골리앗의 조국이었습니다. 그러나 그는 다윗의 하나님을 믿고, 다윗을 따랐습니다. 다윗이 반군에 쫓겨서 도망갈 때 '너는 나를 떠나라'고 말했는데, 이때 가드 사람 잇대가 이렇게 답합니다.

> 잇대가 왕께 대답하여 이르되 여호와의 살아계심과 내 주 왕의 살아 계심으로 맹세하옵나니 진실로 내 주 왕께서 어느 곳에 계시든지 사나 죽으나 종도 그곳에 있겠나이다 하니 _사무엘하 15:21

이처럼 구약 시대에도 구원받은 이방인들이 있었습니다. 그러나 본격적인 이방인의 구원은 예수님의 오심으로 이루어졌습니다. 이것이 하나님의 구원계획, 즉 경륜입니다. 그리고 이것을 알리기 위해 바울이 일꾼(διάκονος, 디아코노스), 즉 종이 되었다고 합니다. 바울이 이러한 일꾼이 된 것은 하나님의 은혜의 선물입니다. 바울은 사도였지만, 그는 늘 종의 자세를 갖추고 있었습니다. 이것이 겸손입니다. 하나님은 겸손한 사람을 쓰십니다.

> 모든 성도 중에 지극히 작은 자보다 더 작은 나에게 이 은혜를 주신 것은 측량할 수 없는 그리스도의 풍성함을 이방인에게 전하게 하시고
> _에베소서 3:8

"모든 성도 중에 지극히 작은 자보다 더 작은 나에게"라는 말씀에서 위대한 사도 바울의 겸손을 봅니다. 계속해서 하나님께 쓰임 받고 싶습니까?

겸손해야 합니다. 교만은 하나님께서 가장 싫어하는 것입니다. 하나님은 교만한 자와 싸우실 정도로 교만을 싫어하십니다. 그러나 겸손한 자에게는 한없는 은혜를 주십니다(베드로전서 5:5).

"이 은혜를 주신 것은"의 은혜는 이방인들에게 하나님의 경륜, 즉 구원계획 속에 있는 비밀을 알리는 사명을 주신 것을 말합니다. 그 비밀은 예수 그리스도의 성육신과 십자가의 죽으심을 통한 구원, 그리고 그 비밀의 적용 대상이 이방인까지 포함되었다는 것입니다.

"측량할 수 없는 그리스도의 풍성함을 이방인에게 전하게 하시고"에서 측량할 수 없다는 것은, 다 측정할 수 없다는 뜻입니다. 길이를 재도 너무 길고, 깊이와 높이를 재도 너무 깊고 높아서 다 잴 수 없다는 것입니다. 무게를 측정하고 싶어도 그 무게가 너무나 무거워서 다 측정할 수 없다는 의미입니다. 그런 그리스도의 풍성함, 그 은혜, 그 사랑, 그 희생의 풍성함, 나를 완전히 구원하실 수 있는 그 속죄의 능력의 풍성함을 전하는 것이 바울의 사명이었습니다.

> 깊도다 하나님의 지혜와 지식의 풍성함이여, 그의 판단은 헤아리지 못할 것이며 그의 길은 찾지 못할 것이로다_로마서 11:33

이어서 사도 바울은 비밀의 경륜이란 말을 사용합니다.

> 영원부터 만물을 창조하신 하나님 속에 감추어졌던 비밀의 경륜이 어떠한 것을 드러내게 하려 하심이라_에베소서 3:9

"비밀의 경륜"은 비밀스러운 구원계획을 말합니다. 즉 ① 예수님의 성육신과 십자가의 죽음을 통한 속량, ② 이방인도 구원하신다는 계획을 말합니다. 이것이 영원부터 만물을 창조하신 하나님의 계획이었다고 말합니다. 얼마나 놀라운 일입니까? 우리의 구원계획이 영원부터 준비된 계획이라는 사실이 말입니다.

> 이는 이제 교회로 말미암아 하늘에 있는 통치자들과 권세들에게 하나님
> 의 각종 지혜를 알게 하심이니_에베소서 3:10

"하늘에 있는 통치자들과 권세들에게 하나님의 각종 지혜를 알게 하려 하심이니"에서 "하늘에 있는 통치자들과 권세들"은 천사를 가리키는 헬라어 숙어입니다. 그런데 천사에는 선한 천사와 악한 천사, 즉 사탄(마귀)과 귀신이 포함됩니다. 선한 천사와 악한 천사에게까지 하나님의 경륜, 구원계획, 하나님의 구원의 비밀스러운 방식을 알게 하신다는 뜻입니다.

누구를 통해서 천사들과 사탄(마귀)과 귀신들에게 하나님의 각종 지혜를 알게 하신다는 말입니까? 교회입니다. 교회가 복음 전파할 때 이방인까지 복음으로 구원받는 것이 이루어집니다. 이것을 통해서 천사와 사탄(마귀)과 귀신들까지 하나님의 구원계획을 알게 된다는 것입니다. 그러므로 복음 전도는 위대한 것입니다.

> 곧 영원부터 우리 주 그리스도 예수 안에서 예정하신 뜻대로 하신 것이
> 라_에베소서 3:11

하나님의 구원계획은 우리 주 그리스도 예수 안에서, 주님과 밀접한 관계 속에서 예정하신 것입니다. 이 구원계획은 그리스도의 희생, 즉 성육신과 십자가의 죽음을 통해 성취됩니다.

> 우리가 그 안에서 그를 믿음으로 말미암아 담대함과 확신을 가지고 하나
> 님께 나아감을 얻느니라_에베소서 3:12

우리는 예수님 안에서 예수님을 구주로 믿음으로 말미암아 담대함과 확신으로 하나님께 나아갑니다. 왜 그렇습니까? 하나님의 구원계획이 그리스도를 통해서 성취되도록 고안되었기 때문입니다. 할렐루야!
나를 위해 죽임당하신 예수님, 나 대신 심판 당하신 예수님, 나의 죄값을 생명 바쳐 다 지불 하신, 속량하신 구세주! 그분의 은혜 때문에 우리는 하나님 앞에 거리낌 없이 나아가게 된 것입니다.

> 그러므로 우리에게 큰 대제사장이 계시니 승천하신 이 곧 하나님의 아들
> 예수시라 우리가 믿는 도리를 굳게 잡을지어다_히브리서 4:14

그분은 완전한 대제사장으로서 우리의 죄로 인해 하나님과 단절된 우리를 하나님과 연결시켜 주셨습니다. 이 시대의 대표적인 지성인 이어령 박사님은 "종교를 뜻하는 'religion'은 라틴어의 '다시 re'와 '잇다 ligare', 즉 끊긴 것을 이어준다는 말에서 왔습니다. 끊긴 것을 이어주는 분이 바로 예수님 이십니다"[55]라고 했습니다.

---

55 이어령, 『소설로 떠나는 영성 순례』 (서울: 포이에마, 2014), p. 9.

이것들을 사하셨은즉 다시 죄를 위하여 제사 드릴 것이 없느니라 19 그
러므로 형제들아 우리가 예수의 피를 힘입어 성소에 들어갈 담력을 얻었
나니 20 그 길은 우리를 위하여 휘장 가운데로 열어 놓으신 새로운 살 길
이요 휘장은 곧 그의 육체니라_히브리서 10:18~20

그분은 대제사장이신 동시에 제물이 되셔서 완전한 제물로서 우리의 죄값
을 치러주셨습니다. 즉 속량하셨습니다. 그래서 이제는 그의 제물 되신 희
생을 통하여 하나님께 나아가 구원받게 되었습니다. 우리는 죄인이지만 용
서받은 죄인, 칭의 받은 죄인이 되었기 때문에 하나님 앞에 거리낌 없이 나
아가는 것입니다. 이 복음을 전하는 일을 위해서라면 환난을 당해도 영광
이 된다고 바울은 말합니다.

그러므로 너희에게 구하노니 너희를 위한 나의 여러 환난에 대하여 낙심
하지 말라 이는 너희의 영광이니라_에베소서 3:13

성도들 가운데 바울이 수감되어 있는 것 때문에 낙심하는 사람들도 있었
습니다. 그러나 이것을 통하여 하나님의 복음이 전파될 수 있기에 낙심하
지 말라고 권면합니다. 오히려 이런 고난을 통해 하나님의 복음이 전파되
기 때문에 고난도 영광이 된다고 말합니다. 때로 우리가 받는 고난은 복음
전파의 수단이 됩니다. 바울이 고난 중에 전한 복음은 로마를 점령하고, 로
마를 복음화했습니다. 오늘 우리가 주님을 위해 당하는 고난은 영광이 됩
니다.

하나님의 구원계획(경륜) 가운데 이방인을 포함하셨기 때문에 이방인인 우리가 구원받았습니다. 그러므로 우리도 하나님의 구원계획에 포함되어 있을 또 다른 이방인의 구원을 위해서 힘써야 합니다. 이 시대의 이방인 개념은 믿지 않는 모든 사람입니다. 그분들에게 우리는 힘써 복음을 전해야 합니다.

달라스 윌라드 박사의 『잊혀진 제자도』라는 책의 원래 이름은 『The Great Omission』인데 직역하면 '최고의 태만'입니다. 이것은 The Great Commission(지상 명령)에서 'C'와 'm'을 뺀 워드플레이(wordplay)입니다. 윌라드 박사의 의도는 복음을 전하지 않는 우리의 태만이 최고 높으신 분이 주신 지상명령(至上命令)에 대한 최고(最高)의 태만(怠慢)을 저지르게 되었다고 지적하고 있습니다.

우리는 어떻습니까? 이방인에게 복음 전하는 일을 최고의 명령으로 여깁니까, 아니면 최고로 태만으로 대합니까? 주님이 꿈꾸신 그 교회는 이방인의 구원에 관심을 가지는 교회입니다. 이웃 전도와 세계선교를 위해 헌신하길 바랍니다. 최고의 명령권자께서 반드시 귀하게 여기시고 상을 주실 것입니다.

5장은 이방인을 교회 삼으신 하나님의 계획에 대한 말씀입니다. 하나님의 구원계획을 경륜이라고 합니다. 그런데 이것은 비밀이었습니다.

1. 경륜이란 단어의 뜻은 무엇입니까?

2. 경륜의 내용은 무엇입니까?

3. 비밀이란 단어의 뜻은 무엇입니까?

4. 하나님의 비밀의 내용은 무엇입니까?

5. 예수님을 믿지 않는 이방인들의 구원을 위해, 전도와 세계 선교에 어떻게 동참하고 있습니까?

6장

교회가 드릴
우선적인
기도제목_에베소서 3:14~21

가정예배

에베소서 3:14~21

14 이러므로 내가 하늘과 땅에 있는 각 족속에게 15 이름을 주신 아버지 앞에 무릎을 꿇고 비노니 16 그의 영광의 풍성함을 따라 그의 성령으로 말미암아 너희 속사람을 능력으로 강건하게 하시오며 17 믿음으로 말미암아 그리스도께서 너희 마음에 계시게 하시옵고 너희가 사랑 가운데서 뿌리가 박히고 터가 굳어져서 18 능히 모든 성도와 함께 지식에 넘치는 그리스도의 사랑을 알고 19 그 너비와 길이와 높이와 깊이가 어떠함을 깨달아 하나님의 모든 충만하신 것으로 너희에게 충만하게 하시기를 구하노라 20 우리 가운데서 역사하시는 능력대로 우리가 구하거나 생각하는 모든 것에 더 넘치도록 능히 하실 이에게 21 교회 안에서와 그리스도 예수 안에서 영광이 대대로 영원무궁하기를 원하노라 아멘

5장에서 경륜이란 하나님의 구원계획을 뜻한다고 배웠습니다. 그런데 이 구원계획은 비밀이었다고 했습니다. 6장은 교회가 드릴 우선적인 기도제목에 대해 알아보고자 합니다.

사도 바울은 앞선 에베소서 1장 15~19절에서 에베소교회를 위한 자신의 기도 내용을 기록했습니다. 이제 6장에서 또 한 번 에베소교회를 위한 기도를 하고 있습니다(에베소서 3:14~21). 바울은 기도하면서 기도를 듣는 대상이신 하나님을 이렇게 부르고 있습니다.

> 이러므로 내가 하늘과 땅에 있는 각 족속에게 이름을 주신 아버지 앞에 무릎을 꿇고 비노니_에베소서 3:14~15

하늘과 땅에 있는 각 족속에게 이름을 주셨다는 말은 하나님께서 모든 족속을 만든 창조자시라는 뜻입니다. 왜냐하면 지으신 분이 이름을 붙여주기 때문입니다. 또한 이것은 그 하나님께서 하늘과 땅의 모든 족속을 지금도 다스리시는 만왕의 왕이심을 보여줍니다. 그런데 여기서 땅에 있는 각 족속은 이해가 되는데, 하늘에 있는 각 족속은 무엇을 의미할까요? 천사들을 가리킵니다. 아놀드 박사는 이것을 '천사들의 그룹을 가리킨다'[56]고 해석합니다. 하나님은 천사들의 그룹에도 이름을 주신 하나님이라고 말씀합니다. 만왕의 왕이신 하나님께 바울은 무릎을 꿇고 빈다고 말합니다. 이것은 그의 간절함을 보여줍니다. 우리는 그의 기도제목을 통해 우선과 차선의 기도제목을 배우게 됩니다. 그렇다면 만왕의 왕이신 하나님, 즉 모든 것을 주실 수 있는 하나님께 과연 무엇을 구했을까요?

1. 속사람을 강건케 하소서

이것은 우리의 기도제목과 얼마나 다릅니까? 그는 만왕의 왕께 '속사람을 강건케 하소서'라고 기도하고 있습니다.

> 그의 영광의 풍성함을 따라 그의 성령으로 말미암아 너희 속사람을 능력
> 으로 강건하게 하시오며_에베소서 3:16

여기서 속사람은 겉사람과 반대되는 개념입니다. 겉사람이 육체를 말한다면, 속사람은 영혼을 말합니다. 이 영혼은 17절에서 마음으로 표현되고 있습니다. 그러므로 '속사람을 강건하게 하소서'는 에베소교회 성도들의 영혼을, 그 마음을 강건하게 해달라고 기도하는 것입니다.

---

56 Arnold, 『존더반 신약주석 강해로 푸는 에베소서』, p. 211.

육신의 건강에는 관심이 많지만, 영혼의 건강에는 얼마나 관심이 있습니까? 육신을 치장하는 데 관심이 많지만, 영혼을 가꾸는 데 얼마나 관심이 있습니까? 우리는 대부분 겉치장은 잘하는데, 속치장은 잘하지 않습니다. 몸 치장은 잘하는데, 마음 치장은 잘하지 않습니다. 그런데 마음이 얼마나 중요합니까? 킷텔 사전은 마음을 다음과 같이 정의합니다.

(마음(heart, καρδία, 카르디아))[57]

① 정신과 영적 생활의 주요 기관

(the main organ of psychic and spiritual life)

② 하나님께서 자신에 대해 말씀하시는 사람 안에 있는 공간

(the place in man at which God bears witness to Himself)

③ 감정과 정서, 욕망과 열정이 마음 안에 거함

(In the heart dwell feelings and emotions, desires and passions.)

④ 생각과 반성의 근원인 지식의 자리

(the seat of understanding, the source of thought and reflection.)

⑤ 결심의 근원인 의지의 자리

(the seat of the will, the source of resolves)

⑥ 그러므로 마음은 하나님께서 일하시는 사람 안에 있는 최고의 중심부이며, 신앙생활이 그 안에 뿌리를 박고 있으며, 도덕적 행위가 결정되는 곳이다(Thus the heart is supremely the one centre in man to which God turns, in which the religious life is rooted, which determines moral conduct.).

---

57 (ed.) Gerhard Kittel and Gerhard Friedrich, *Theologisches Wörterbuch zum Neuen Testament,* vol. Ⅲ, tr. Geoffrey W. Bromiley, *Theological Dictionary of the New Testament* (Grand Rapids: Wm. B. Eerdmans Publishing. Company, 1974), pp. 611-612.

마음에 대한 킷텔 사전의 정의는 하나님께서 일하시는 사람의 최고의 중심부, 신앙생활과 도덕적 행위가 결정되는 곳입니다. 또 감정과 지식과 의지의 자리입니다. 그러므로 마음이 죽으면 다 죽는 것입니다. 마음이 변질되면 다 변질됩니다. 반대로 마음이 살면 다 살아납니다. 마음이 부흥되면 다 부흥됩니다. 그만큼 마음이 중요합니다.

마음에 하나님의 은혜가 쌓여야만 우리 감정도 하나님 기뻐하시는 방향으로 사용되고, 지식도 하나님이 기뻐하는 방향으로 쓰임 받으며, 의지도 하나님 기뻐하시는 방향으로 사용됩니다. 그러므로 마음이 매우 중요합니다. 잠언 4장 23절 말씀이 맞습니다.

> 모든 지킬 만한 것 중에 더욱 네 마음을 지키라 생명의 근원이 이에서 남
> 이니라_잠언 4:23

그런데 우리는 이렇게도 중요한 마음을 위한 기도는 하지 않고, 즉 속사람을 위한 기도는 하지 않고 겉사람만 놓고 기도하지는 않습니까? 그리스 신화에 나오는 이카루스처럼 욕심에 빠져있지는 않습니까?

이카루스는 뛰어난 장인이었던 다이달루스의 아들이었습니다. 그들은 크레테의 왕이었던 미노스(King Minos of Crete)에 의해 크레테 섬에 감금되어 있었습니다. 천재적인 장인이었던 다이달루스는 아들과 이 섬을 탈출하기 위해 새의 깃털과 밀납(wax)으로 날개를 만듭니다. 그러면서 주의를 줍니다. "이것은 밀납으로 만들었기에 너무 높이 올라가지 마라. 태양과 가까워지면 다 녹아서 너는 바다에 떨어져 죽을 것이다." 드디어 그들이 섬을 탈출하는 날이 되었습니다. 그들은 정교하게 만들어진 날개를 달고 섬을 탈

출하는데 성공합니다. 아들 이카루스는 하늘을 나는 것이 너무나도 신기했습니다. 답답하게 갇혀있던 섬을 떠나 하늘을 나는 그 쾌감, 그는 아버지의 경고를 깜박 잊고 더 높은 하늘을 향하여 올라가다가 그만 태양열에 녹아내린 밀납 때문에 날개가 산산이 흩어져 내려 바다에 떨어져 죽고 맙니다. 인간의 지나친 야망(over-ambition)이 낳은 비극을 보게 됩니다.[58]

더 높은 곳에 오르기 위하여 하나님께서 금지한 것을 잊지는 않으셨습니까? 돈의 날개가 우리의 행복을 보장할 줄 알고 더 높이 날지 않았습니까? 명예의 날개가 우리의 만족을 채워줄 줄 알고 더 높이 날아오르지 않았습니까? 권력과 성공의 날개가 우리의 안전을 보장할 줄 알고 더 높이 날아오르려 하지 않았습니까? 그 날개들은 언젠가는 녹아버리고 떨어져 나가고 추락하게 될 것입니다. 그보다 더 중요한 것이 있습니다. 우리의 속사람이 강해져야 합니다. 마음이 강해져야 합니다. 영혼이 강해져야 합니다. 그것은 어떻게 가능합니까?

> 그의 영광의 풍성함을 따라 그의 성령으로 말미암아 너희 속사람을 능력
> 으로 강건하게 하시오며_에베소서 3:16

"그의 영광의 풍성함"은 하나님의 영광의 풍성인데, 아놀드 박사에 따르면 하나님의 영광은 거룩과 능력입니다. 다시 말하면, 거룩한 능력입니다.[59] 능력에는 더러운 능력도 있습니다. 마귀의 능력이 더럽고, 마귀의 유혹에

---

58 https://en.wikipedia.org/wiki/Icarus#Interpretation

59 Arnold, 『존더반 신약주석 강해로 푸는 에베소서』, p. 212.

넘어간 사람들은 더럽습니다. 그러나 하나님은 거룩한 능력을 가진 분입니다. 그리고 그 능력은 풍성하십니다.

하나님은 그 능력을 성령님을 통하여 주십니다. 그래서 성령으로 말미암아 우리 속사람을 능력으로 강건하게 하시길 기도합니다. 우리를 축복하는 최고의 것은 성령 충만하길 축복하는 것입니다. 성령 충만하면 우리의 속사람, 마음, 영혼이 강건케 됩니다. 그러면 성령 충만은 어떻게 받습니까? 성경을 읽을 때 받습니다. 기도할 때 받습니다. 설교를 들을 때 받습니다.

> 그들이 내려가서 그들을 위하여 성령 받기를 기도하니_사도행전 8:15

> 빌기를 다하매 모인 곳이 진동하더니 무리가 다 성령이 충만하여 담대히 하나님의 말씀을 전하니라_사도행전 4:31

> 베드로가 이 말을 할 때에 성령이 말씀 듣는 모든 사람에게 내려오시니
> _사도행전 10:44

> 또 너희는 많은 환난 가운데서 성령의 기쁨으로 말씀을 받아 우리와 주를 본받은 자가 되었으니_데살로니가전서 1:6

2. 그리스도와 더 가깝게 하소서

사도 바울의 두 번째 기도는 그리스도와 더 가깝게 하소서입니다.

믿음으로 말미암아 그리스도께서 너희 마음에 계시게 하시옵고 너희가

사랑 가운데서 뿌리가 박히고 터가 굳어져서_에베소서 3:17

"믿음으로 말미암아 그리스도께서 너희 마음에 계시게 하시옵고"를 대할 때면 질문이 생깁니다. '아니, 우리가 예수님을 믿을 때 이미 우리 마음에 예수님이 들어와 계시지 않는가?' 바울이 그것을 모를 리가 없습니다. 그렇다면, 이 말씀은 무슨 뜻입니까?

아놀드 박사는 이 말씀을 해석할 때 "이미 마음에 모신 예수님과 더 가까워지는 것이다. 즉 그리스도께서 성도의 모든 삶의 영역을 통치하시도록 하는 것을 말한다"[60]고 했습니다. 즉, 더 순종하는 삶을 통해 주님과 더 가까워지게 해달라고 기도하는 것입니다.

구원을 받은 후 예수님과 가까워지지 않는 경우도 있습니다. 주님과 가까워지지 않는 성도는 신앙생활에서 승리할 수 없고, 인생에서도 진정한 승리를 거둘 수 없습니다. 우리는 주님과 믿음으로 가까워져야 합니다.

믿음이 없이는 하나님을 기쁘시게 하지 못하나니 하나님께 나아가는 자

는 반드시 그가 계신 것과 또한 그가 자기를 찾는 자들에게 상 주시는 이

심을 믿어야 할지니라_히브리서 11:6

믿음이 없이는 하나님을 기쁘시게 하지 못합니다. 성자 하나님, 즉 주님과 더 가까워질 수 없습니다. 그렇다면, 그 믿음이란 무엇입니까? 첫째는 그분

---

60 Arnold, 『존더반 신약주석 강해로 푸는 에베소서』, p. 215.

이 반드시 살아계신다는 것을 믿어야 합니다. 둘째는 그분이 상주시는 분임을 믿어야 합니다. 상을 주시는 분은 결정권자입니다. 주관자입니다. 하나님께서 상주시는 분이라는 것은 그분의 주인 되심, 주권을 말합니다. 그 주권을 믿고 공경하는 사람이 믿음이 있는 사람입니다. 이것이 중요합니다. 우리는 주님을 너무나 우습게 여깁니다. 그러나 우리 모두는 그분이 살리시면 살고, 죽이시면 죽습니다. 그분이 우리의 주인이십니다. 주권자이십니다.

예수님을 무시하고 내가 주인 된 사람과 예수님을 주인으로 모신 사람, 누가 더 복되겠습니까? 당연히 예수님을 주인으로 모시고 순종하는 사람입니다. 믿음은 예수님을 주인으로 모시고 순종하는 삶입니다. 예수님은 그런 사람과 가까이하시고, 그런 사람들에게 하나님께 영광 돌리며 가장 복된 인생을 살도록 만들어주십니다.

코로나19로 어려운 이때에도 예수님의 살아계심을 믿고, 그분을 주인으로 모시고 순종하는 믿음의 사람이 되길 바랍니다. 그러면 반드시 당신의 인생은 진정으로 복된 인생이 될 것입니다. 만왕의 왕, 만주의 주를 가까이 하는 사람의 인생이 어찌 복되지 않겠습니까? 정호승 시인의 새벽편지 『당신이 없으면 내가 없습니다』에 다음과 같은 글이 있습니다.

> 새들은 바람이 가장 강하게 부는 날 집을 짓는다. 강한 바람에도 견딜 수 있는 튼튼한 집을 짓기 위해서다. 태풍이 불어와 나뭇가지가 꺾였으면 꺾였지 새들의 집이 부서지지 않는 것은 바로 그런 까닭이다. …… 바람이 강하게 부는 날 지은 집은 강한 바람에도 무너지지 않겠지만, 바람이 불지 않는 날 지은 집은 약한 바람에도 허물어져 버릴 것이다.[61]

---

61 정호승, 『당신이 없으면 내가 없습니다』 (서울: 해냄출판사, 2014), pp. 27-28.

저는 이 글을 읽으면서 지금 우리 코로나19 상황이 바람이 강하게 부는 날과 같다고 생각합니다. 바로 이때 우리가 신앙의 집을 지어야 합니다. 시련의 비바람이 불어오고 눈보라가 휘몰아치는 이때야말로 신앙의 집을 지어야 할 때입니다. 그래야 어떤 상황에도 무너지지 않는 신앙의 집이 될 것입니다. 그런데 이 신앙의 집은 어떻게 짓습니까? 하나님의 살아계심과 그분이 상주시는 분, 즉 나의 인생의 주관자이심을 믿고 그분을 주인으로 모시며 순종하는 믿음으로 짓습니다. 이 믿음으로 우리 주님을 더 가까이 모시고 섬기길 축복합니다.

3. 사랑으로 더 단디 세워지게 하소서

'단디'라는 말은 부산의 표준말입니다. 저는 충청도 사람으로, 부산에 와서 처음에는 알아듣지 못한 말 중 하나가 '단디'였습니다. '단디'는 '단단하게 하다', '확실하게 하다'라는 뜻입니다.

> 믿음으로 말미암아 그리스도께서 너희 마음에 계시게 하시옵고 너희가 사랑 가운데서 뿌리가 박히고 터가 굳어져서_에베소서 3:17

"터가 굳어져서"를 제가 부산말로 '단디'라고 표현했습니다. 우리의 신앙은 마치 집과 나무 같아서 기초가 중요합니다. 기초가 단단한 집은 어떤 시련이 와도 견뎌냅니다. 터가 굳어진다는 것에 '기초를 단단히 하다(firmly grounded)'는 단어가 사용되었습니다. 여기에는 '확고하게 세워진다(firmly established, θεμελιόω, 데메리오오)'는 뜻도 있습니다.

우리의 신앙생활이 확고하게 세워지지 않는 이유가 무엇입니까? 그리스도의 사랑에 대한 깨달음이 없기 때문입니다. 나를 사랑하사 자기 몸을 버리신 하나님! 그분의 사랑을 생각하면 믿음이 확고하게 세워집니다. 그래서 18절에 이렇게 말씀합니다.

능히 모든 성도와 함께 지식에 넘치는 그리스도의 사랑을 알고
_에베소서 3:18

인간의 지식을 뛰어넘는 그리스도의 사랑, 지성으로 아는 것이 아니라 영성으로 압니다. 성령의 감동으로 압니다. 성령이 감동하시는 중에 설교를 듣고, 성경을 읽을 때 압니다. 기도할 때, 찬양할 때 압니다.
하나님이신 그분이 나를 위해 죽어주신 이 사랑 앞에 우리 모두가 가슴속에 밀물처럼 밀려오는 감동을 경험할 수 있기를 축복합니다. 그 사랑을 알면 우리는 감동하게 되어 있습니다. 우리 믿음이 단디 세워질 수 있습니다. 이 사랑은 인생에 한 번이 아니라 계속 경험해야 합니다. 그래야 믿음의 집이 더더욱 견고해집니다. 그 위대한 사랑은 인생에 한 번, 또는 한 기간만 경험하면 다 알 수 있을 만큼 작은 것이 아닙니다. 19절을 보십시오.

그 너비와 길이와 높이와 깊이가 어떠함을 깨달아 하나님의 모든 충만하
신 것으로 너희에게 충만하게 하시기를 구하노라_에베소서 3:19

주님의 사랑의 너비와 길이와 높이와 깊이는 다 측량(測量)할 수 없습니다. 어떻게 나 같은 죄인을 위해 하나님이 인간이 되셨단 말입니까? 군인은 이

렇게 이해하면 조금, 아주 조금 이해할 수 있을 것입니다. 별 넷을 단 4성 장군이 무슨 일이 있어 이등병으로 강등되었다면 그 치욕은 얼마나 대단할까요? 그래도 그것은 인간에서 인간으로 낮아진 것일 뿐입니다. 그러나 예수님은 하나님이 인간이 되신 것입니다. 창조주가 피조물이 되신 것입니다. 그리고 피조물의 죄를 해결하기 위해 제물 되어 죽으신 것입니다. 이 놀라운 사랑 앞에 어찌 우리가 감격하지 않을 수 있겠습니까?

성경을 읽고 기도하고 찬양하며 이 예수님의 성육신과 십자가의 죽음을 많이 묵상하십시오. 갈수록 그 너비와 길이와 높이와 깊이가 더 해질 것입니다. 그것이 신앙의 깊이를 더해 줄 것입니다. 저의 경험을 소개합니다.

저는 초등학교 1학년 때 교회에 나갔습니다. 초등학교 5학년 때부터 말씀의 은혜를 깊이 받았습니다. 중·고등학교 때 예수님의 십자가에 대한 은혜를 저의 모 교회인 대전중앙교회 담임목사님이신 이영수 목사님의 말씀을 통해 깨달았습니다. 오직 예수님의 보혈만이 나를 구원함을 믿었습니다.

대학교 1학년 때는 내수동교회 선배인 한양대학교 공대 4학년이었던 오승종 형님의 다리 예화를 통해 죄로 끊어진 하나님과 나와의 관계를 이어주는 십자가를 깨닫고 믿게 되었습니다. 그때까지 믿고 있던 성경 말씀 중에 나오는 십자가의 도(道)가 구슬처럼 하나로 꿰어지는 은혜를 받았습니다. 뿐만 아니라 내수동교회 담임목사님이신 박희천 목사님의 설교를 통해 십자가의 사랑과 공의를 알게 되었습니다. 하나님의 사랑으로서의 십자가(나를 속죄하기 위해 아들까지 내주신 사랑), 하나님의 공의로서의 십자가(나의 죄값을 치르시려고 아들까지 처벌하신 공의)를 알게 되었습니다. 또한 수많은 보혈 찬송을 통해 십자가의 은혜를 깊이깊이 경험했습니다.

신학대학원 때는 구약의 5대 제사를 강의하시는 김희보 박사님을 통해 구약의 제사가 기록된 레위기와 그것이 해석된 신약의 히브리서를 관통하며 십자가가 하나님의 구원계획이었음을 다시금 깊이 깨달았습니다. 보혈의 강이 가슴에 흐르는 것 같았습니다. 다시금 신·구약을 관통하는 십자가의 은혜를 깨닫고 감격했습니다.

군목으로 가서는 수많은 장병에게 다리 예화를 전했습니다. 오승종 형님이 전한 다리 예화에 구약의 제사를 포함 시켜 전했습니다. 수천 번을 전하다 보니 언제 어디서라도 종이 한 장과 펜만 있으면 복음을 전하게 되었고, 그 다리 예화를 통해 수천의 장병들이 예수님을 구주로 영접하고 세례를 받았습니다. 그들에게 세례를 줄 때마다 가슴 속에서 터져 나오는 감격이 있었습니다. 군목으로서의 14년이 제 인생에 복음의 감격을 가장 많이 느끼던 기간이었습니다.

두 번째 임지인 홍천의 야전수송교육단에서 어느 날 혼자서 세례를 많이 주다 보니, 젊은 28세의 군목이었지만 허리가 아팠습니다. 바로 그 순간 "하나님 감사합니다!" 이 고백이 가슴속에서 샘물처럼 솟아났습니다. 이 많은 젊은이에게 피 묻은 십자가의 복음을 전하고 구원받은 젊은이들에게 세례를 주어서 얼마나 감사했는지 모릅니다. 그 기도가 삼 십여 년이 지난 지금도 생생합니다.

전역한 이후에도 복음을 계속 전하고, 부전교회 부임해서도 계속 전도 집회 설교를 했습니다. 그때마다 말씀을 통해 주신 그 사랑이 얼마나 컸는지 모릅니다.

얼마 전, 저는 '생명의 양식을'이라는 세자르 프랑크의 성가곡을 통해서 큰 은혜를 받았습니다. 라틴어 가사를 우리말로 번역하면서 성가곡에 번역되지 않은 부분을 발견하고 얼마나 울었는지 모릅니다. "오 레스 미라빌리스 만두카트 도미눔 파우페르 파우페르 세르부스 에트 후밀리스(*O, res mirabilis manducat Dominum pauper pauper servus et humilis!*)"[62] 이에 대한 우리말 성가곡 가사는 이렇습니다. '낮고 천한 우리 궁휼히 보시사 주여 주여 먹이어 주소서, 주여 주여 먹이어 주소서' 그런데 라틴어를 직역한 가사는 더 감동이 됩니다. '오 얼마나 놀라운 일인가, 가난하고 가난하고 비천한 종이 주님을 먹는도다!' 목양실에서 가사를 번역하는데, 감격의 눈물이 왈칵 쏟아졌습니다. 지금도 그 감동이 생생하게 기억납니다. 세상의 어떤 종교가 인간을 위해 신이 죽습니까? 그러나 기독교는 신이 인간에게 먹힘당했습니다. 희생당했습니다. 죽임당했습니다. 이 놀라운 사랑 앞에 얼마나 감사한지요!

이번에는 에베소서를 통하여 성부 하나님께서 우리를 구원하시려는 계획이 창조 이전에 있었다는 것을 이전에도 알았지만, 더 감격으로 깨닫게 되었습니다. 성자 하나님이 피 흘리셔서 얻은 속량의 은혜가 더 깊이 와닿았습니다. 성령 하나님께서 믿음을 주시고 내주(內住)하심으로 인치심(하나님의 자녀임을 확인 해주심)을 알게 해주시니 그 사랑을 다시금 깊이 깨닫습니다.

이렇게 구원의 감격은 무궁무진한 것입니다. 평생 더 깊고 넓어질 수 있는 것입니다. 평생 더 이 사랑 깨달아 가길 바랍니다. 이것이 에베소서 3장 19절의 말씀입니다.

---

62 https://en.wikipedia.org/wiki/Panis_angelicus

그 너비와 길이와 높이와 깊이가 어떠함을 깨달아 하나님의 모든 충만하
신 것으로 너희에게 충만하게 하시기를 구하노라_에베소서 3:19

평생 예수님의 그 사랑이 다양한 각도와 깊이로 더 깨달아지는 은혜가 있
기를 축복합니다. 이것이 우리의 우선되는 기도제목이 되길 바랍니다.

예수 더 알기 원하네 크고도 넓은 은혜와
대속해주신 사랑을 간절히 알기 원하네
내 평생의 소원 내 평생의 소원
대속해 주신 사랑을 간절히 알기 원하네[63]

예수님의 사랑의 너비와 길이와 높이와 깊이를 평생 더 알아가길 축복합
니다. 그것이 우리의 기도제목이 되길 바랍니다. 그런 깨달음이 있을 때 다
음과 같은 복이 있게 됩니다.

그 너비와 길이와 높이와 깊이가 어떠함을 깨달아 하나님의 모든 충만하
신 것으로 너희에게 충만하게 하시기를 구하노라_에베소서 3:19

하나님의 모든 충만하신 것으로 충만하게 됩니다. 아놀드 박사는 '신약에
서 하나님의 모든 충만하신 것은 곧 성령 충만[64]이라고 말합니다. 예수님

---

63 찬송가 453장 〈예수 더 알기 원하네〉 中.
64 Arnold, 『존더반 신약주석 강해로 푸는 에베소서』, p. 222.

의 사랑의 너비와 길이와 높이와 깊이를 알아가는 사람은 반드시 성령 충만을 받게 될 것입니다. 사도 바울은 이제 마지막으로 하나님께 찬송을 올려드립니다.

> 우리 가운데서 역사하시는 능력대로 우리가 구하거나 생각하는 모든 것에 더 넘치도록 능히 하실 이에게 교회 안에서와 그리스도 예수 안에서 영광이 대대로 영원무궁하기를 원하노라 아멘_에베소서 3:20~21

사도 바울은 하나님께 대한 찬송으로 이 기도를 마칩니다. 하나님은 우리가 구하거나 생각하는 모든 것에 더 넘치도록 능히 하실 분이기에, 그분께 영광을 영원토록 올려드리는 찬송으로 기도를 마칩니다.

6장은 교회가 드릴 우선적인 기도제목에 대한 말씀입니다. 우리가 많은 기도를 하지만, 기도의 우선순위를 모르고 할 때가 많습니다. 그렇다면, 우리가 우선적으로 기도해야 할 내용은 무엇인지 나눠봅시다.

1. 당신의 우선적인 기도제목은 무엇입니까?

2. 사도 바울의 우선적인 기도제목은 무엇입니까?

3. 당신과 바울의 기도제목을 비교할 때 어떤 마음이 듭니까?

4. 당신의 기도제목의 우선순위를 바꾼다면 어떻게 바꾸고 싶습니까?

5. 당신의 기도의 삶은 경건한 습관이 되어 있습니까? 만약 그렇지 않다면, 앞으로 어떻게 하면 좋을지 나눠보십시오.

7장

교회의
하나 됨을
깨뜨리지
말라_에베소서 4:1~6

강론

에베소서 4:1~6

1 그러므로 주 안에서 갇힌 내가 너희를 권하노니 너희가 부르심을 받은 일에 합당하게 행하여 2 모든 겸손과 온유로 하고 오래 참음으로 사랑 가운데서 서로 용납하고 3 평안의 매는 줄로 성령이 하나 되게 하신 것을 힘써 지키라 4 몸이 하나요 성령도 한 분이시니 이와 같이 너희가 부르심의 한 소망 안에서 부르심을 받았느니라 5 주도 한 분이시요 믿음도 하나요 세례도 하나요 6 하나님도 한 분이시니 곧 만유의 아버지시라 만유 위에 계시고 만유를 통일하시고 만유 가운데 계시도다

사도 바울이 6장에서 하나님께 간구를 드렸다면, 7장에서는 성도들에게 간청하는 식의 권면을 하고 있습니다.

> 그러므로 주 안에서 갇힌 내가 너희를 권하노니 너희가 부르심을 받은 일
> 에 합당하게 행하여_에베소서 4:1

사도 바울은 에베소교회 성도들을 향해 '나의 간절한 소원이 있다면 에베소교회 성도님들이 하나님께서 성도님을 불러 자녀 삼은 그 목적에 합당하게 행동하시길 바랍니다'라고 권면합니다. 그렇다면, 하나님께서 우리를 불러 구원하고 자녀 삼은 목적은 무엇일까요?

1. 하나님께서 우리를 부르신 목적은 하나 됨이다

사도 바울은 교회에 대해서 하나 됨, 연합을 강조하고 있습니다. 에베소서 4장 3절을 보십시오.

평안의 매는 줄로 성령이 하나 되게 하신 것을 힘써 지키라_에베소서 4:3

하나님께서 우리를 부르신 목적은 성령이 하나 되게 하신 것을 힘써 지키게 하는 것입니다. 성령님께서 우리에게 믿음을 주셔서 예수님을 구주로 믿고 마음에 영접하게 하셨습니다. 그런데 우리의 구원은 나 혼자만의 구원이 아니라 하나의 몸으로 부르신 것입니다. 4절을 보십시오.

몸이 하나요 성령도 한 분이시니 이와 같이 너희가 부르심의 한 소망 안에서 부르심을 받았느니라_에베소서 4:4

우리가 하나님의 자녀로 부르심을 받을 때 하나의 몸으로 부름받았습니다. 그리고 우리를 한 몸으로 만드신 분이 성령님입니다. 그 성령님도 한 분이시기에 우리는 하나로 살아야 합니다. 분열하지 말고 연합해야 합니다. 교회의 가장 중요한 일은 분열하지 않고 하나가 되는 것입니다.

칼빈은 '교회의 분열은 그리스도의 몸을 찢는 범죄'라고 말했습니다. 교회는 그리스도의 몸이기에 소중한 것입니다. 그리스도께서 피 흘려 세우신 교회의 분열을 원치 않으십니다. 그렇다면 교회의 하나 됨은 획일적인 것일까요, 아니면 통일적인 것일까요?

획일성(劃一性, uniformity)은 다양성을 존중하지 않는 폐쇄적인 조직의 특징입니다. 이와 반대로 통일성(統一性, unity)은 다양성을 존중합니다. 다양하지만, 하나의 목표를 같이 바라보는 열린 공동체의 특징입니다. 따라서 교회는 획일성이 아니라 통일성을 추구해야 합니다. 다양한 성도가 모여 하나의 목표를 바라보며 나아가야 합니다.

교회를 그리스도의 몸이라고 말합니다. 우리의 몸을 보십시오. 다양한 지체들이(limb, part) 있습니다. 움직이는 파트(지체), 피를 공급하는 파트, 숨을 쉬는 파트, 보는 파트, 듣는 파트, 말하는 파트, 판단하는 파트, 지시하는 파트, 수행하는 파트 등이 있습니다. 이 모두가 하나의 목적을 위해 협조합니다. 이것이 통일성입니다. 다양하지만 서로 협조하여 몸 전체가 생동감 있게 사는 것입니다. 예를 들면, 뇌에서는 밥을 먹고 싶은데 손이 움직이지 않는다면 어떻게 되겠습니까? 입이 열리지 않으면 어떻게 되겠습니까? 치아에 문제가 생기면 어떻게 되겠습니까? 위장에서 소화를 시키지 못하면 어떻게 되겠습니까? 대장과 직장에서 배변하지 못하면 어떻게 되겠습니까? 우리 몸의 대부분은 이게 잘 작동됩니다. 그러니까 밥을 먹고 영양분을 섭취하는데 이 하나의 목적을 위해 손, 눈, 입, 치아, 위장, 위액, 담즙, 십이지장, 소장, 대장이 다 각자의 역할을 해서 우리의 건강이 유지되는 것입니다.

교회인 우리에게도 다양성과 통일성이 있어야 합니다. 다양한 성도가 연합하여 하나의 목적을 향해 나아가야 합니다. 그리스도의 몸이 건강하고, 머리 되신 그리스도의 뜻을 이루는 일을 위해서 우리는 하나가 되어야 합니다. 다양성을 존중하면서 통일성을 지향해야 합니다. 통일성 안에서의 다양성이 없으면 교회는 몸의 기능을 제대로 수행할 수 없습니다. 또한 다양성만 주장해서도 안 됩니다. 그게 분열입니다. 교회는 분열하면 아무것도 할 수 없습니다. 반대로, 다양성을 존중하지 않고 통일성만 주장하면 획일성으로 빠질 수 있습니다. 폐쇄적 조직일 뿐 살아있는 공동체는 되지 못합니다. 그러므로 교회는 통일성 안에 다양성(diversity in unity)을 가져야 합니다. 분열이 가장 심했던 고린도 교회를 향하여 사도 바울은 말합니다.

형제들아 내가 우리 주 예수 그리스도의 이름으로 너희를 권하노니 모두
가 같은 말을 하고 너희 가운데 분쟁이 없이 같은 마음과 같은 뜻으로 온
전히 합하라_고린도전서 1:10

이것이 바로 주님이 꿈꾸신 교회입니다. 하나 되는 통일성을 강조하기 위
해서 바울은 다양한 각도에서 '하나'를 강조합니다.

몸이 하나요 성령도 한 분이시니 이와 같이 너희가 부르심의 한 소망 안
에서 부르심을 받았느니라 주도 한 분이시요 믿음도 하나요 세례도 하나
요 하나님도 한 분이시니 곧 만유의 아버지시라 만유 위에 계시고 만유를
통일하시고 만유 가운데 계시도다_에베소서 4:4~6

만유(萬有)는 만물(萬物)을 말합니다. 하나님은 만물을 통일하시고 통치하시
는데, 교회가 통일되지 않는다면 이것은 말이 되지 않습니다. 에베소서의
주제 구절은 1장 10절의 '만물을 통일하시는 그리스도'입니다. 교회의 머
리 되신 그리스도께서 만물을 통일하시려고 하는데, 그분의 몸이 통일되
지 않아서야 말이 되겠습니까? 교회는 통일, 하나 됨, 연합을 반드시 이루
어야 주님의 기쁨이 되고 교회의 사명을 잘 감당할 수 있습니다. 교회는 하
나의 몸으로 부름받았습니다. 이것을 잊지 마십시오. 이것을 잊고 분열하
면, 우리를 부르신 목적을 잊어버린 것입니다. 하나님의 목적은 나 하나만
달랑 구원하시는 것이 아니라 교회를 세우길 원하셨습니다. 예수님께서는
베드로의 "주는 그리스도시요 살아 계신 하나님의 아들이시니이다"(마태복
음 16:16b)라는 신앙고백 이후에서야 자신의 소원을 드러내셨습니다.

또 내가 네게 이르노니 너는 베드로라 내가 이 반석 위에 내 교회를 세우
리니 음부의 권세가 이기지 못하리라_마태복음 16:18

교회를 세우는 것이 주님의 소원이었습니다. 주님을 그리스도로, 하나님의
아들로 믿는 사람들을 통해 예수님은 교회를 세우고자 하셨습니다. 그렇게
예수님의 소원으로 세워진 교회가 분열되어 허물어지면 주님의 마음이 얼
마나 아프시겠습니까? 그런 일이 일어나서는 안 됩니다. 에베소교회 장로
들에게 하신 사도 바울의 권면이 이것입니다.

당신은 자기를 위하여 또는 온 양 떼를 위하여 삼가라 성령이 그들 가운
데 당신을 감독자로 삼고 하나님이 자기 피로 사신 교회를 보살피게 하셨
느니라_사도행전 20:28

교회는 성자 하나님이 자기 피로 사신 소중한 공동체입니다. 그리고 장로
들에게 보살피게 하셨습니다. 이 교회를 소중하게 여기고 분열하지 말며
하나 됨을 힘써 지키길 축복합니다. 하나님께서 우리를 부르신 목적, 구원
하신 목적은 하나 됨, 한 몸으로 만들기 위함입니다. 그렇다면, 교회는 어
떻게 하나될 수 있습니까? 어떻게 연합할 수 있습니까?

2. 하나 되기 위해서는 다섯 가지가 필요하다

교회가 하나 되기 위해서, 통일성을 유지하기 위해서는 다섯 가지가 필요
하다고 성경은 말씀합니다.

모든 겸손과 온유로 하고 오래 참음으로 사랑 가운데서 서로 용납하고
_에베소서 4:2

1) 겸손(謙遜)

겸손은 남을 존중하고 자기를 낮추는 것입니다. 예수님을 닮은 사람에게 가장 분명하게 나타나는 성품입니다. 반대로 교만은 미성숙의 증거입니다. 성숙한 사람은 겸손하게 되어있습니다.

> 아무 일에든지 다툼이나 허영으로 하지 말고 오직 겸손한 마음으로 각각 자기보다 남을 낮게 여기고 각각 자기 일을 돌볼뿐더러 또한 각각 다른 사람들의 일을 돌보아 나의 기쁨을 충만하게 하라 너희 안에 이 마음을 품으라 곧 그리스도 예수의 마음이니_빌립보서 2:3~5

2) 온유(溫柔)

온유는 온화와 부드러움입니다. 예수님을 닮은 사람에게 아주 분명하게 나타나는 성품입니다. 과격(過激)은 미성숙의 증거입니다. 성숙한 사람은 온유하게 되어 있습니다.

> 나는 마음이 온유하고 겸손하니 나의 멍에를 메고 내게 배우라 그리하면 너희 마음이 쉼을 얻으리니_마태복음 11:29

겸손하고 온유한 사람은 마음에 쉼, 즉 평안이 있습니다. 그러나 교만하고 과격한 사람은 쉼이 아니라 짐이 있습니다. 다시 말해, 불안이 있습니다.

3] 오래 참음

오래 참음은 쉽게 분노하지 않는 것입니다. 분노는 가인처럼 살인을 저지릅니다. 살인까지는 아니어도 상대방의 마음에 오래 남는 깊은 상처를 남깁니다. 어떤 분이 화를 잘 내는 사람 때문에 큰 상처를 입었는데 화를 낸 사람이 미안하다고 하니까, "죽여놓고 미안하다고 하소!"라고 했답니다. 칼이 입힌 상처보다 말이 입힌 상처는 더 크고 깊고 오래갑니다.

> 오직 성령의 열매는 사랑과 희락과 화평과 오래 참음과 자비와 양선과 충성과_갈라디아서 5:22

쉽게 화를 내는 사람이 있으면 교회가 분열됩니다. 오래 참음도 예수님의 성품입니다. 우리가 잘못한 대로 예수님이 화를 내시고 심판하셨다면, 살아남을 사람은 아무도 없습니다. 그분의 오래 참으심 때문에 살아있는 우리도 오래 참아야 마땅합니다.

4] 사랑 가운데 서로 용납(容納)

사랑 가운데 서로 용납하는 것은 사랑으로 서로를 마음속으로 받아들이는 것을 말합니다. 용납은 한자로 얼굴 용(容) 또는 속내 용(容, 마음), 받아들일 납(納)입니다. 즉, 마음속까지 받아들이는 것이 용납입니다. 그런데 이것이 쉽지 않기 때문에 사랑 가운데 서로 용납하라고 말씀하시는 것입니다.

> 그러므로 그리스도께서 우리를 받아 하나님께 영광을 돌리심과 같이 너희도 서로 받으라_로마서 15:7

그리스도께서 죄인 된 우리, 원수 된 우리를 용납하여 주셔서 우리가 구원받고 이를 통해 하나님께 영광을 주님이 올려드리신 것처럼 우리가 예수님을 닮아 서로 용납하면 하나님께서 영광을 받으실 것입니다. 용납은 상대방을 있는 그대로 받아들이는 것입니다. 고치면 받아주겠다는 것이 아니라 있는 그대로 받아들이는 것입니다.

5) 평안의 매는 줄(bond of peace)

평안의 매는 줄은 평화의 끈을 말합니다. 성도들 중에는 평화의 끈 역할을 하는 귀한 분들이 있습니다. 그들을 피스 메이커라고 합니다. 그런 분들이 계시면 교회가 하나 됩니다. 그러나 불화를 만드는 사람이 있으면 그곳에 분열이 있습니다.

> 평안의 매는 줄로 성령이 하나 되게 하신 것을 힘써 지키라_에베소서 4:3

예수님은 피스 메이커이셨습니다. 하나님과 우리를 평화롭게 하셨을 뿐 아니라 이방인 성도와 유대인 성도들도 평화롭게 하셨습니다.

> 그는 우리의 화평이신지라 둘로 하나를 만드사 원수 된 것 곧 중간에 막
> 힌 담을 자기 육체로 허시고_에베소서 2:14

그는 스스로 우리의 평화가 되셨습니다. 그래서 두 개로 나누어진 그룹을 하나로 만드셨습니다. 둘 사이를 나누는 담을 허물어 버리셨습니다. 예수님은 분열의 장벽을 허무시는데, 우리는 분열의 장벽을 높이 쌓지는 않습

니까? 가정 안에서, 교회 안에서, 직장 안에서, 학교 안에서 그렇지 않습니까? 예수님처럼 이 모든 장벽을 허무시길 축복합니다.

> 평안을 너희에게 끼치노니 곧 나의 평안을 너희에게 주노라 내가 너희에게 주는 것은 세상이 주는 것과 같지 아니하니라 너희는 마음에 근심하지도 말고 두려워하지도 말라_요한복음 14:27

교회인 우리는 가정, 교회, 직장, 학교 안에서 이런 역할을 해야 합니다. 평안을 주는 관계, 피스 메이커! 근심과 두려움을 덜어주는 관계가 되어야 합니다. 우리의 말과 행동이 평화를 만들어 가길 바랍니다. 그것이 예수님을 닮은 성도가 되는 것입니다. 그것이 만물을 충만케 하는 교회가 되는 것입니다.

미국의 새로운 대통령 바이든 대통령의 취임사를 읽어보았습니다. 바이든에 대해서 정치적 입장이 다를 수 있지만, 참고하는 차원에서 소개합니다.

> …… 나는 모든 미국인들에게 이런 이유로 나와 함께 해주시길 요청합니다. 우리가 직면한 공동의 적과 싸우기 위해 하나 됩시다. 공동의 적은 분노, 분개, 증오. 극단주의, 무법, 폭력. 질병, 실직, 절망입니다. 하나 됨으로 우리는 위대한 일을, 중요한 일을 할 수 있습니다. …… 역사, 믿음, 이성은 하나 됨의 길을 보여줍니다. 우리는 서로를 적이 아니라, 이웃으로 볼 수 있습니다. 우리는 존엄과 존경으로 서로를 대할 수 있습니다. 우리는 소리치는 것을 멈추고, 온도를 더 낮추고 힘을 모을 수 있습니다. 하나 됨이 없이는 평화가 없습니다. 다만, 상처와 분노만 있을 것입니다. 전진이 없습니다. 오직 국가를 피폐케 하는 불법만이 있을 것입니다. 국가도 없습니다.

다만 혼란의 상태만 있을 것입니다. 지금은 우리에게 위기와 도전의 역사적 순간입니다. 그리고 하나 됨은 앞으로 나아가는 길입니다. 그리고 우리는 반드시 이 순간에 미합중국으로 만나야 합니다. 만약 우리가 그렇게 한다면 나는 우리가 실패하지 않을 것이라고 보증합니다. 우리가 함께 일했던 때 미국은 절대로 절대로 절대로 실패하지 않았습니다. …… 나는 이것을 약속합니다. 즉, 성경에서 말씀하시는 것처럼 인생의 어두운 밤에 슬픔을 견디면 아침에는 기쁨이 올 것입니다(시편 30:5). …… 대통령으로서 저의 첫 번째 일은, 팬데믹으로 지난 1년간 목숨을 잃은 분들을 기억하며 묵상 기도를 드리는 일에 당신이 동참해주시길 요청하는 것입니다. 40만 명의 우리 동료 미국인들, 즉, 엄마들, 아빠들, 남편들, 아내들, 아들들, 딸들, 친구들, 이웃들, 그리고 동역자들을 위해 기도합시다. 우리가 될 수 있고, 되어야 할 것을 아는 국민과 나라가 됨으로써 그들에게 경의를 표할 것입니다. (팬데믹으로) 목숨을 잃은 사람들과 유족들과 우리나라를 위해 묵상 기도를 드립시다. 아멘. …… 우리 함께 두려움이 아닌 희망의 미국 스토리를 쓰십시다. 분열이 아닌 하나 됨의 이야기를 쓰십시다. …… 서로에게 그리고 이 나라를 온 마음으로 사랑하며 헌신합시다. 하나님께서 미국을 복 주시고 우리 군대를 보호하시길 기원합니다. 감사합니다.

…… I ask every American to join me in this cause. Uniting to fight the common foes we face: Anger, resentment, hatred. Extremism, lawlessness, violence. Disease, joblessness, hopelessness. With unity we can do great things. Important things. …… History, faith, and reason show the way, the way of unity. We can see each other not as adversaries but as neighbors. We can treat each other with dignity and respect. We can join forces, stop the shouting, and lower the temperature. For without unity, there is no peace, only bitterness and fury. No progress, only exhausting outrage. No nation, only a state of chaos. This is our historic moment of crisis and challenge, and unity is the path forward. And, we must meet this moment as the United States of America. If we do that, I guarantee you, we will not fail. We have never, ever, ever failed in America when we have acted together. ······ I promise you this: as the Bible says weeping may endure for a night but joy cometh in the morning. ······ And, in my first act as president, I would like to ask you to join me in a moment of silent prayer to remember all those we lost this past year to the pandemic. To those 400,000 fellow Americans - mothers and fathers, husbands and wives, sons and daughters, friends, neighbors, and co-workers. We will honor them by becoming the people and nation we know we can and should be. Let us say a silent prayer for those who lost their lives, for those they left behind, and for our country. Amen. ··· And together, we shall write an American story of hope, not fear. Of unity, not division. And, devoted to one another and to this country we love with all our hearts. May God bless America and may God protect our troops. Thank you, America.[65]

선거로 인해 분열된 미국의 하나 됨을 위한 연설입니다. 역사 속에 하나 되어 이룬 미국의 역사를 회고하면서, 팬데믹과 직면한 많은 문제를 해결하기 위해서는 하나가 되어야 한다는 것을 강조한 것입니다. 국가도, 교회도 하나가 되는 것이 중요합니다. 그래야 그 기능을 감당할 수 있기 때문입니다.

---

65 https://www.voanews.com/usa/us-politics/full-text-president-joe-bidens-inaugural-speech

7장은 교회의 하나 됨을 깨뜨리지 말라에 대한 말씀입니다. 그리스도의 몸 된 교회의 분열은 교회의 교회 됨을 해치는 치명적인 것입니다. 어떻게 하나 됨을 힘써 지킬 수 있을지 성경 말씀에 근거해 함께 나눠봅시다.

1. 교회의 하나 됨이 교회의 본질인 이유는 무엇이라고 생각합니까?

2. 교회의 하나 됨은 획일성입니까, 아니면 통일성입니까? 그 차이는 무엇입니까?

3. 교회의 하나 됨을 위해 필요한 5가지를 말하고, 그 뜻을 설명해 보십시오.

4. 교회의 하나 됨을 힘써 지키기 위해서 해야 할 일은 무엇입니까?

5. 교회의 하나 됨이 중요하지만 성도는 가정과 학교, 일터에서도 하나 됨을 만들어 가는 피스 메이커로 살아야 합니다. 삶의 현장에서 피스 메이커가 되기 위해서 해야 할 일은 무엇입니까?

8장

교회에
목회자를 주신
이유_에베소서 4:7~12

강론

가정예배

에베소서 4:7~12

7 우리 각 사람에게 그리스도의 선물의 분량대로 은혜를 주셨나니 8 그러므로 이르기를 그가 위로 올라가실 때에 사로잡혔던 자들을 사로잡으시고 사람들에게 선물을 주셨다 하였도다 9 올라가셨다 하였은즉 땅 아래 낮은 곳으로 내리셨던 것이 아니면 무엇이냐 10 내리셨던 그가 곧 모든 하늘 위에 오르신 자니 이는 만물을 충만하게 하려 하심이라 11 그가 어떤 사람은 사도로, 어떤 사람은 선지자로, 어떤 사람은 복음 전하는 자로, 어떤 사람은 목사와 교사로 삼으셨으니 12 이는 성도를 온전하게 하여 봉사의 일을 하게 하며 그리스도의 몸을 세우려 하심이라

7장은 교회의 하나 됨을 깨뜨리지 말라는 내용이었습니다. 8장에서는 교회에 목회자를 주신 이유에 대해 알아보고자 합니다.

어느 교회에서 담임목사 청빙을 위한 광고를 냈습니다. 광고에는 담임목사를 모시고자 하는 청빙 기준을 다음과 같이 냈습니다.

① 설교는 정확히 20분만 하되, 할 말은 다 하는 목사
② 설교하며 죄는 정죄하지만, 사람의 마음을 상하게 하지 않는 목사
③ 매 주일, 매일 새벽기도, 수요예배, 금요 심야 기도회까지 훌륭한 말씀을 전할 목사
④ 새벽부터 밤 10시까지 열심히 일하는 목사
⑤ 돈만 생기면 헌금하는 욕심 없는 목사
⑥ 키는 크고 얼굴은 잘 생겼지만, 제비족처럼 생기지 않은 목사
⑦ 언제나 십대와 농구하고 노인과는 말동무가 되는 목사
⑧ 유머는 풍부하나 신중하고 말실수가 없는 목사
⑨ 매일 전도에 힘쓰되 기도실은 24시간 지키는 목사

과연 이러한 목사가 지구상에 있을까요? 이 교회의 청빙위원회는 몇 달간 새로운 담임목사님을 구하기 위해 12명의 후보자를 만나보고, 다음과 같이 청빙 보고서를 냈습니다.

[청빙위원회 보고서]

그동안 12명의 후보자를 만난 결과를 다음과 같이 보고 드립니다.

1. 아담 목사는 좋은 사람이지만, 부인이 숲속에 벌거벗은 몸으로 다닌 사실이 발견됨.
2. 노아 목사는 120년이나 되는 긴 목회 기간 중 비현실적이고 낭비적인 방주 건축에만 몰두했음.
3. 요셉 목사는 꿈이 컸으나 허풍쟁이였으며, 지나치게 꿈 해석에 집착할 뿐 아니라 전과 기록이 있음.
4. 모세 목사는 온유하고 겸손했으나 자주 말을 더듬는 등 의사소통에 문제가 있고, 살인 혐의 때문에 그의 성격에 대해 많은 의심이 있음.
5. 다윗 목사는 최근까지 가장 촉망받는 후보였으나 이웃의 아내와 간통한 사건이 드러나 문제가 생겼음.
6. 솔로몬 목사는 위대한 설교가지만 여자 문제가 너무 복잡하다는 소문이 있어 문제가 있음.
7. 엘리야 목사는 기도는 많이 하지만 쉽게 낙심하고 좌절하는 성격이라 사람들이 불안해함.

8. 호세아 목사는 인자하고 다정다감한 후보이나 사모의 사생활이 복잡함.

9. 세례 요한 목사는 침례교 출신의 목사로 열정도 있고 고생도 많이 했으나 메시지가 너무 직설적이고, 아파트를 거부하고 들에서만 살려고 하기에 함께 하기는 어려울 것 같음.

10. 베드로 목사는 솔직하며 솔선수범하고 능력이 있는 설교를 하지만 성질을 죽이지 못하는 다혈질에 결정적인 순간에 배신하는 경향이 있음.

11. 바울 목사는 능력 있는 설교자이고 치유 은사도 있으나 외모가 상당히 아쉽고, 미혼이라 식사문제를 담당할 여성도들이 매우 부담스러워함.

12. 가룟 유다 목사는 인내심이 있고 보수적이며 자기 주관이 뚜렷하여 위기의 시대에 교회를 이끌 만하며 특히 유력한 회계사 자격을 가진 박사(Ph. D.) 출신이기에 앞으로 교회 재정 문제를 잘 다룰 것으로 믿어 다음 주일에 설교를 초청했음.

다음 주일 가룟 유다 목사님의 설교를 기대하시기 바랍니다. 이상으로 담임목사 청빙 보고를 마칩니다.

목사에 대한 기대가 너무나 크고 때로는 비성경적인 기준을 가지고 잘못 평가할 수 있다는 것을 보여주는 유머입니다. 목회자에 대한 성도의 이해와 협력은 교회를 건강하게 하는데 매우 중요합니다. 그런데 교회에 주님께서 선물로 주신 것이 있다고 말씀합니다.

우리 각 사람에게 그리스도의 선물의 분량대로 은혜를 주셨나니

_에베소서 4:7

우리 각 사람, 즉 교회의 모든 성도에게 그리스도께서 선물의 분량대로 은혜를 주셨습니다. 이 은혜는 은사를 말합니다. 은사(恩賜)의 일반적 의미는 '왕이 준 선물', 성경에서는 '만왕의 왕이신 예수님께서 우리에게 주신 선물'입니다. 그것은 재능 또는 직분을 말합니다. 이 은사를 주실 때 분량대로 주셨다고 하는데, 한국어로 분량(分量)은 '무게의 정도'를 말합니다. 헬라어로는 메트론(μέτρον)이라고 하는데 이것은 분량, 크기, 무게, 적합함(proper)을 뜻합니다. 여기서 분량은 적합함으로 해석하면 좋겠습니다. 하나님께서 우리에게 은사(재능, 직분)를 주실 때 우리가 가진 기질과 능력을 아시고, 그에게 적합한 은사를 주시는 것입니다. 그것이 분량대로 주셨다는 뜻입니다.

그러므로 이르기를 그가 위로 올라가실 때에 사로잡혔던 자들을 사로잡으시고 사람들에게 선물을 주셨다 하였도다_에베소서 4:8

이 말씀은 시편 68편 18절을 인용한 것입니다. 그 내용은 전쟁에서 승리한 왕이 백성들에게 선물, 즉 은사를 나누어 주는 것을 표현한 것입니다. 여기서 바울은 시편 68편 18절을 인용하면서 예수님께서 마귀와의 전쟁을 십자가와 부활로 승리하시고 하늘로 올라가시면서 그 백성들에게 선물, 즉 은사를 주셨다고 말합니다. 은사는 재능이나 직분을 말합니다. 8절에 사로잡혔던 자를 사로잡았다는 것은 악한 영들을 사로잡으셨다는 말입

니다. 그 악한 영들을 포로 삼으신 것은 악한 영들과의 싸움에서 이기셨다는 말씀입니다.[66] 그다음 구절은 그분이 승천하시기 전에 지옥을 방문한 것을 말씀합니다.

> 올라가셨다 하였은즉 땅 아래 낮은 곳으로 내리셨던 것이 아니면 무엇이
> 냐_에베소서 4:9

이에 대하여 찰스 스윈돌 박사는 이렇게 말합니다.

> 그리스도께서 죽으시고 난 후 부활하시기 전에 '스올'이나 '하데스'로 알려진 영적 세계로 내려가셨다는 견해는 아주 오래되었을 뿐 아니라, 교회사에 지속되어 왔다. 사실 전 세계적으로 무수히 많은 교회들에서 고백되는 사도신경에서도 그리스도께서 '십자가에 못 박혀 죽으시고 장사 되시어 지옥에 내려가신(he descended into hell)'이라고 되어 있다(우리말 번역에는 빠져 있지만, 베드로전서 3장 19절에는 나옴).[67]

예수님께서 왜 지옥에 내려가셨습니까? 아놀드 박사는 이렇게 말합니다.

> 나는 지옥에 내려가셔서 반역한 마귀의 권세에 대한 승리의 메시지를 선포하신 것을 의미한다고 주장하는 셀윈(Selwyn)의 견해를 따른다.[68]

---

66 Arnold, 『존더반 신약주석 강해로 푸는 에베소서』, p. 255.

67 Charles R. Swindoll, 『찰스 스윈돌 신약 인사이트 주석 시리즈 갈라디아서, 에베소서』, p. 286.

68 Arnold, 『존더반 신약주석 강해로 푸는 에베소서』, pp. 258-259.

예수님께서 지옥에 내려가신 것은 악한 영들에게 승리의 메시지를 선포하기 위해서입니다.

> 내리셨던 그가 곧 모든 하늘 위에 오르신 자니 이는 만물을 충만하게 하
> 려 하심이라_에베소서 4:10

지옥에서 승리를 선포하시고, 부활하신 예수님께서 하늘로 승천하셨습니다. 그곳에서 만물을 충만케 하시는 일을 하시려고 승천하셨습니다. 그리고 그 만물을 충만케 하시는 일은 에베소서 1장 23절 말씀처럼 그분의 몸 된 교회를 통하여 하십니다. 그 충만은 이웃에 대한 사랑과 섬김, 복음 전파, 나아가 사회의 시스템과 문화를 변혁하여 하나님의 통치가 세상 구석구석에 미치게 하는 것입니다.

> 교회는 그의 몸이니 만물 안에서 만물을 충만하게 하시는 이의 충만함이
> 니라_에베소서 1:23

이 만물을 충만케 하는 사명을 교회가 감당하기 위해서는 교회가 교회답게 훈련되고 건강하게 성장해야 합니다. 교회를 훈련하고 건강하게 만들기 위해서 교회에 주신 직분이 있다고 사도 바울은 말합니다.

> 그가 어떤 사람은 사도로, 어떤 사람은 선지자로, 어떤 사람은 복음 전하
> 는 자로, 어떤 사람은 목사와 교사로 삼으셨으니_에베소서 4:11

사도와 선지자는 교회의 터라고 에베소서 2장 20절에서 배웠습니다. 그들이 기록한 성경과 그들의 사역은 교회의 터가 되었습니다. 그들은 사도 시대까지만 존재했던 교회의 창설 직분이었습니다. 그래서 F. F. 브루스 박사는 다음과 같이 말합니다.

교회의 직분으로서의 사도는 사도 시대를 넘어 영속되지 않았다. ……
그러나 다른 직분들, 전도자와 목사의 직분은 명백히 계속되었다.[69]

전도자는 지역 교회를 담임하지 않고 전도에 집중하는 목회자를 말합니다. 빌리 그래함, 프랭클린 그래함 같은 분을 말합니다. 그다음에 목사와 교사가 나옵니다. 원문에는 목자(牧者)들과 교사(敎師)들입니다. 그리고 정관사 하나에 목자(牧者)들이라는 명사와 교사(敎師)들이라는 명사가 같이 연결되어 있습니다. 이럴 때는 목자(牧者)인 동시에 교사(敎師)를 뜻합니다. 즉 한 직분의 두 가지 측면을 말합니다. 다음을 보면, 다른 직분 즉 사도들, 선지자들, 전도자들(헬라어 성경에 모두 복수명사)이란 명사 앞에 정관사가 하나씩 붙어 있습니다. 그러나 목사들과 교사들이라는 명사는 하나의 관사에 두 개의 명사가 연결되어 있습니다.

정관사(투스, τοὺς) 사도들(아포스톨루스, ἀποστόλους)
정관사(투스, τοὺς) 선지자들(프로페타스, προφήτας)

---

69 Bruce, *NICNT: The Epistles to the Colossians to Philemon and to the Ephesians*, pp. 346-347. The apostles, as order of ministry in the church, were not perpetuated beyond the apostolic age, ⋯ but continued to be performed by others - notably by the evangelists and the pastors and teachers.

정관사(투스, τοὺς) 전도자들(유앙겔리스타스, εὐαγγελιστάς)

정관사(투스, τοὺς) 목자들(포이메나스, ποιμένας) 그리고(카이, καὶ)

교사들(디다스칼루스, διδασκάλους)

목자(牧者) + 교사(教師) = 목사(牧師)

헬라어 문법에 샤프의 법칙(Granville Sharp's Rule)이 있습니다.

기본적으로 샤프의 법칙은 고유명사가 아닌 두 개의 명사가 '그리고'로 연결되고 첫 번째 명사에만 정관사가 있을 때, 두 명사는 동일한 사람에 대해 언급하고 있는 것이다.[70]

그러므로 목자와 교사라는 말은 하나의 인물을 가리킵니다. 즉, 목사를 가리킵니다. 이에 대해 F. F. 브루스 박사는 이렇게 말합니다.

가르치는 것은 목회 사역에 필수적인 것이다. 그러므로 두 단어 '목자와 교사'는 사역의 한 직분을 가리키는 것으로 함께 연결해야만 한다는 것이 옳다.[71]

---

70 https://www.theopedia.com/granville-sharps-rule Basically, Granville Sharp's rule states that when you have two nouns, which are not proper names, and the two nouns are connected by the word 'and,' and the first noun has the article ('the') while the second does not, both nouns are referring to the same person.

71 Bruce, *NICNT: The Epistles to the Colossians to Philemon and to the Ephesians*, p. 348. Teaching is an essential part of the pastoral ministry; it is appropriate, therefore, that the two terms, 'pastors and teachers' should be joined together to denote one order of ministry.

그러므로 본문의 목사와 교사는 목사로 해석하면 됩니다. 사도와 선지자는 초대 교회 한시적 창설 직분이고, 지금은 전도자와 목사만 남아 있습니다.

1. 성도를 훈련 시키려고 목회자를 주셨다

목회자를 주신 목적은 성도들을 사랑으로 돌보고 심방하는 것도 분명히 있습니다. 그러나 매우 중요한 목적이 하나 더 있습니다. 그것은 성도들을 영적으로 훈련하려고 주셨습니다.

> 이는 성도를 온전하게 하여 봉사의 일을 하게 하며 그리스도의 몸을 세우
> 려 하심이라_에베소서 4:12

"온전하게 하여"라는 단어가 아주 중요합니다. 온전하다는 헬라어는 크게 두 가지가 있습니다. 텔레이오스(τέλειος)와 카타르티스모스(καταρτισμός)입니다. 텔레이오스는 성장하다, 성숙하다, 완전하다는 뜻입니다. 주로 성숙의 의미로 사용됩니다. 카타르티스모스의 뜻은 다음과 같습니다.

> 온전(카타르티스모스, καταρτισμός): ① 뼈를 맞추는 것(setting of a bone), ②
> 준비(preparation), ③ 회복(restoration), ④ 능력, 자질, 무장(equipment), ⑤
> 훈련(training)[72]

---

72 Bauer, *A Greek-English Lexicon of the New Testament*, p. 418.

목회자가 성도를 온전하게 하는 것은 이 다섯 가지를 다 하는 것입니다. 뼈가 부러진 사람을 치료하듯 마음이 상한 성도를 회복시키고, 봉사할 수 있는 준비를 시키는데 능력, 자질, 무장을 시킵니다. 그것이 곧 신앙의 훈련입니다. 이 다섯 가지는 두 가지로 요약할 수 있습니다. 바로 '회복과 훈련'입니다. 요즘 교회는 회복에만 초점을 맞추는 경향이 있습니다. 회복도 필요하지만, 무엇보다 훈련이 필요합니다.

상한 인생, 상한 마음을 치유하는 회복이 필요합니다. 동시에 그리스도의 몸의 한 파트(지체)로서 내 역할을 잘하는 성도로 훈련하는 것이 필요합니다. 먼저는 그리스도를 닮아 성장하도록 훈련하는 것이 필요합니다. 내면세계가 주님의 성품을 닮도록 훈련하는 것입니다. 나아가 그에게 주신 재능 곧 은사를 따라 교회를 섬기는 훈련을 해야 합니다.

훈련의 내용에는 기도하고, 성경 읽는 삶, 그리고 성령께서 주시는 감동에 따라 순종하는 것이 들어갑니다. 그러면 자연스럽게 예수님을 닮아가게 됩니다. 아울러 내게 주신 재능(은사)이 계발되어 주님을 잘 섬기게 됩니다. 훈련을 받다 보면, 성령님의 충만한 은혜를 받게 됩니다. 내가 먼저 성령 충만해지는 것입니다. 그런 성도는 다른 성도를 충만케 할 수 있습니다. 더 나아가 교회 밖의 사람들에게 사랑과 복음, 그리고 사회 변혁으로 충만케 할 수 있습니다.

교회를 회복하고 훈련 시키기 위해 목회자를 주셨다는 것을 꼭 기억하시길 바랍니다. 목회자들을 성도들의 마음을 어루만져 회복시키는 종들로만 보지 말고 훈련을 시키는 주님의 종들로, 즉 신앙 훈련의 교관으로도 보시길 바랍니다. 그래야 주님이 꿈꾸신 그 교회가 될 수 있습니다.

2. 성도를 봉사하게 하려고 목회자를 주셨다

11절에 목회자를 주셨다는 말씀을 하시고, 이어서 12절에 목회자를 주신 이유를 말씀합니다. 목회자를 통하여 신앙 훈련을 받은 성도는 만물을 충만케 하는 궁극적 목표를 이루는 과정으로 교회 안에서 봉사해야 합니다.

> 이는 성도를 온전하게 하여 봉사의 일을 하게 하며 그리스도의 몸을 세우
> 려 하심이라_에베소서 4:12

"성도를 온전하게 하여"는 '성도를 회복시키고 훈련하여'라는 뜻입니다. 그 목적은 무엇입니까? 바로 봉사하게 하려는 것입니다. 교회의 봉사는 어떤 특정한 사람의 일이 아니라 모든 성도의 일입니다. 성도 한 사람 한 사람이 그리스도의 몸인 교회의 한 부분이기 때문입니다. 주님이 꿈꾸신 그 교회는 모든 성도가 봉사하는 교회입니다. 하나님이 주신 은사, 곧 재능을 따라 봉사하는 교회입니다.

'은사'는 헬라어로 카리스마(χάρισμα)인데 그 뜻은 만왕의 왕이신 하나님이 주신 선물, 재능입니다. 은사는 우리가 공로로 얻은 것이 아니라 은혜로 얻은 것입니다. '은혜'는 헬라어로 카리스(χάρις)입니다. 그 뜻은 자격 없는 자에게 거저 주신 선물입니다. 은사는 하나님께서 우리에게 은혜로 주신 것입니다. 은사대로 봉사할 때 기쁨이 생깁니다. '기쁨'은 헬라어로 카라(χαρά)입니다. 은사대로 봉사하면 반드시 진정한 기쁨을 주십니다. 앞의 모든 단어의 어원은 카르(χαρ)입니다. 이것은 이렇게 연결됩니다. "은혜(카리스, χάρις)로 받은 은사(카리스마, χάρισμα)대로 봉사하면 반드시 기쁨(카라, χαρά)이 옵니다."

스윈돌 박사의 멘토인 하워드 핸드릭스 박사는 교회가 봉사하지 않는 것에 대해서 다음과 같이 말합니다.

> 교회는 풋볼 시합과 아주 비슷하다. 휴식이 절실히 필요한 사람 22명이 경기장에서 뛰는 모습을, 운동이 절실히 필요한 사람 5만 명이 관중석에서 구경하고 있다.[73]

교회는 교역자들과 직원 그리고 소수의 몇 사람이 뛰는 풋볼이나 야구 경기가 아닙니다. 우리 모두 함께 뛰어야만 살 수 있는 그리스도의 몸입니다. 목회자를 주신 목적은 성도들을 온전하게 하는 것, 즉 회복과 훈련 시켜서 봉사하게 만드는 것입니다.

3. 그리스도의 몸을 세우게 하려고 목회자를 주셨다

목회자를 주신 이유는 성도들을 회복하고 훈련 시켜서 봉사하게 하는 것입니다. 그리고 그것은 그리스도의 몸, 즉 교회를 세우는 일입니다. 그렇게 세워진 교회는 에베소서 1장 23절의 교회의 사명을 따라 만물을 충만케 할 수 있습니다.

> 이는 성도를 온전하게 하여 봉사의 일을 하게 하며 그리스도의 몸을 세우려 하심이라_에베소서 4:12

---

73 Charles R. Swindoll, 『찰스 스윈돌 신약 인사이트 주석 시리즈 갈라디아서, 에베소서』, p. 293.

주님의 몸 된 교회가 더욱 건강하게 세워지는 것이 우리 모두의 목표가 되길 바랍니다. 봉사하면서 내 이름, 내 명예를 내지 말고 오로지 주님의 교회만 건강하게 세워가길 바랍니다. 머리 되신 주님만이 영광 받고, 주님의 뜻이 이뤄지길 바랍니다. 옥한흠 목사님의 『사역훈련』 교재를 보면 하나님을 영화롭게 하는 교회, 건강한 교회는 세 가지가 있는 교회라고 합니다.

① 하나님을 위해서는 예배하는 교회
② 교회 자체를 위해서는 훈련받는 교회
③ 세상을 위해서는 증거하는 교회[74]

신앙 훈련을 받아 건강한 교회가 되는 것은 곧 하나님께 영광 돌리는 일입니다. 그러므로 교회가 훈련받는 것은 매우 중요합니다. 이 훈련을 위해서 하나님께서는 교회에 목회자를 주셨습니다. 성도들은 목회자를 통해 훈련받는 것을 당연하게 받아들여야 합니다. 그것이 주님이 꿈꾸신 교회이기 때문입니다.

---

74 옥한흠, 『사역훈련 II: 교회와 평신도의 자아상』 (서울: 도서출판 국제제자훈련원, 2011), pp. 23-50.

나눔을 위한 질문

8장은 교회에 목회자를 주신 이유에 대한 말씀입니다. 주님이 교회에 목회자를 주신 이유를 바로 알 때, 교회의 사역을 더 잘 이해하고 목회자와 동역할 수 있습니다.

1. 교회에 목회자를 주신 이유는 무엇입니까?

2. '온전케 한다'는 헬라어는 어떤 뜻입니까?

3. 목회자를 통하여 교회를 훈련 시키는 목적은 무엇입니까?

4. 훈련받은 교회인 성도는 교회 안과 밖에서 어떤 일을 해야 합니까?

5. 당신이 지금 목회자를 통해 받아야 하는 훈련은 무엇입니까?

9장

교회의
성장은
그리스도를
닮는 것_에베소서 4:13~32

강론

강론

강론

가정예배

에베소서 4:13~32

13 우리가 다 하나님의 아들을 믿는 것과 아는 일에 하나가 되어 온전한 사람을 이루어 그리스도의 장성한 분량이 충만한 데까지 이르리니 14 이는 우리가 이제부터 어린 아이가 되지 아니하여 사람의 속임수와 간사한 유혹에 빠져 온갖 교훈의 풍조에 밀려 요동하지 않게 하려 함이라 15 오직 사랑 안에서 참된 것을 하여 범사에 그에게까지 자랄지라 그는 머리니 곧 그리스도라 16 그에게서 온 몸이 각 마디를 통하여 도움을 받음으로 연결되고 결합되어 각 지체의 분량대로 역사하여 그 몸을 자라게 하며 사랑 안에서 스스로 세우느니라 17 그러므로 내가 이것을 말하며 주 안에서 증언하노니 이제부터 너희는 이방인이 그 마음의 허망한 것으로 행함 같이 행하지 말라 18 그들의 총명이 어두워지고 그들 가운데 있는 무지함과 그들의 마음이 굳어짐으로 말미암아 하나님의 생명에서 떠나 있도다 19 그들이 감각 없는 자가 되어 자신을 방탕에 방임하여 모든 더러운 것을 욕심으로 행하되 20 오직 너희는 그리스도를 그같이 배우지 아니하였느니라 21 진리가 예수 안에 있는 것 같이 너희가 참으로 그에게서 듣고 또한 그 안에서 가르침을 받았을진대 22 너희는 유혹의 욕심을 따라 썩어져 가는 구습을 따르는 옛 사람을 벗어 버리고 23 오직 너희의 심령이 새롭게 되어 24 하나님을 따라 의와 진리의 거룩함으로 지으심을 받은 새 사람을 입으라 25 그런즉 거짓을 버리고 각각 그 이웃과 더불어 참된 것을 말하라 이는 우리가 서로 지체가 됨이라 26 분을 내어도 죄를 짓지 말며 해가 지도록 분을 품지 말고 27 마귀에게 틈을 주지 말라 28 도둑질하는 자는 다시 도둑질하지 말고 돌이켜 가난한 자에게 구제할 수 있도록 자기 손으로 수고하여 선한 일을 하라 29 무릇 더러운 말은 너희 입 밖에도 내지 말고 오직 덕을 세우는 데 소용되는 대로 선한 말을 하여 듣는 자들에게 은혜를 끼치게 하라 30 하나님의 성령을 근심하게 하지 말라 그 안에서 너희가 구원의 날까지 인치심을 받았느니라 31 너희는 모든 악독과 노함과 분냄과 떠드는 것과 비방하는 것을 모든 악의와 함께 버리고 32 서로 친절하게 하며 불쌍히 여기며 서로 용서하기를 하나님이 그리스도 안에서 너희를 용서하심과 같이 하라

8장에서는 교회에 목회자를 주신 이유에 대해 살펴보았습니다. 9장에서는 교회의 성장은 그리스도를 닮는 것에 대해 알아보고자 합니다.

9장의 본문은 에베소서에서 아주 중요합니다. 에베소서 4장 13~15절을 기점으로, 그 후의 에베소서의 내용은 교회인 성도의 신앙 성장에 대해 말씀합니다. 따라서 9장부터 18장까지는 교회의 성장이라는 측면에서 살펴보고자 합니다.

1. 교회의 성장은 공동체적이다

우리는 신앙의 성장을 개인의 일로 생각하기 쉽습니다. 그러나 에베소서는 우리의 신앙의 성장이 공동체적이라고 합니다. 왜냐하면 우리는 그리스도의 몸 안에서 성장하는 것이기 때문입니다. 팔다리가 몸에서 떨어져 나가 혼자 독립해서 성장하는 것을 본 적이 있습니까? 그런 일은 일어나지 않습니다. 성도도 그리스도 몸의 지체이기 때문에 여러 지체와 함께, 즉 그리스도의 몸과 함께 성장합니다. 그래서 교회의 성장은 공동체적입니다.

여기서 무교회주의가 잘못된 것을 확인할 수 있습니다. 교회 공동체가 필요 없다고 하는 무교회주의는 사도 바울의 교회론인 교회가 그리스도의 몸이라는 가르침과는 완전히 반대됩니다. 물론 지상의 교회는 문제점을 많이 안고 있습니다. 그럼에도 불구하고 믿음의 성장은 교회 공동체 안에서 이루어집니다. 여기서 갈등과 긴장을 겪으면서 우리는 서로의 부족함에 대해 훈련받고 함께 성장해 가는 것입니다.

> 우리가 다 하나님의 아들을 믿는 것과 아는 일에 하나가 되어 온전한 사람을 이루어 그리스도의 장성한 분량이 충만한 데까지 이르리니
> _에베소서 4:13

이 말씀이 교회의 성장이 공동체적임을 분명하게 보여줍니다. 교회는 그리스도의 몸이기 때문입니다. 온전한 사람을 이룬다고 할 때, 온전(穩全)이란 단어는 헬라어로 텔레이오스(τέλειος)입니다. 성장, 성숙의 뜻입니다. 한자로는 평안하다, 안정되다. 확실하다는 뜻의 온(穩)과 온전하다, 갖추어지다, 흠이 없다는 뜻의 전(全)을 사용합니다. 온전의 뜻은 '본바탕이 고스란히 있음'입니다. 온전한 사람은 본바탕이 고스란히 있는 사람입니다. 하나님께서 창조하신 본바탕이 그대로 있는 사람이란 뜻입니다. 사실 우리는 죄로 인해서 본바탕이 망가져 있습니다. 그것이 회복되는 것이 바로 성장, 성숙입니다. 그래서 온전한 사람은 헬라어로, 안드라 텔레이온(ἄνδρα τέλειον, 주격은 텔레이오스 τέλειος, 목적격은 텔레이온 τέλειον)인데 성숙한 사람입니다. 영어로도 성숙한 사람(mature man)입니다. 여기 온전한 사람은 14절의 어린아이와 대조되는 말입니다. 이것은 믿음이 성장, 성숙했다는 것입니다.

우리가 그를 전파하여 각 사람을 권하고 모든 지혜로 각 사람을 가르침은 각 사람을 그리스도 안에서 완전한 자로 세우려 함이니_골로새서 1:28

여기 "완전한 자"는 에베소서 4장 13절의 "온전한 사람"에서 '온전'과 똑같은 헬라어 '텔레이온'이 사용되었습니다. 복음서에는 제자라는 말이 많이 나오지만 서신서에는 제자라는 말 대신에 온전한 자, 완전한 자가 많이 나옵니다. 옥한흠 목사님은 제자는 곧 성장하고 성숙하는 사람이기에 서신서에 제자를 온전한 자 혹은 완전한 자로 표현했다고 했습니다. 결국 제자는 성장하고 성숙하는 사람입니다. 그러면 어떻게 성장하고 성숙할까요? 에베소서 4장 13절의 말씀처럼 '하나님의 아들을 믿는 것과 아는 일에 하나가 되는 것'을 통해서입니다. 하나님의 아들을 믿는 것은 하나님의 아들이신 예수님을 구주로 믿는 것을 말합니다. 예수님을 구주로 믿는다는 것은 마태복음 16장 16절을 생각나게 합니다.

시몬 베드로가 대답하여 이르되 주는 그리스도시요 살아 계신 하나님의 아들이시니이다_마태복음 16:16

주님을 그리스도(χριστός), 즉 구원자로 믿는 것입니다. 또한 주님을 하나님의 아들로 믿는 것입니다. 이 말은 예수님이 바로 신성을 가지신 하나님이심을 믿는 것입니다.[75]

---

75 예수님의 구원자 되심과 신성을 믿는다는 것은 아래 내용을 믿는다는 것이다. 1) 삼위일체 하나님 2) 예수님의 완전한 신성과 완전한 인성 3) 동정녀 탄생 4) 우리의 죗값을 치르신 그리스도의 대속적 죽음 5) 그분의 기적적인 몸의 부활 6) 재림의 약속 7) 오직 그리스도 안에서 오직 믿음으로 말미암아 오직 은혜로 받는 구원 8) 성경의 영감과 무오성이다. Charles R. Swindoll, 『찰스 스윈돌 신약 인사이트 주석 시리즈 갈라디아서, 에베소서』, p. 294.

신성을 가지신 예수님을 구주로 믿은 다음에 중요한 것은 예수님을 알아가는 것입니다. 여기서 알아간다는 것은 인격적으로 알아가는 것입니다. 일반적으로 인격적이란 성품이 좋다는 뜻입니다. 그러나 신학에서 인격적이란 지식과 감정과 의지를 가진 존재를 말합니다. 그러므로 인격적으로 하나님을 알아간다는 것은 지식적으로는 성경을 읽고 배우면서 아는 것입니다. 감정적으로는 지식적으로 안 성경 말씀을 묵상하고 기도하며 찬송하면서 하나님을 알아가는 것입니다. 이런 과정을 거치면 반드시 하나님을 향한 감사와 사랑의 감정이 생깁니다. 그것이 감정적으로 하나님을 아는 것입니다. 의지적으로는 지식적으로 아는 것과 감정적으로 아는 것을 통해 받은 하나님의 감동에 순종하는 것입니다. 이렇게 인격적으로 하나님을 알아가는 것이 예수님을 구주로 믿고 난 다음에 매우 중요합니다. 그것이 없다면 우리는 형식적인 성도가 됩니다. 매일 지식적, 감정적, 의지적으로 하나님을 알아가는 일이 있을 때 비로소 우리는 하나님과 교제하고 동행하는 성도의 삶을 살게 됩니다.

이 일, 즉 하나님을 믿고 아는 일에 모두가 하나가 되어야 그리스도의 몸인 교회가 주님이 꿈꾸신 방향으로 성장합니다. 그렇게 주님을 알아가도록 목회자가 돕고 성도가 서로 도와야 합니다. 소그룹 리더와 멤버가 서로 돕고, 대학·청년부 멤버들이 서로 돕고, 주일학교 선생님이 제자들을 돕는 것입니다. 그럴 때 우리는 성장하고 성숙하는 주님이 꿈꾸시는 교회가 될 것입니다. 이렇게 서로 도와 함께 성장하는 것을 16절에서 말씀합니다.

그에게서 온몸이 각 마디를 통하여 도움을 받음으로 연결되고 **결합 되어** 각 지체의 분량대로 역사하여 그 **몸을** 자라게 하며 사랑 안에서 스스로 세우느니라_에베소서 4:16

"그에게서 온몸이 각 마디를 통하여 도움을 받음으로 연결되고"에서 '그'는 예수님을 가리킵니다. 예수님을 믿고 알면서 받은 은혜를 가지고 온몸이 서로서로 도움을 받음으로 연결되고 결합됩니다. 그리고 "각 지체의 분량대로 역사하여"는 '각자 받은 은사대로 일하여'라는 뜻입니다. 즉, 하나님께서 주신 재능을 따라 일해서 자라게 하는 것입니다. 목회자와 성도, 소그룹 리더와 멤버, 교사와 제자가 상호작용을 하는 곳이 교회입니다. 받은 은사, 재능, 능력에 따라 서로 돕는 것입니다. 그 결과, 함께 자라게 됩니다. 이렇게 교회는 공동체로서 성장합니다.

2. 교회의 성장 목표는 예수님을 닮는 것이다

공동체로서 교회의 성장 목표는 예수님을 닮는 것입니다. 숫자적으로 교회가 성장하는 것은 이차적인 것입니다. 가장 중요한 것은 교회의 모든 성도들이 예수님을 닮아가는 것입니다.

> 우리가 다 하나님의 아들을 믿는 것과 아는 일에 하나가 되어 온전한 사
> 람을 이루어 그리스도의 장성한 분량이 충만한 데까지 이르리니
>
> _에베소서 4:13

하나님의 아들을 믿고 알게 되면 자연스럽게 예수님을 닮고 싶은 감동이 생깁니다. 신앙생활을 하면서 예수님을 닮고 싶은 열정이 생기지 않는다면, 그것은 예수님을 믿지 않거나 믿어도 예수님과 교제하지 않기 때문입니다. 예배를 제대로 드리지 않거나 성경 읽고 기도하며 찬송하고 순종하

는 주님을 알아가는 삶이 빈약하기 때문입니다. 회집 인원은 많은데 예수님을 닮아가는 사람이 적다면, 그 교회는 진짜 성장하는 교회가 아닙니다. 진정하게 성장하지 않고 몸집만 크면 스모 선수 같게 됩니다. 스모, 즉 일본 씨름 선수는 과체중으로 여러 가지 병을 앓다가 단명하게 된다고 합니다. 평균 수명이 58세 정도라고 합니다. 몸이 크다고 건강한 것이 아니라 균형 잡혀 성장하는 몸이 건강합니다.

교회의 성장은 숫자적인 성장보다 예수님을 닮는 성장과 성숙이 중요합니다. 예수님을 오래 믿었지만 예수님을 닮지 않은 성도, 그분은 진정으로 성장한 성도, 성숙한 성도가 아닙니다. 우리는 서로를 도와 성장하고 성숙하게 해야 합니다. 교회의 소그룹에서 세상의 얘기보다 예수님을 닮는 얘기를 해야 합니다. 젊은이들의 소그룹이나 가정에서 어떻게 하면 예수님을 닮을 수 있을 것인가? 그것이 나눔의 중심이 되어야 합니다. 그럴 때 우리는 함께 성장하고 성숙하는, 주님이 꿈꾸시는 교회가 될 것입니다.

> 오직 사랑 안에서 참된 것을 하여 범사에 그에게까지 자랄지라 그는 머리니 곧 그리스도라_에베소서 4:15

"참된 것을 하여"는 헬라어로 알레튜오(ἀληθεύω)입니다. 알레튜오의 뜻은 '진리를 말하다(tell the truth)'입니다. 영어 성경 NASB에도 "speaking the truth(진리를 말하여)"라고 되어있습니다. 예배 때마나, 모임 때마다 진리를 고백함으로 성도는 성장합니다. 그 당시에 에베소 지역에는 이단이 많았습니다. 바른 진리를 공 예배와 소모임 때 고백하는 것은 그들을 이단으로부터 지켜주었습니다. 모일 때마다 바른 진리를 믿고 함께 나눌 수 있어야 교회의 건강한 성장이 일어납니다. 그리스도에게까지 자라나게 됩니다.

3. 교회의 성장의 유익은 흔들리지 않는 신앙생활이다

어릴 때는 아이들이 자주 아프기도 하지만, 자라면 사라지는 경우가 많습니다. 이처럼 믿음이 성장하면 건강하고 흔들리지 않는 신앙생활을 하게 됩니다.

> 이는 우리가 이제부터 어린 아이가 되지 아니하여 사람의 속임수와 간사한 유혹에 빠져 온갖 교훈(doctrine)의 풍조(wind)에 밀려 요동하지 않게 하려 함이라_에베소서 4:14

우리가 범사에 그리스도를 닮아가면, 신앙적으로 어린아이가 되지 않습니다. 즉 성장하게 됩니다. 어린아이는 순진해서 속임수와 유혹에 넘어갑니다. 성장한 성인은 순진하지 않기에 속임수와 간사한 유혹에 넘어가지 않습니다. 이처럼 성장하고 성숙한 성도는 이단의 속임수와 유혹에 빠지지 않습니다. 온갖 교훈에서 "교훈"은 교리(doctrine), 즉 이단의 교리를 말합니다. "풍조(風潮, wind)"는 시대의 흐름이나 바람을 말합니다. 시대마다 이단은 새로운 흐름과 바람을 일으킵니다. 그러나 그것은 거짓된 교리입니다. 그 거짓된 교리로 사람을 속이고 유혹합니다. 그것을 이기는 것은 그리스도를 믿고 알아가며 그리스도를 닮아가는 성장입니다. 찰스 스윈돌 박사는 본문을 다음과 같이 해석했습니다.

> 바울은 교회들에게 거짓 교사들을 조심하라고 자주 경고했다. …… AD 58년경에 그는 에베소의 장로들에게 양 떼를 미혹하는 교활한 이단들에 대해 처음으로 경고했다(사도행전 20:26~31). 여기 에베소서 4장 14절에서도 바울은 그들에게 거짓 가르침에 대해 주의를 주었다. 몇 년 후 그는 에

베소교회의 지도자인 디모데에게 거짓 교리를 단호히 배격할 것을 더욱 강하게 권고했다(디모데전서 1:3~6, 4:1~2, 6:20~21).[76]

주님에 대한 바른 교리를 믿고 개인적으로 주님과 교제를 통해 알아가면, 어떤 이단이 몰려와도 흔들리지 않습니다. 바른 진리를 믿는 것과 동시에 교회에 필요한 것은 사랑입니다.

그에게서 온 몸이 각 마디를 통하여 도움을 받음으로 연결되고 결합되어 각 지체의 분량대로 역사하여 그 몸을 자라게 하며 사랑 안에서 스스로 세우느니라_에베소서 4:16

진리를 강조하다 보면 사랑이 약화될 수 있습니다. 진리와 사랑은 같이 가야 합니다. 진리를 믿음으로 확신하고 주님을 바로 섬기며 이단을 물리칠 뿐 아니라 사랑으로 교회를 섬겨야 합니다. 사랑으로 섬기지 않으면 교회가 세워지지 않습니다.

이 교회 위하여 눈물과 기도로
내 생명 다하기까지 늘 봉사합니다[77]

교회에 대한 이런 사랑이 있어야 합니다.

---

76 Charles R. Swindoll, 『찰스 스윈돌 신약 인사이트 주석 시리즈 갈라디아서, 에베소서』, p. 295.
77 찬송가 208장 〈내 주의 나라와〉 中.

우리에겐 소원이 하나 있네 주님 다시 오실 때까지

우리 가슴에 새긴 주의 십자가 사랑 나의 교회를 사랑케 하네

주의 교회를 향한 우리 마음 희생과 포기와 가난과 고난

하물며 죽음조차 우릴 막을 수 없네

우리 교회는 이 땅의 희망,

교회를 교회 되게 예뻘 예배 되게 우리 사용하소서

진정한 부흥의 날 오늘 임하도록 우릴 사용하소서[78]

이렇게 서로 사랑으로 섬기는 교회를 세워가면, 우리가 섬기는 교회는 어떤 이단에도 흔들리지 않는 교회가 될 것입니다.

오직 너희는 그리스도를 그같이 배우지 아니하였느니라_에베소서 4:20

4. 교회의 성장은 옛 사람을 벗어버리는 것이다

그리스도를 배운다는 것, 그래서 신앙이 성장한다는 것은 옛 사람을 벗어버리는 것입니다.

너희는 유혹의 욕심을 따라 썩어져 가는 구습을 따르는 옛 사람을 벗어버리고_에베소서 4:22

---

78 〈우릴 사용하소서〉 中.

옛 사람은 죄로 오염되어 타락한 사람의 상태, 성화 되기 이전의 상태를 말합니다. 옛 사람을 벗어버린다는 것은 그런 상태를 벗어버리는 것을 말합니다. 옛 사람은 다음과 같은 특징을 가지고 있습니다. 첫째는 유혹의 욕심을 따라 삽니다. 마귀가 유혹하는 대로 순응하여 욕심대로 삽니다. 둘째는 썩어져 가는 구습, 즉 예수님을 믿기 전 상태인 부패한 성품과 습관대로 삽니다. 썩어져 간다는 말은 헬라어로 프데이로(φθείρω)인데 파괴하다, 타락하다, 썩는다는 뜻입니다. 그러므로 썩어져 가는 구습은 우리를 파괴하고 타락시키며 썩게 만드는 성품과 습관을 말합니다. 이렇게 사는 것이 옛 사람으로 사는 것입니다. 우리는 새 사람으로 지음 받은 사람입니다. 그런데 아직도 우리 안에는 옛 사람, 유혹의 욕심, 썩어져 가는, 즉 나를 파괴하고 타락시킬 마귀의 유혹에 빠져 사는 욕심이 있습니다. 그것을 늘 벗어버리는 것이 새롭게 지음 받은 성도의 마땅한 삶입니다.

창조 이전에 선택받은 사람으로서, 그리스도의 값비싼 생명의 대가로 구원받은 성도로서, 성령님의 무조건적 믿음을 주신 은혜로 구원받은 성도로서 더는 옛 사람의 모습을 입고 있으면 안 됩니다. 그 더러운 옷들을 날마다 벗어버려야 합니다. '벗어 버리다'는 헬라어로 아포티데미(ἀποτίθημι)라고 하는데, 그 뜻은 '벗어 버리다 또는 버리다'는 뜻입니다. 옛 사람을 벗어버린다는 말은 옷처럼 내게 친밀하게 붙어 있는 그것을 벗어서 아예 멀리 던져버리는 것입니다. 그래야 새 옷을 입을 수 있습니다. 새 옷은 새 사람을 말합니다. 옛 사람을 빗어 버릴 때 우리의 존재 이유인 하나님을 찬양하는 예배의 삶도 바로 될 수 있습니다. 또 우리의 존재 이유인 만물을 그리스도 안에서 통일하는 삶도, 만물을 충만케 하는 삶도 살 수 있습니다. 옛 사람에 대한 다른 표현이 본문에 나옵니다.

그러므로 내가 이것을 말하며 주 안에서 증언하노니 이제부터 너희는 이
방인이 그 마음의 허망한 것으로 행함 같이 행하지 말라_에베소서 4:17

에베소서 4장 22절에 나오는 "옛 사람"은 17절에서 이방인이 그 마음의
허망한 것으로 행하는 상태를 말합니다. "허망"은 헬라어로 마타이오테스
(ματαιότης, futility)인데 헛된 것, 무익한 것을 말합니다. 무익하고 헛된 마음
을 따라 행하는 이방인처럼 하지 말라는 말씀입니다. 그렇다면, 그 허망한
마음은 어떤 상태를 만듭니까?

그들의 총명이 어두워지고 그들 가운데 있는 무지함과 그들의 마음이 굳
어짐으로 말미암아 하나님의 생명에서 떠나 있도다_에베소서 4:18

이렇게 헛된 마음을 가진 이방인들은 하나님을 알고, 하나님이 주시는 구
원을 알 수 있는 총명이 없습니다. 영적으로 무지해집니다. 마음도 단단하
게 굳어져서 하나님을 받아들이지 않고, 하나님의 말씀도 받아들이지 않
습니다. 그래서 결국 하나님과 연결되지 않는 이방인은 하나님의 생명에서
떠나 있습니다. 그런데 안타까운 것은 예수님을 믿으면서도 하나님의 생명
에서 떠난 것처럼 하나님 주시는 힘을 받지 못하는 성도들이 있습니다. 이
방인처럼 허망한 것에 집중하기 때문입니다. 이렇게 하나님에게서 떠난 인
간은 어떤 삶을 살까요?

그들이 감각 없는 자가 되어 자신을 방탕에 방임하여 모든 더러운 것을
욕심으로 행하되_에베소서 4:19

하나님을 떠난 인간은 "감각 없는 자"가 됩니다. 즉, 죄를 짓고도 죄라고 느끼지 않고 부끄러워하거나 괴로워하지도 않습니다. 이것이 옛 사람의 모습이요, 이방인이 마음의 허망한 것을 따라 행동하는 것입니다. 이 시대에 죄를 지으면서도 그것을 죄라고 느끼지 못하는 사람들이 얼마나 많이 있습니까? 그것이 바로 본문이 말하는 "감각 없는 자가 되어"의 뜻입니다. 또한 "자신을 방탕에 방임"합니다. 방탕(放蕩)은 헬라어로 아셀게이아(ἀσέλγεια, sensuality)라고 하는데 호색, 음란을 의미합니다. 자신을 방탕에 방임한다는 말은 성적인 타락에 빠져버리는 것입니다. 더 나아가 욕심을 내어 모든 더러운 것을 행합니다. 이것이 예수님 믿기 전 이방인의 상태입니다. 그런데 성도 중에도 이방인처럼 사는 사람이 있습니다.

오직 너희는 그리스도를 그같이 배우지 아니하였느니라_에베소서 4:20

"오직"이라는 강조 부사를 씁니다. 구원받은 성도인 에베소 교인들, 당신들은 이방인이지만 하나님을 모르는 이방인처럼 살도록 그리스도를 배우지 않았다고 말합니다. 에베소라는 도시는 성적으로 매우 문란한 도시였습니다. 에베소 항구에서 에베소 도심으로 들어가는 길에는 발 그림이 보도 블록에 새겨져 있습니다. 그 발의 사이즈보다 큰 사람은 창녀촌에 갈 수 있다는 표시였습니다. 그만큼 항구도시 에베소는 성적으로 문란했습니다. 이렇게 타락한 도시에 살던 이방인들이 예수님을 구주로 믿었는데, 그들 중에는 삶이 바뀌지 않아서 여전히 이방인의 구습을 좇고 방탕하게 사는 사람들이 있었습니다. 그래서 바울은 이 말씀을 하고 있는 것입니다.

이것은 비단 에베소교회만의 문제가 아닙니다. 오늘날 교회의 문제이기도

합니다. 성도들만의 문제가 아니라 때로는 목회자의 문제이기도 합니다. 그래서 더욱 깨어 있어야 합니다. 젊은 사람만의 문제가 아니라 나이 든 사람들의 문제이기도 합니다. 최근에 70세가 넘어서도 사회적으로 성적인 문제를 일으킨 사람들이 있었습니다. 모두가 조심해야 합니다. 특히, 권력을 가진 사람은 더 조심해야 합니다. 힘을 가진 사람들은 힘을 가졌기 때문에 위력으로 성적 타락의 범죄를 저지르기가 더 쉽습니다.

진리가 예수 안에 있는 것 같이 너희가 참으로 그에게서 듣고 또한 그 안에서 가르침을 받았을진대_에베소서 4:21

예수님께 듣고 그 안에서 가르침을 받았다면 어떻게 살아야 합니까? 배우는 것으로 끝나지 말고 행동하라고 성경은 말씀합니다.

너희는 유혹의 욕심을 따라 썩어져 가는 구습을 따르는 옛 사람을 벗어버리고_에베소서 4:22

유혹의 욕심, 마귀가 나를 타락시키기 위하여 유혹하는데 그것이 내 안에 욕심으로 나타납니다. 그 욕심을 따라가면 썩어져 갑니다. 즉, 인생이 파괴됩니다. 그런 구습, 옛 습관을 따르는 옛 사람을 벗어버려야 합니다. 나를 썩게 하고 파괴하게 만드는 옛 습관은, 마치 오래되고 더러운 옷처럼 내 몸에 착 달라붙어 있습니다. 이 나쁜 옷이, 이 더러운 옷이 마치 내 몸의 일부처럼 붙어 있습니다. 심한 경우 이 더러운 옷을 더럽다고 느끼지 못합니다. 그것이 19절에 나오는 감각 없는 자가 되었다는 말입니다.

이 책을 읽는 이 시간, 당신에게 이런 더러운 옷이 무엇인지 성령께서 깨우쳐 주시기 바랍니다. 당신의 영적 감각이 살아나 그 더러운 것을 벗어던지는 결단을 할 수 있기를 바랍니다. 그럴 때 우리는 18절에서 말씀하는 하나님의 생명의 풍성함을 누리고, 영적으로 성장하게 됩니다. 주님이 꿈꾸신 교회는 더러운 옷 같은 우리의 습관을 벗어던지는 교회입니다. 오늘 이 시간 과감하게 벗어던지는 결단이 있기를 바랍니다.

5. 교회의 성장은 새 사람을 입는 것이다

새 사람을 입는 것은 어디서부터 출발할까요?

> 오직 너희의 심령이 새롭게 되어_에베소서 4:23

심령이 새롭게 되어야 합니다. "심령(心靈)"은 헬라어로 프뉴마티 투 노오스($\pi\nu\epsilon\acute{\upsilon}\mu\alpha\tau\iota$ $\tauο\tilde{\upsilon}$ $νο\grave{ο}ς$)입니다. 마음의 영(spirit of your mind)을 의미합니다. 즉 사람의 영혼을 가리킵니다. 헬라어의 '마음'이라는 단어는 '영혼'과 동의어로 많이 사용되는데, 여기에서는 '마음 안에 있는 영'이라는 표현으로 사용됩니다. 마음 중에도 하나님과 소통하는 기능에 집중한 표현입니다.

새 사람을 입는 것은 마음에서, 영혼에서 출발합니다. 마음에서 새 사람을 입는 것은 어떻게 하면 될까요? 에베소서 4장 17~19절, 23절과 반대로 생각하고 행동하면 됩니다. 그러면 새 사람을 마음에서부터 입을 수 있습니다. 17절과 반대로 마음의 허망한 것을 생각하지 않는 것입니다. 18절과 반대로 그리스도를 더 알아가는 것입니다. 또 하나님과 하나님의 말씀을 받아들이도록 마음을 부드럽게 하는 것입니다. 19절과 반대로 유혹의 욕심을 마음에서부터 물리쳐야 합니다. 마음에서부터 이런 변화가 일어나는 것이 그리스도를 바르게 배우는 것이고, 신앙이 성장하는 것입니다. 곧 성화가 일어나는 것입니다.

성화는 시작된 영광이다. 영화는 완성된 성화이다(Sanctification is glory begun. Glorification is sanctification completed.). _F. F. 브루스

성화가 성도의 영광의 시작입니다. 그렇다면, 보다 적극적으로 새 사람을 입는 방법은 무엇일까요?

하나님을 따라 의와 진리의 거룩함으로 지으심을 받은 새 사람을 입으라_에베소서 4:24

하나님을 따라야 합니다. 마귀를 따르지 말고, 하나님을 따라야 합니다. 하나님을 가장 잘 보여주신 분이 예수님이시므로, 예수님을 따르라고 말씀합니다. 그렇다면, 하나님을 따른다는 무엇을 말합니까? 의와 진리의 거룩함으로 지으심을 받은 새 사람을 입는 것입니다. "의와 진리의 거룩함"은 헬라어로 디카이오쉬네 카이 호시오테티 테스 알레데이아스(δικαιοσύνη καὶ ὁσιότητι τῆς ἀληθείας)입니다. 그 뜻은 진리의 의와 거룩함, 다시 말하면 진리의 말씀을 따른 의와 거룩함을 말합니다. 세상적인 정의가 아니라 성경이 말하는 정의를 따르는 것입니다. 세상이 말하는 정도의 거룩이 아니라 성경이 말하는 수준의 거룩입니다.

본문의 정의는 관계가 바르게 놓인 상태를 의미합니다. 즉 하나님과 바른 관계, 다른 사람과 바른 관계를 말합니다. 거룩은 죄와의 단절을 말합니다. 우리에게 대신관계와 대인관계가 바로 놓이는 의가 있기를 바랍니다. 동시에 죄와 단절하길 바랍니다. 그것이 새 사람을 입는 것입니다.

> 너희는 이 세대를 본받지 말고 오직 마음을 새롭게 함으로 변화를 받아 하나님의 선하시고 기뻐하시고 온전하신 뜻이 무엇인지 분별하도록 하라_로마서 12:2

이 세대는 헬라어로 아이온(αἰών)입니다. 그 뜻은 이 세상(this world), 이 시대(this age)를 의미합니다. 이 세대를 본받지 말라는 말은 이 세상을 본받지 말고, 오직 마음을 새롭게 함으로 변화를 늘 받아야 된다는 것입니다. 그 변화는 어디서 출발합니까? 하나님의 선하시고 기뻐하시고 온전하신 뜻을 분별하는 데서 출발합니다.

> 이와 같이 너희도 너희 자신을 죄에 대하여는 죽은 자요 그리스도 예수 안에서 하나님을 대하여는 산 자로 여길지어다_로마서 6:11

죄에 대해서는 죽은 자처럼 반응하지 말고, 하나님께 대하여는 산 자로서 반응하는 것입니다. 그리고 적극적으로는 하나님의 형상, 성품을 닮아가는 것입니다.

> 새 사람을 입었으니 이는 자기를 창조하신 이의 형상을 따라 지식에까지 새롭게 하심을 입은 자니라_골로새서 3:10

"지식"은 헬라어로 에피그노시스(ἐπίγνωσις)인데, 그 뜻은 인식(recognition), 지식(knowledge)입니다. 새 사람은 하나님의 형상을 따라 나의 지식까지, 나의 인식의 세계까지 하나님을 알아가는 사람입니다. 이 지식은 하나님을 아는 지식을 말합니다. 마음을 세속적 가치관으로 채우지 않고, 하나님께서 보실 때 선하시고 기뻐하시고 온전하게 여기시는 것으로 채워야 합니다. 그리고 세상의 가치관이 아니라 하나님 나라의 가치관을 가져야 합니다. 그것이 바로 새 사람을 입는 것이며, 그러면서 신앙이 성장하게 됩니다. 그렇게 예수님을 닮아가는 사람은 삶이 바뀌게 되어 있습니다. 그렇다면, 삶의 어떤 부분이 바뀌어야 할까요?

6. 교회의 성장은 언어가 바뀌는 것이다

언어, 즉 말에 있어서 좋은 방향으로의 변화가 없다면 그는 신앙이 성장 또는 성숙한 것이 아닙니다. 어떤 점에서 언어가 바뀌어야 할까요?

> 그런즉 거짓을 버리고 각각 그 이웃과 더불어 참된 것을 말하라 이는 우리가 서로 지체가 됨이라_에베소서 4:25

거짓말을 버리는 것이 신앙 성장입니다. 거짓은 그리스도의 몸의 신뢰를 깨는 것입니다. 그러므로 우리는 서로에 대해서 거짓말하지 말아야 합니다. 영원한 신앙생활의 지침인 십계명에도 제9계명에 거짓말하지 말라고 하셨습니다. 사람은 본래 나의 유익을 위해서 거짓말하려는 유혹을 받습니다. 이것은 거짓의 아비인 마귀가 주는 유혹입니다. 예수님은 진실하신 분이기에 예수님을 닮아가는 사람은 손해를 보면서도 정직합니다. 거짓말하지 않는 것, 그다음에 중요한 것은 무엇일까요? 덕을 세우는 것입니다.

> 무릇 더러운 말은 너희 입 밖에도 내지 말고 오직 덕을 세우는 데 소용되는 대로 선한 말을 하여 듣는 자들에게 은혜를 끼치게 하라_에베소서 4:29

여기에서 '더러운 말'과 '덕을 세우는 선한 말'이 댓구를 이루고 있습니다. 더러운 말은 덕을 세우지 못하는 악한 말을 가리킵니다. 덕은 헬라어로 오이코도메(οἰκοδομή)입니다. 그 뜻은 마음의 함양(edification), 건축, 건축물(building)입니다. 덕을 세우는 것은 마음을 함양(涵養, 능력이나 성품을 키워주는 것) 하는 것입니다. 마음을 무너뜨리고 파괴하는 것이 아니라 세워주고 키워주는 것입니다. 어떤 사람은 사람을 파괴하고 무너뜨리는 말을 합니다. 그런데 어떤 사람의 말은 다른 사람의 능력이나 성품을 세워줍니다. 그것이 바로 덕을 세우는 선한 말입니다. 그런 말을 많이 하면 신앙이 성장합니다. 가정, 교회, 일터, 학교에서 우리가 덕을 세우는 선한 말을 많이 하길 축복합니다. 그것이 주님이 꿈꾸신 그 교회가 되는 것입니다.

> 너희는 모든 악독과 노함과 분냄과 떠드는 것과 비방하는 것을 모든 악의와 함께 버리고_에베소서 4:31

"떠드는 것"은 헬라어로 크라우게(κραυγή)입니다. 그 뜻은 소리 높은 불평, 아우성(clamor), 큰 소리를 내다(shout) 입니다. 여기서 떠드는 것은 싸우며 고함치는 것을 말합니다. 교회 안에 이런 것이 없어야 합니다. 왜냐하면 교회는 그리스도의 몸이기 때문입니다. "비방하는 것"은 헬라어로 블라스페미아(βλασφημία) 입니다. 그 뜻은 중상, 비방, 명예훼손(slander)입니다. 성도는 서로 비방하지 말아야 합니다. 중상모략하지 말아야 합니다. 왜냐하면 모두가 그리스도의 지체로서 한 몸이기 때문입니다. 서로 비방하는 것은 자가면역 질환에 걸리는 것처럼 고통스러운 것입니다. 그런데 왜 성도들 중에는 싸우며 고함치는 것과 명예를 훼손하는 중상모략을 하는 분이 있을까요? 31절 마지막을 보면, 악의가 있기 때문이라고 말씀합니다. "악의"는 헬라어로 카키아(κακία)입니다. 그 뜻은 사악함, 심술궂음(wickedness), 악의, 해할 마음, 원한(malice)입니다. 이런 악의를 버려야 싸우고 소리치며 떠드는 것과 명예를 훼손하는 중상모략을 하지 않게 됩니다.

당신의 마음에는 이런 사악함, 심술궂음, 누군가를 해할 마음, 원한이 있지 않습니까? 그렇다면, 당신은 예수님을 닮은 사람이 아닙니다. 믿음이 성장하지 않은 사람입니다. 교회를 얼마나 오래 다녔는가, 어떤 직분을 가졌는가의 문제가 아닙니다. 이런 악의를 버리는 것이 곧 신앙의 성장입니다. 이것을 기억하고 실천하기를 축복합니다.

7. 교회의 성장은 분노가 바뀌는 것이다

사람은 때로 분노하지 않을 수 없습니다. 그러나 신앙이 성장하는 사람은 분노를 조절할 줄 아는 사람입니다.

    분을 내어도 죄를 짓지 말며 해가 지도록 분을 품지 말고_에베소서 4:26

분노 때문에 누군가를 해친다면, 그것은 분노로 인해 죄를 짓는 것입니다. 가인이 분노로 친동생을 죽이는 살인죄를 저질렀습니다. 분노는 오래가지고 있으면, 자라서 마침내 죄를 짓게 합니다. 아놀드 박사는 "분노를 품는 마감 시간이 바로 해질녘이다"[79]라고 했습니다. 해질녘이 되면 우리는 우리 안에 있는 분노에게 나가라고 말해야 합니다. 분노의 마감 시간이 지났기 때문입니다. 그러지 않으면 마귀에게 틈을 주게 됩니다.

마귀에게 틈을 주지 말라_에베소서 4:27

여기서 "틈"은 헬라어로 토포스(τόπος)인데 '장소(place), 기회, 호기(opportunity)'라는 뜻입니다. 우리가 쓰는 유토피아가 이 단어에서 파생되었습니다. 유토피아(Utopia)는 헬라어에 '없다'는 뜻을 가진 '우(οὐ)'와 '장소'라는 뜻을 가진 '토포스(τόπος)'가 합성된 단어로 '그런 장소는 없다(no-place)'[80]는 뜻입니다. 맞습니다. 유토피아(이상향)는 이 지상에 없습니다. 그곳은 이 지상이 아닌 저 천국에 있습니다. 어쨌든 토포스의 뜻은 기본적으로 장소, 기회, 호기라는 뜻입니다. 분노하면 내 마음, 내 가정, 내 교회, 내 일터에 마귀가 공격할 좋은 기회를 주게 됩니다. 그리고 우리의 인생의 영역들을 마귀에게 점령당하게 됩니다.

분노를 계속 품고 있으면 우리의 마음, 가정, 교회, 일터에 마귀가 점령하는 틈, 공간, 토포스가 생깁니다. 그래서 우리는 마귀의 포로가 되어 마귀

---

79 Arnold, 『존더반 신약주석 강해로 푸는 에베소서』, p. 309.
80 https://en.wikipedia.org/wiki/Utopia

가 하라는 대로 하는 불행한 성도가 됩니다. 그러므로 야고보서 1장 20절에 이렇게 말씀합니다.

> 사람이 성내는 것이 하나님의 의를 이루지 못함이라_야고보서 1:20

그래서 우리는 다음과 같은 결단을 해야 한다고 성경은 말씀합니다.

> 너희는 모든 악독과 노함과 분냄과 떠드는 것과 비방하는 것을 모든 악의
> 와 함께 버리고_에베소서 4:31

"악독"은 피크리아(πικρία)인데 쓴맛, 괴로움, 빈정댐(bitterness), 과거에 대한 분개를 품고 있는 완악한 마음[81]을 뜻합니다. 과거의 상처가 치유되지 않아서 분노를 품고 있는 마음입니다. 성령 충만으로 치유되어야 하는데, 치유되지 않은 것입니다. 그런 마음이 악독이란 말의 뜻입니다. 이런 마음에서 노함과 분냄이 나옵니다. "노함"은 뒤모스(θυμός)인데 격노, 분노, 복수(wrath)를 뜻합니다. "분냄"은 오르게(ὀργή)인데 노염, 성, 화(anger)란 뜻입니다. 노함과 분냄은 비슷한 뜻입니다. 그런 점에서 내용을 반복하고 있습니다. 반복은 강조하기 위함입니다. 분노, 성내는 것, 화내는 것이 얼마나 마귀에게 점령당하기 쉬운 것인지를 일깨우기 위함입니다. 우리의 분노와 상처가 성령님의 은혜로 치유받기 바랍니다. 그리하여 우리 마음과 삶의 영역이 마귀에게 점령당하지 않기를 축복합니다.

---

81 Arnold, 『존더반 신약주석 강해로 푸는 에베소서』, p. 315.

> 거만한 자는 성읍을 요란하게 하여도 슬기로운 자는 노를 그치게 하느니
> 라_잠언 29:8

우리는 거만한 사람이 아니라 슬기로운 사람이 되길 축복합니다.

> 어리석은 자는 자기의 노를 다 드러내어도 지혜로운 자는 그것을 억제하
> 느니라_잠언 29:11

우리는 어리석은 자가 아니라 지혜로운 자가 되길 바랍니다. 그것이 주님이 꿈꾸신 교회의 모습입니다. 성장하는 신앙은 언어, 분노, 그리고 태도가 바뀝니다.

8. 교회의 성장은 태도가 바뀌는 것이다

다른 사람을 대하는 태도를 보면 그가 믿음이 성장한 사람인지 아닌지를 구별할 수 있습니다. 그 태도의 첫 번째는 도둑질하는 것이 아니라 구제하는 것입니다.

> 도둑질하는 자는 다시 도둑질하지 말고 돌이켜 가난한 자에게 구제할 수
> 있도록 자기 손으로 수고하여 선한 일을 하라_에베소서 4:28

남의 것을 빼앗는 사람이 아니라 오히려 다른 사람을 구제하는 사람이 믿음이 성장한 사람입니다. 이 사람은 구제하기 위해서 선한 일을 합니다. 도

둑질한 것은 언젠가는 허무하게 잃어버리게 되어있습니다. 그러나 다른 사람을 위해 구제한 것은 영원히 남아 있습니다. 고넬료의 신앙을 보면 하나님께서 기도뿐만 아니라 구제도 기억하고 계심을 알 수 있습니다.

> 그가 경건하여 온 집안과 더불어 하나님을 경외하며 백성을 많이 구제하고 하나님께 항상 기도하더니_사도행전 10:2

진짜 경건한 신앙생활에는 경외, 구제, 기도가 패키지로 들어가 있습니다. 물건을 패키지로 주문했는데 빠진 물품이 있으면 사용할 수 없듯이, 우리의 경건 생활도 패키지가 다 있어야 제대로 된 신앙입니다. 경건 생활의 패키지는 경외, 구제, 기도입니다. 흔히 구제를 빼놓을 수 있습니다. 그러나 구제를 빼면 안 됩니다. 그리고 하나님은 우리의 구제도 기억하십니다.

> 고넬료가 주목하여 보고 두려워 이르되 주여 무슨 일이니이까 천사가 이르되 네 기도와 구제가 하나님 앞에 상달되어 기억하신 바가 되었으니
> _사도행전 10:4

조금이라도 나눌 것이 있으면 성도들과 이웃과 꼭 나누십시오. 그것이 하나님께 상달되고, 하나님께서 기억하신 바가 될 것입니다. 과거에 남의 것을 훔치거나 구제를 하지 못하던 사람이 구제하는 사람으로 바뀐 것이 곧 믿음이 성장한 것입니다. 이것이 주님이 꿈꾸신 교회가 되는 것입니다.

> 서로 친절하게 하며 불쌍히 여기며 서로 용서하기를 하나님이 그리스도 안에서 너희를 용서하심과 같이 하라_에베소서 4:32

교회가 서로 친절해야 하고 불쌍히 여겨야 합니다. 교회인 성도는 다른 성도의 어려움에 대해서 불쌍히 여겨야 합니다. 더 나아가 잘못한 일이 있을 때 그리스도 안에서 하나님께서 우리를 용서하심같이 서로 용서해야 합니다. 왜냐하면 우리는 그리스도의 몸이기 때문입니다. 자가면역질환(autoimmune disease)이라는 병이 있습니다. 세균, 바이러스, 이물질 등 외부 침입자로부터 내 몸을 지켜주어야 할 면역세포가 자신의 몸을 공격하는 병입니다.[82] 크론, 루푸스, 베체트, 류마티스 등이 있습니다.

교회도 자가면역질환에 걸릴 수 있습니다. 교회가 자가면역질환을 일으키지 않도록 우리는 늘 깨어 있어야 합니다. 어떻게 깨어 있어야 합니까? 먼저 적이 누구인지 식별해야 합니다. 우리의 적은 마귀이지 성도가 아닙니다. 우리는 그리스도의 몸 된 성도를 향하여 친절해야 합니다. 서로 불쌍히 여겨야 합니다. 하나님께서 나를 용서한 것처럼 서로를 용서해야 합니다. 이 말씀을 실천함으로 주님이 꿈꾸신 그 교회가 되길 바랍니다. 다음의 복음송은 우리에게 성장하는 성도가 어떻게 용서의 삶을 살아야 하는지 가르쳐줍니다.

내가 먼저 손 내밀지 못하고 내가 먼저 용서하지 못하고

내가 먼저 웃음 주지 못하고 이렇게 머뭇거리고 있네

그가 먼저 손 내밀기 원했고 그가 먼저 용서하길 원했고

그가 먼저 웃음 주길 원했네 나는 어찌 된 사람인가

오 간교한 나의 입술이여 오 더러운 나의 마음이여

---

82 https://100.daum.net/encyclopedia/view/216XXXH003649

왜 나의 입은 사랑을 말하면서 왜 나의 맘은 화해를 말하면서

왜 내가 먼저 져줄 수 없는가 왜 내가 먼저 손해 볼 수 없는가

오늘 나는 오늘 나는

주님 앞에서 몸 둘 바 모르고 이렇게 흐느끼며 서 있네

어찌할 수 없는 이 맘을 주님께 맡긴 채로[83]

우리도 조그마한 자존심 때문에 용서하지 못하고 있지는 않습니까? 화해할 기회를 주실 때 놓치지 않고 화해하고 용서하는 은총이 있기를 축복합니다. 앞에서 말씀드린 세 가지, 즉 언어, 분노, 태도가 바뀌지 않는 것은 성령을 근심케 하는 일입니다.

하나님의 성령을 근심하게 하지 말라 그 안에서 너희가 구원의 날까지 인치심을 받았느니라_에베소서 4:30

구원을 확정하시고 확인해주시는 성령님을 근심시키지 마십시오. 우리는 놀라운 구원을 받은 존재이기에 마땅히 이런 변화된 삶, 성장하는 삶을 살아야 합니다. 성장은 영광스러운 구원의 은혜를 받은 성도가 마땅히 해야 할 일입니다.

---

83 〈오늘 나는〉中.

나눔을 위한 질문

9장은 교회의 성장은 그리스도를 닮는 것에 대한 말씀입니다. 우리는 어떻게 그리스도를 닮아가야 합니까?

1. 교회로서 당신은 공동체 안에서 서로 도우며 성장하는 경험을 하고 있습니까?

2. 공동체로서 성장하는 교회는 어떤 유익이 있습니까?

3. 교회로서 당신의 신앙 성장을 위해 바뀌어야 하는 것은 무엇입니까?

4. 교회의 성장은 그리스도를 배우는 것인데, 그렇다면 어떻게 그리스도를 배울 수 있습니까?

5. 교회인 당신은 예수님을 닮아가기 위해 무엇을 하고 있습니까?

10장

교회의
성장은
하나님을
본받는 것_에베소서 5:1~21

강론

강론

강론

가정예배

에베소서 5:1~21

1 그러므로 사랑을 받는 자녀 같이 너희는 하나님을 본받는 자가 되고 2 그리스도께서 너희를 사랑하신 것 같이 너희도 사랑 가운데서 행하라 그는 우리를 위하여 자신을 버리사 향기로운 제물과 희생제물로 하나님께 드리셨느니라 3 음행과 온갖 더러운 것과 탐욕은 너희 중에서 그 이름조차도 부르지 말라 이는 성도에게 마땅한 바니라 4 누추함과 어리석은 말이나 희롱의 말이 마땅치 아니하니 오히려 감사하는 말을 하라 5 너희도 정녕 이것을 알거니와 음행하는 자나 더러운 자나 탐하는 자 곧 우상 숭배자는 다 그리스도와 하나님의 나라에서 기업을 얻지 못하리니 6 누구든지 헛된 말로 너희를 속이지 못하게 하라 이로 말미암아 하나님의 진노가 불순종의 아들들에게 임하나니 7 그러므로 그들과 함께 하는 자가 되지 말라 8 너희가 전에는 어둠이더니 이제는 주 안에서 빛이라 빛의 자녀들처럼 행하라 9 빛의 열매는 모든 착함과 의로움과 진실함에 있느니라 10 주를 기쁘시게 할 것이 무엇인가 시험하여 보라 11 너희는 열매 없는 어둠의 일에 참여하지 말고 도리어 책망하라 12 그들이 은밀히 행하는 것들은 말하기도 부끄러운 것들이라 13 그러나 책망을 받는 모든 것은 빛으로 말미암아 드러나나니 드러나는 것마다 빛이니라 14 그러므로 이르시기를 잠자는 자여 깨어서 죽은 자들 가운데서 일어나라 그리스도께서 너에게 비추이시리라 하셨느니라 15 그런즉 너희가 어떻게 행할지를 자세히 주의하여 지혜 없는 자 같이 하지 말고 오직 지혜 있는 자 같이 하여 16 세월을 아끼라 때가 악하니라 17 그러므로 어리석은 자가 되지 말고 오직 주의 뜻이 무엇인가 이해하라 18 술 취하지 말라 이는 방탕한 것이니 오직 성령으로 충만함을 받으라 19 시와 찬송과 신령한 노래들로 서로 화답하며 너희의 마음으로 주께 노래하며 찬송하며 20 범사에 우리 주 예수 그리스도의 이름으로 항상 아버지 하나님께 감사하며 21 그리스도를 경외함으로 피차 복종하라

9장에서 교회의 성장은 그리스도를 닮는 것이라고 했습니다. 10장에서는 교회의 성장은 하나님을 본받는 것임을 살펴보고자 합니다.

1. 교회의 성장은 성부 하나님께서 용서하신 것을 본받는 것이다

성부 하나님의 용서가 없었다면, 우리는 구원받을 수 없었습니다. 그리고 오늘 이렇게 살아있을 수도 없습니다. 그 용서는 바다처럼 넓고 깊습니다.

> 그러므로 사랑을 받는 자녀 같이 너희는 하나님을 본받는 자가 되고
> _에베소서 5:1

이 말씀에서 '교회의 성장은 하나님을 본받는 것'이라는 원리를 발견합니다. 이 문맥 전체가 그리스도의 몸인 교회의 성장을 다루고 있기 때문입니다. 1절은 "그러므로"로 시작합니다. 그 뜻을 알려면, 앞 절인 4장 32절을 살펴봐야 합니다.

> 서로 친절하게 하며 불쌍히 여기며 서로 용서하기를 하나님이 그리스도
> 안에서 너희를 용서하심과 같이 하라_에베소서 4:32

하나님께서 그리스도 안에서, 그리스도의 사역을 통하여 우리를 용서하셨
습니다. 그러므로 너희도 그 하나님의 용서를 본받으라고 말씀하고 있습니
다. 우리가 하나님께 본받아야 할 가장 중요한 것은 '용서'입니다. 다시 에
베소서 5장 1절로 돌아가 "사랑을 받는 자녀같이"에서 '같이'는 원인의 뜻
입니다.[84] 그러면 어떻게 해석을 해야 할까요? 우리는 하나님의 사랑을 받
은 자녀이기 때문에 나를 사랑하시는 아버지를 닮아 우리가 다른 사람을
용서하는 것이 하나님을 본받은 것입니다.

> 또 네 이웃을 사랑하고 네 원수를 미워하라 하였다는 것을 너희가 들었
> 으나 나는 너희에게 이르노니 너희 원수를 사랑하며 너희를 박해하는 자
> 를 위하여 기도하라 이같이 한즉 하늘에 계신 너희 아버지의 아들이 되리
> 니 이는 하나님이 그 해를 악인과 선인에게 비추시며 비를 의로운 자와
> 불의한 자에게 내려주심이라_마태복음 5:43~45

하늘 아버지를 가장 많이 닮은 모습은 용서하는 것입니다. 더 많이 용서할
수록 더 많이 하나님 아버지를 닮아갑니다. 인간은 상처를 주고받으며 살
아갈 수밖에 없는 약한 존재입니다. 용서는 복수와 보복의 악순환을 끊고,
질적으로 새로운 관계로 초대하시는 하나님의 부르심입니다.

---

84 Arnold, 『존더반 신약주석 강해로 푸는 에베소서』, p. 318.

영국의 웰링턴 제독이 상습적인 탈영병에게 사형 언도를 내리게 되었습니다. 그때 제독이 이렇게 말했습니다. "나는 너를 교육도 시켜 보았다. 상담도 해 보았다. 체벌도 해 보았다. 노동도 시켜 보았다. 중한 벌도 주어 보았다. 그 많은 기회를 주었건만 너는 달라지지 않았다. 이제 할 수 없이 너를 죽일 수밖에 없게 되었다." 그때 부하 한 사람이 이렇게 말했습니다. "제독님께서는 이 병사에게 한 가지 해보지 않은 것이 있습니다." 그러자 제독은 "그것이 무엇이냐?"고 물었습니다. "제독님께서는 이 병사를 진정 용서해 보신 일이 없습니다." 그 말을 듣고 제독은 무조건 그 병사를 용서했습니다. 그 후 이 병사는 충성스러운 군인이 되었습니다.

이처럼 용서는 한 사람의 생애를 살리고 변화를 일으킵니다. 누군가 잘못했을 때 그것으로 그를 죽이는 기회를 삼지 말고 용서해야 합니다. 우리는 그리스도의 몸이기 때문입니다. 교회가 교회를 공격하는 자가면역질환을 일으키지 않도록 우리는 늘 깨어 있어야 합니다. 성도는 그리스도 안에서 하나님께서 나를 용서하신 것처럼 서로를 용서해야 합니다. 그것이 바로 주님이 꿈꾸신 교회입니다.

2. 교회의 성장은 성자 하나님의 희생을 본받는 것이다

진정한 사랑은 사랑하는 대상을 위해 희생합니다. 자녀를 사랑하는 부모의 희생, 교회를 사랑하는 성도의 희생, 조국을 사랑하는 국민의 희생, 모든 희생의 근본에는 사랑이 있습니다. 진정한 사랑은 '희생'입니다. 성자 하나님이신 예수님께서도 우리를 사랑하사 희생하셨습니다.

그리스도께서 너희를 사랑하신 것 같이 너희도 사랑 가운데서 행하라 그
는 우리를 위하여 자신을 버리사 향기로운 제물과 희생제물로 하나님께
드리셨느니라_에베소서 5:2

에베소서 후반부에 반복되는 단어는 "행하라"입니다. 헬라어로 페리파
테이테(περιπατεῖτε)인데 걷다, 처신하다, 행하다(walk), 지휘하다, 집행하다
(conduct)는 뜻입니다. 이처럼 후반부에 '행동하라'가 많이 나오는 것은 후
반부가 에베소서의 생활편이기 때문입니다.

에베소서를 비롯한 바울 서신의 특징은 전반부는 교리편이고, 후반부는
생활편입니다. 교리편(1~3장)에서는 교리를 믿음으로 구원받고 가치관이
바뀌어야 한다고 가르칩니다. 이어지는 후반부 생활편(4~6장)에서는 그 교
리대로 살라고 가르칩니다.

그리스도께서 너희를 사랑하신 것 같이 너희도 사랑 가운데서 행하라 그
는 우리를 위하여 자신을 버리사 향기로운 제물과 희생제물로 하나님께
드리셨느니라_에베소서 5:2

그리스도께서 너희를 사랑하신 것 같이 너희도 사랑 가운데서 행하라고
말씀합니다. 그러면 그 사랑의 수준은 어떤 정도입니까? 우리를 위하여 그
리스도께서 자신을 버리사 향기로운 제물과 희생제물로 드리신 정도입니
다. 이렇게 사랑은 자신을 버리는 것입니다. "향기로운 제물"이란 헬라어

로 프로스포란(προσφορὰν)인데, 그 뜻은 '자발적으로 데려옴을 당하다'[85]입니다. 데려옴을 당하는 것이니까, 끌려오는 것입니다. 그렇지만 억지로 끌려오는 것이 아니라 자발적으로 끌려오는 것입니다.

예수님께서 성육신하실 때에도 자발적으로 내려오셨습니다. 골고다로 가실 때도 자발적으로 올라가셨습니다. 군인들에 의해 마음과 몸에 큰 고통을 당하시면서 끌려오셨지만, 자발적으로 가셨습니다. 십자가에도 자발적으로 달리셨습니다. 그래서 향기로운 제물이 되셨습니다. 그래서 하나님께서 열납(悅納), 즉 기쁘게 받으셨습니다. 자발적 헌신이 하나님께 열납 됩니다.

우리도 예수님의 이 자발적 헌신을 배워 하나님께 향기로운 제물이 되길 바랍니다. 우리를 향한 예수님의 사랑은 자발적인 것이었습니다. 우리가 누군가를 사랑한다고 할 때 자발적으로, 즉 마음에서 우러나와서 하는 사랑이 진짜 사랑입니다. 남녀가 사랑할 때를 생각해 보십시오. 처음 만나 스파크가 일어날 때, 그때 자발적인 사랑이 나타납니다. 마음에서 그 사랑이 떠나지 않고, 순간마다 그 연인을 생각하게 합니다. 결혼하고 세월이 지나도 진짜 사랑은 자발적으로 배우자를 사랑하기 위해서 성령님의 감동에 따라 나의 이기심을 버리고 자발적으로 사랑합니다.

유대인 성도와 이방인 성도로 나누어져 차별의 담이 높았던 에베소교회에 주어진 사랑의 명령은 자신을 버려야만 할 수 있는 사랑이었습니다. 예수님은 과감하게 자신을 버리시고 우리를 사랑하셨습니다. 자신을 버리는 고통을 기도로 이겼습니다. 진정한 사랑은 기도의 시간을 통해서 자기를 버릴 때 할 수 있습니다. 누군가를 더 사랑하기 위해서 자신을 버려본 사람은

---

85 Arnold, 『존더반 신약주석 강해로 푸는 에베소서』, p 319.

예수님을 가장 많이 닮은 사람입니다. 그 사랑은 힘든 사랑입니다. 자기를
버린다는 것이 쉽지 않습니다.

사랑에는 두 가지가 있습니다. 쉬운 사랑과 어려운 사랑입니다. 나를 사
랑하는 사람을 사랑하는 것은 쉬운 사랑입니다. 그러나 나를 미워하는 사
람을 사랑하는 것은 어려운 사랑입니다. 지금 주님은 어려운 사랑을 하신
것입니다. 하기 어려운 사랑, 자신을 버려야만 가능한 사랑을 하신 것입니
다. 그것이 자발적인 사랑이고, 향기로운 제물이며, 하나님께서 열납 하시
는 것입니다.

그다음 예수님의 사랑은 희생하는 것이었습니다. 그래서 2절에 보면, 자신
을 버리사 희생제물로 하나님께 드렸습니다. 자신의 죄 때문에 처형당하신
것이 아니라 우릴 속죄하기 위해 희생당하셨습니다. 사랑하기 어려운 사람
을 위해 희생해 보신 적이 있습니까? 그것이 예수님을 닮는 것이고, 그것이
진정한 신앙 성장입니다. 예수님께서 우리를 위해 언제 죽으셨습니까?

우리가 아직 연약할 때에 기약대로 그리스도께서 경건하지 않은 자를 위
하여 죽으셨도다_로마서 5:6

우리가 아직 죄인 되었을 때에 그리스도께서 우리를 위하여 죽으심으로
하나님께서 우리에 대한 자기의 사랑을 확증하셨느니라_로마서 5:8

곧 우리가 원수 되었을 때에 그의 아들의 죽으심으로 말미암아 하나님과
화목하게 되었은즉 화목하게 된 자로서는 더욱 그의 살아나심으로 말미
암아 구원을 받을 것이니라_로마서 5:10

"우리가 아직 연약할 때에", "우리가 아직 죄인 되었을 때에", "우리가 (하나님과) 원수 되었을 때에" 우리를 위해 죽어주셨습니다. 이것이 진정한 희생입니다. 우리를 위해 죽어주신 예수님의 이와 같은 희생 앞에 우리는 어떻게 반응해야 할까요? 연약한 성도, 죄인인 성도, 원수 된 성도를 위해 희생하며 사랑해야 하지 않겠습니까? 그것이 제자도입니다.

3. 교회의 성장은 하나님의 거룩을 본받는 것이다

하나님은 거룩하신 분이십니다. 거룩(holy)이란 히브리어로 카도쉬(קָדוֹשׁ)이고, 헬라어로는 하기오스(ἅγιος)입니다. 그 뜻은 다음과 같습니다.

> 하나님에 대해서 거룩하다고 할 때는 ① 죄가 하나도 없으심(inviolable, separate from all defilement) ② 하나님의 행하심, 동의어 장엄하심(divine activity syn. majesty)[86] ③ 하나님의 순결하심, 완전하심, 훌륭하심(shading over in the meaning, holy=pure, perfect, worthy of God)[87]을 의미하고,

> 사람 등에 대해서 거룩하다고 할 때는 ① …에 구별되다(set apart to) ② 도덕적으로 순결하다(morally pure)[88] ③ 하나님께 바쳐진 인간(human beings consecrated to God) ④ 하나님과 그분께 드리는 예배를 위해 예비된

---

86 Brown, Driver and Briggs, *A Hebrew and English Lexicon of the Old Testament*, p. 871.

87 Bauer, *A Greek-English Lexicon of the New Testament*, pp. 9-10.

88 Newman, Jr., *A Concise Greek-English Dictionary of the New Testament*, p. 2.

(reserved for God and his service)[89] ⑤ 예배를 드리기 위해 바쳐진 시간(times consecrated to worship)[90]을 의미한다.

하나님의 거룩이란 죄가 하나도 없으시고, 장엄하시며, 순결하시고, 완전하시며, 훌륭하시다는 의미입니다. 교회인 성도의 믿음의 성장은 바로 이런 하나님의 거룩을 본받는 것입니다. 우리는 하나님처럼 완벽하지는 않지만, 또 완벽할 수도 없지만 지금보다는 죄를 덜 짓고, 장엄하지는 않아도 성도의 위엄이 있고 순결하며, 완전하지는 못해도 완전을 추구하고, 훌륭하지는 못해도 훌륭한 성품을 추구해야 합니다. 이 거룩을 닮기를 하나님은 구약에서도 바라셨습니다.

나는 너희의 하나님이 되려고 너희를 애굽 땅에서 인도하여 낸 여호와라
내가 거룩하니 너희도 거룩할지어다_레위기 11:45

그렇다면 어떤 영역에서 거룩해야 할까요?

음행과 온갖 더러운 것과 탐욕은 너희 중에서 그 이름조차도 부르지 말라 이는 성도에게 마땅한 바니라_에베소서 5:3

"음행"은 헬라어로 포르네이아(πορνεία) 입니다. 그 뜻은 결혼 관계 이외에

---

89 Bauer, *A Greek-English Lexicon of the New Testament*, pp. 9-10.

90 Brown, Driver and Briggs, *A Hebrew and English Lexicon of the Old Testament*, p. 872.

서 이루어지는 모든 성적 활동(혼전 관계, 간음, 창녀와의 관계, 동성애 관계, 근친상간)[91]을 말합니다. "더러운 것"도 음행을 가리킵니다. 비슷한 내용을 반복하는 것은 강조하는 것입니다. "탐욕"도 이런 음행에 대한 탐심을 말합니다. 그 이름조차도 부르지 말라는 것은 말하지 말라는 정도가 아니라 강한 금지를 뜻합니다.[92] 쉽게 말하면, '성적인 타락에 빠지지 마라! 빠지지 마라! 지금 하고 있다면 중단하라! 중단하라!'고 강조하는 것입니다. 이것이 성도로서 마땅히 추구해야 할 거룩입니다.

> 누추함과 어리석은 말이나 희롱의 말이 마땅치 아니하니 오히려 감사하는 말을 하라_에베소서 5:4

"누추함과 어리석은 말이나 희롱의 말"은 모두 외설적인 말을 뜻합니다. 외설(猥褻)은 사람의 성욕을 함부로 자극해서 난잡하게 하는 것입니다. 야한 농담을 즐겨 하는 것은 성도로서 마땅치 않습니다. 성희롱적인 농담도 조심해야 합니다. 오히려 우리는 감사하는 말을 해야 합니다. 문맥을 따라 문장이 전개된다면 누추하고 희롱하는 말 대신 정결하고 거룩한 말을 하라고 해야 하지만, 성경은 감사하는 말을 하라고 합니다. 왜 그럴까요? 그 이유는 하나님의 은혜에 감사하는 사람은 더럽고 추한 말을 하지 않기 때문입니다.

하나님께서 우리에게 베풀어주신 그 놀라운 은혜, 나같이 부족한 인생을

---

91 Arnold, 『존더반 신약주석 강해로 푸는 에베소서』, p. 327.

92 Ibid., p. 329.

창세 전부터 선택하시고 나의 속량을 위해 아들을 십자가에서 죽게 하시며 그 아들이신 예수님이 자발적으로 향기로운 희생제물이 되셔서 구원해 주신 은혜, 우리를 기업으로 삼으시고 존귀하게 여기시며 왕관의 보석처럼 여기시고 저 하늘 나라를 나에게 기업으로 주신 하나님의 이 은혜를 받은 우리는 얼마나 더 감사해야 할까요? 늘 감사로 거룩을 이루어 가시길 바랍니다.

> 너희도 정녕 이것을 알거니와 음행하는 자나 더러운 자나 탐하는 자 곧 우상 숭배자는 다 그리스도와 하나님의 나라에서 기업을 얻지 못하리니
>
> _에베소서 5:5

음행하는 자, 더러운 자, 탐하는 자는 우상 숭배자라고 합니다. 우상 숭배자는 하나님의 나라를 기업으로 얻지 못한다는 말씀은 무슨 뜻일까요? 아놀드 박사는 이렇게 해석합니다.

> 바울 사도는 성도가 하나님의 기업을 받을 것을 이미 분명히 밝혔다. 그들은 성령으로 인치심을 받았기 때문이다(1:13). 실제로 바울은 그들이 기업을 받을 자로서 정체성을 더 잘 알게 해달라고 기도했다(1:18). 그러므로 이 절(5:5)은 신자에게 그들이 가진 기업을 빼앗기지 않도록 행동을 조심해야 한다는 경고 정도가 아니라 바울은 신자가 영원한 나라의 후사임을 확신하기를 원한다. 그 때문에 그들은 지금 하나님 나라의 백성으로 살아야 하며, 감사한 마음을 가득 품고 사랑이 많고 자비로우신 하나님을 섬겨야 한다. …… 이 본문은 신자에게 주는 경고가 아니라 경건한 삶을

살라는 권고로서 그들의 새로운 정체성을 재확인하는 것이다. …… 본문
에는 이차적 함축이 있다. '자신을 부도덕, 부정함, 탐욕에 넘겨준 사람은
설사 스스로 그리스도인이라 부른다 해도, 영생에서 배제되어 있음을 보
여준다' 라는 것이다.[93]

요약하면, 첫째는 구원받은 자로서 정체성을 가지고 성적으로 거룩하게
살라는 권면입니다. 둘째는 그렇지만 죽는 날까지 지속적으로 성적 범죄를
저지른다면 그가 구원받은 성도가 아닐 수 있다는 것입니다.

> 누구든지 헛된 말로 너희를 속이지 못하게 하라 이로 말미암아 하나님의
> 진노가 불순종의 아들들에게 임하나니_에베소서 5:6

음행과 더러운 말을 괜찮다고 말하는 거짓 선생들의 가르침에 속지 말라
고 성경은 말씀합니다. 거짓 교사들의 가르침은 유혹입니다. 그 잘못된 가
르침에 속지 말라는 것입니다. 하나님의 진노가 최종적으로 부어질 것이기
때문입니다.

> 그러므로 그들과 함께 하는 자가 되지 말라_에베소서 5:7

누구를 사귀느냐가 중요합니다. 우리를 오염시키는 사람과 거리를 두어야
합니다. 나아가 우리는 빛의 자녀답게 살아야 합니다.

---

93 Arnold, 『존더반 신약주석 강해로 푸는 에베소서』, p 333-334.

> 너희가 전에는 어둠이더니 이제는 주 안에서 빛이라 빛의 자녀들처럼 행하라_에베소서 5:8

왜냐하면 우리 아버지이신 하나님께서 빛이시기 때문입니다.

> 우리가 그에게서 듣고 너희에게 전하는 소식은 이것이니 곧 하나님은 빛이시라 그에게는 어둠이 조금도 없으시다는 것이니라_요한일서 1:5

따라서 우리는 빛의 자녀답게 살아야 합니다. 그것은 빛의 열매를 추구하는 것입니다.

4. 교회의 성장은 빛의 열매를 추구하는 것이다

우리는 빛의 자녀로서 빛의 열매를 추구해야 합니다. 빛의 열매를 많이 추구하는 것이 곧 교회인 성도의 성장입니다. 우리는 빛의 자녀라는 정체성을 가지고 있지만, 행동은 아직 빛의 자녀답게 살지 못하고 열매를 맺지 못하는 경우가 많습니다. 아놀드 박사는 이렇게 말합니다.

> 정체성은 변화되었지만, 행동에는 아직 그에 맞는 변화가 없었다. 이것이 바울이 그들에게 권고하는 성숙해지는 성장 과정이다.[94]

---

94 Arnold, 『존더반 신약주석 강해로 푸는 에베소서』, p. 337.

우리도 그럴 수 있습니다. 정체성은 변화되었지만, 행동은 그 정체성에 맞는 변화가 없는 것이 우리의 모습 아닐까요? 신분은 어둠에서 빛으로 바뀌었는데, 삶은 아직도 어둠 가운데 머물러 있지는 않습니까? 그렇다면, 어둠은 무엇을 말할까요? 그것은 앞의 문맥에 이미 나왔습니다. 에베소서 4장 25절 거짓말, 26절 분노, 28절 도둑질, 29절 더러운 말과 덕을 세우지 못하고 사람을 파괴하는 악한 말, 31절 비방과 중상모략, 5장 3절 음행, 4절 성적 농담과 희롱 등을 말합니다. 이런 모든 일이 어둠에 속한 일입니다. 그리스도인이 되었다는 것은 이런 어둠의 일을 하지 않는 존재가 된 것입니다. 즉, 빛의 자녀가 되었습니다. 그런데 아직도 이런 일을 하는 분들이 있을 것입니다. 빨리 그 자리에서 떠나길 축복합니다. 한편, 성도들로 하여금 어둠의 일을 하게 만드는 존재가 있습니다.

> 우리의 씨름은 혈과 육을 상대하는 것이 아니요 통치자들과 권세들과 이 어둠의 세상 주관자들과 하늘에 있는 악의 영들을 상대함이라_에베소서 6:12

악한 영들은 이 어둠의 세상 주관자들입니다. 이들은 빛의 자녀인 우리를 어둠의 일에 빠지도록 유혹합니다. 악한 영은 우리로 어둠의 일에 관심과 호기심을 가지고 매력을 느끼게 하여 마침내 어둠의 일에 참여하게 하고, 끝에 가서는 완전히 우리를 영적 폐인으로 만듭니다. 심지어 불신자도 하지 않는 일을 하게 만듭니다. 우리는 악한 영의 유혹에 빠져 어둠의 일에 호기심도, 참여도 하지 말아야 합니다. 거짓말, 분노, 도둑질, 다른 사람을 파괴하는 말, 중상모략하는 것, 음행, 외설(猥褻, 함부로 왜곡된 성적인 말을 해서 사람의 마음을 더럽힘)적인 농담을 하지 말아야 합니다.

우리는 예수님 믿고 난 다음에 정체성이 바뀐 존재들입니다. 즉, 우리는 빛의 자녀입니다. 더 이상 어둠의 일에 참여하지 마십시오. 그렇다면, 빛의 자녀는 무엇을 추구하며 살아야 할까요? 성경은 이렇게 말합니다.

> 빛의 열매는 모든 착함과 의로움과 진실함에 있느니라_에베소서 5:9

빛의 열매 중에 "착함"은 헬라어로 아가도쉬네(ἀγαθωσύνη)인데, 그 뜻은 선량, 친절, 자애(goodness)입니다. 빛의 자녀가 빛들의 아버지인 하나님을 닮아가면 선량하고 친절하며 자애로운 인격을 가지고 행동하게 되는 착함이 나타납니다. 여기에 착함이라는 헬라어 단어가 갈라디아서 5장 22절에는 "양선(良善)"으로 번역되었습니다. 헬라어 아가도쉬네(ἀγαθωσύνη)는 '호의'(好意)를 뜻하는 아가도스(ἀγαθός)에서 파생된 말로, 단순히 마음이 부드러운 차원을 넘어 적극적으로 선을 행하는 상태를 뜻합니다(갈라디아서 5:22). 선행, 유익, 선량함 등으로 해석됩니다(에베소서 5:9; 데살로니가후서 1:11). 특히, 사도 바울은 단순히 도덕적 차원을 넘어 성령의 열매 중 하나로서 양선을 언급하고 있습니다. 즉, 그리스도에게 자신을 맡기고 성령님이 지배하는 삶을 사는 성도가 그 생활 속에서 선을 행하고 남에게 유익을 끼치는 상태를 언급한 것입니다.[95] 빛의 자녀는 성령님의 감동에 순종함으로 선을 행하고 교회와 가정과 사회에 유익을 끼쳐야 합니다. 그것이 본문에서 말하는 착함입니다.

그다음 빛의 열매는 "의로움"입니다. 의로움은 헬라어로 디카이오쉬네

---

95 https://terms.naver.com/entry.nhn?docId=2394929&cid=50762&categoryId=51387

(δικαιοσύνη)입니다. 한국어로는 공의(公義), 히브리어로는 체다카(הָקָדְצ), 영어로는 righteousness입니다. 그 뜻은 '하나님의 법 또는 도덕법에 일치하여 행동함'[96]입니다. 공의와 비슷한 단어로 정의(正義)가 있습니다. 히브리어로는 미쉬파트(טָּפְשִׁמ), 헬라어로 크리시스(κρίσις), 영어로는 justice인데, 사전을 보면 '갈등을 공정하게 조정, 상벌을 공정하게 주므로 공정성을 유지함'이라는 뜻입니다.[97] 본문의 의로움은 성경의 다른 곳에서는 공의로 표현되었습니다. 그러므로 빛의 열매로 가져야 할 의로움이란 하나님의 법, 즉 성경에 따라 행동하는 것입니다. 죄를 짓지 않는 것을 말합니다. 하나님의 자녀가 의로움을 가지기 위해서는 성경을 많이 묵상하고, 그 말씀의 기준에 따라 살아야 합니다.

빛의 열매로서 "진실함"이 있습니다. 헬라어로 알레데이아(ἀλήθεια)인데 진리, 진실함(truth)을 뜻합니다. 진실함의 반대는 거짓입니다. 마귀는 거짓의 아비입니다(요한복음 8:44). 그러므로 거짓을 추구하는 사람은 마귀의 지배를 받는 사람입니다. 빛의 열매는 빛 되신 하나님의 자녀들이 맺어야 할 열매이므로 마귀적인 거짓을 추구할 수 없습니다. 거짓은 헬라어로 프슈도스(ψεῦδος)인데, 그 뜻은 거짓(false), 허위(untruth), 거짓말(lie)입니다. 진실함은 거짓, 허위, 거짓말이 없는 것을 말합니다.

---

96 https://www.merriam-webster.com/dictionary/righteousness acting in accord with divine or moral law

97 https://www.merriam-webster.com/dictionary/justice the maintenance or administration of what is just especially by the impartial adjustment of conflicting claims or the assignment of merited rewards or punishments

너희는 너희 아비 마귀에게서 났으니 너희 아비의 욕심대로 너희도 행하
고자 하느니라 그는 처음부터 살인한 자요 진리가 그 속에 없으므로 진리
에 서지 못하고 거짓을 말할 때마다 제 것으로 말하나니 이는 그가 거짓
말쟁이요 거짓의 아비가 되었음이라 _요한복음 8:44

빛의 자녀가 추구해야 할 것은 세 가지입니다. 착하고, 의롭고, 진실한 것
입니다. 이 모든 것은 하나님의 성품입니다. 이 세 가지가 자라나는 것이
빛의 자녀의 성장입니다. 우리 모두 이 세 가지를 추구하길 바랍니다. 평생
자라나길 축복합니다.

5. 교회의 성장은 주님을 기쁘시게 할 것을 분별하는 것이다

빛의 자녀는 주님을 기쁘시게 할 것을 깊이 생각하고 분별하는 삶을 삽니
다. 나를 기쁘게 하는 것보다 주님을 기쁘시게 할 것을 생각하고 분별하는
것이 교회인 성도의 신앙 성장입니다. 나 중심으로 살면, 죄성이 남아있는
나는 옳지 못한 판단을 하게 됩니다. 그래서 늘 믿음이 성장하는 사람의 특
징은 하나님 중심, 하나님의 말씀인 성경 중심입니다.

주를 기쁘시게 할 것이 무엇인가 시험하여 보라 _에베소서 5:10

'주님을 기쁘시게 하면 내게 돌아오는 것은 무엇일까?'라고 질문이 생길
수 있습니다. '주님만 기쁘고 나는 괴로운 것인가?'라는 질문을 가질 수 있
습니다. 주님을 기쁘시게 할 때 인간은 가장 기쁠 수 있습니다. 인간은 주

님의 영광을 위해 지어진 존재이기에, 주님의 기쁨을 추구할 때 가장 보람 있고 가장 행복할 수 있습니다. 나 중심의 기쁨은 죄성이 지배하는 기쁨입니다. 어둠의 일을 하는 기쁨일 수 있습니다. 거짓말하면서 기뻐할 수 있습니다. 분노하면서 기뻐할 수 있습니다. 누군가를 중상모략하면서 기뻐할 수 있습니다. 누군가를 말로 파괴하면서 기뻐할 수 있습니다. 음행하면서 기뻐할 수 있습니다. 외설적인 더러운 말을 하면서 기뻐할 수 있습니다. 도둑질하면서 기뻐할 수 있습니다. 그런데 이런 모든 기쁨은 우리를 불행하게 만드는 기쁨입니다. 오직 우리는 주님을 기쁘시게 할 것을 생각하면서 그 기쁨을 추구하며 살 때 인생은 진짜 행복할 수 있습니다.

인간은 자기중심적으로 살 때 고장난 기계처럼 비정상적으로 삽니다. 그러나 하나님 중심적으로 산다면, 우리를 설계하신 설계도대로 살기 때문에 우리는 가장 정상적으로 가장 행복하게 살 수 있습니다. 그런데 우리는 워낙 죄성에 물들어 있기 때문에 주님의 기쁨 되는 것이 무엇인지 바로 알지 못할 때가 있습니다. 우리 죄성을 따라 판단할 때가 많습니다. 그러므로 에베소서 5장 10절의 말씀이 중요합니다.

주를 기쁘시게 할 것이 무엇인가 시험하여 보라_에베소서 5:10

"시험하여 보라"는 헬라어로 도키마조(δοκιμάζω)인데, 그 뜻은 테스트, 검사, 진짜와 가짜를 자세히 조사함, 검사 후 진짜를 알아보는 분별[98]을 의미

---

98 https://www.biblestudytools.com/lexicons/greek/nas/dokimazo.html
   1. to test, examine, prove, scrutinize (to see whether a thing is genuine or not),
   2. to recognize as genuine after examination, to approve, deem worthy

합니다. 우리는 늘 분별해야 합니다. 이것이 주님을 기쁘시게 하는 것인가? 이것이 주님이 원하시는 일인가? 이것은 빛의 자녀로서 합당한 일인가? 이것은 빛의 열매를 맺는 일인가? 이것은 착하고, 의롭고, 진실한 것인가? 이런 질문을 던지면서 늘 분별해야 합니다. 기도하면서, 여쭈어보면서 분별해야 합니다. 그렇지 않으면 우리는 마귀의 영향력 아래 놓일 수 있습니다. 어둠의 일을 할 수 있습니다. 분별이 아주 중요합니다. 우리는 심리학 박사인 마귀의 공격에 넘어갈 수 있기 때문입니다.

6. 교회의 성장은 어둠의 일을 책망함으로 이루어진다

교회인 성도의 신앙 성장은 어둠의 일을 할 때 책망받아야 성장합니다. 여기서 책망이란 방치하거나 방관하지 않고, 권면하는 것을 말합니다. 왜냐하면 교회는 하나의 몸이기 때문입니다. 잘못된 길로 가지 않도록 서로가 도와야 합니다.

> 너희는 열매 없는 어둠의 일에 참여하지 말고 도리어 책망하라
>
> _에베소서 5:11

착함과 의로움과 진실함의 열매를 맺지 못하는 어둠의 일에는 참여하지 말아야 합니다. 어둠의 일은 앞서 말씀드린 거짓말, 분노, 도둑질, 다른 사람을 파괴하는 말, 중상모략하는 것, 음행, 외설적인 농담 등이 어두움의 일입니다. 우리는 이 어둠의 일에서 돌아서야 합니다. 그리고 그런 어둠의 일에 참여하는 사람들을 책망해야 합니다. 그것이 나를 지키는 것이고, 그

들을 지키는 것이며, 우리 모두를 지키는 것이기 때문입니다. "책망하라"는 헬라어로 엘레그코(ἐλέγχω)인데 노출 시키다(expose), 꾸짖다, 훈계하다, 타이르다, 책망하다(reprove)는 뜻입니다. 책망은 어둠의 일에 참여하는 것을 꾸짖고 훈계하고, 타이르는 것입니다. 책망은 책망받는 사람을 위한 것입니다. 그런데 책망의 원칙이 있습니다.

> 네 형제가 죄를 범하거든 가서 너와 그 사람과만 상대하여 권고하라 만일
> 들으면 네가 네 형제를 얻은 것이요 만일 듣지 않거든 한두 사람을 데리
> 고 가서 두세 증인의 입으로 말마다 확증하게 하라 만일 그들의 말도 듣
> 지 않거든 교회에 말하고 교회의 말도 듣지 않거든 이방인과 세리와 같이
> 여기라_마태복음 18:15~17

책망할 때 과정이 필요합니다. 먼저는 일대일로 만나서 권고하고, 듣지 않으면 한두 사람을 데리고 가서 권고하며, 그래도 듣지 않으면 교회에 말하고, 그래도 듣지 않으면 이방인과 세리처럼 여기는 것입니다. 그런데 책망은 비난이나 분노, 폭발이 아닙니다.

> 형제들아 사람이 만일 무슨 범죄한 일이 드러나거든 신령한 너희는 온유
> 한 심령으로 그러한 자를 바로잡고 너 자신을 살펴보아 너도 시험을 받을
> 까 두려워하라_갈라디아서 6:1

책망할 때 마음의 태도는 온유한 심령이며, 목표는 그를 바르게 세우는 것입니다. '디다케'라는 1세기 기독교 문서가 있습니다. 이 문서에는 기독교의

윤리, 세례와 성찬과 같은 예배의식, 교회의 조직이 담겨 있습니다. 그중에 15장 3절[99]을 보면, 잘못된 성도에 대해 책망하는 태도를 다음과 같이 말하고 있습니다.

> 너희가 복음서의 말씀대로, 분노가 아니라 화평함으로 서로 바로잡으라
> _디다케 15:3

책망하되, 분노가 아니라 화평함으로 바로잡아야 한다는 것을 강조합니다. 모든 책망의 목표는 책망을 받는 사람의 회복입니다.

> 그들이 은밀히 행하는 것들은 말하기도 부끄러운 것들이라_에베소서 5:12

그들이 은밀히 행하는 것들은 앞에 말한 어둠의 일입니다. 그런 것은 말하기도 부끄러운 것이지만, 우리는 그들의 회복을 목표로 삼고 책망해야 합니다.

> 그러나 책망을 받는 모든 것은 빛으로 말미암아 드러나나니 드러나는 것마다 빛이니라_에베소서 5:13

---

99 The Didache (Διδαχή, lit. "Teaching"), also known as The Lord's Teaching Through the Twelve Apostles to the Nations(Διδαχὴ Κυρίου διὰ τῶν δώδεκα ἀποστόλων τοῖς ἔθνεσιν, 디다케 퀴리우 디아 톤 도데카 아포스톨론 토이스 에드네신), is a brief anonymous early Christian treatise written in Koine Greek, dated by modern scholars to the first century. The text, parts of which constitute the oldest extant written catechism, has three main sections dealing with Christian ethics, rituals such as baptism and Eucharist, and Church organization. The Didache is considered part of the group of second-generation Christian writings known as the Apostolic Fathers. https://en.wikipedia.org/wiki/Didache Arnold, 『존더반 신약주석 강해로 푸는 에베소서』, p. 340.

책망을 받을 때 그 어둠의 일들이 다 드러나게 되고 책망받는 사람이 잘 받아들이면 거기서 회복이 일어납니다. 책망하는 사람이 온유함과 사랑으로 책망하고 책망받는 사람이 겸손한 마음으로 수용한다면, 그 책망은 좋은 열매를 맺게 됩니다.

> 그러므로 이르시기를 잠자는 자여 깨어서 죽은 자들 가운데서 일어나라
> 그리스도께서 너에게 비추이시리라 하셨느니라_에베소서 5:14

잠자는 자는 성도이지만, 어둠의 일을 생각하고 행동하는 사람입니다. 죽은 자는 예수님을 믿지 않는 사람을 말합니다(에베소서 2:1). 그런데 잠자는 자는 죽은 자들 가운데서 자고 있습니다. 즉, 어둠의 일을 하는 불신자들 가운데 섞여서 같이 어둠의 일을 하고 있다는 것입니다. 그래서 죽은 자들 가운데서 일어나라고 말씀합니다. 인생이 길지 않습니다. 세월을 아껴야 합니다.

> 너희는 다 빛의 아들이요 낮의 아들이라 우리가 밤이나 어둠에 속하지 아
> 니하나니 그러므로 우리는 다른 이들과 같이 자지 말고 오직 깨어 정신을
> 차릴지라_데살로니가전서 5:5~6

어둠의 일을 하는 성도들이 있다면 책망해야 합니다. 그래서 그들이 깨어나게 해주어야 합니다. 그것이 그들을 살리는 것입니다. 그리고 그리스도의 몸을 살리는 것입니다. 그럴 때 영적 성장이 이루어집니다.

8. 교회의 성장은 자세히 주의하여 분별하는 것이다

성장하는 교회인 성도는 조심스러운 사람입니다. 함부로 좌충우돌하는 사람이 아닙니다. 문제에 대해서 자세히 살펴보고 주의하여 분별하는 사람입니다. 그 후에 행동하는 사람입니다.

> 그런즉 너희가 어떻게 행할지를 자세히 주의하여 지혜 없는 자 같이 하지
>
> 말고 오직 지혜 있는 자 같이 하여_에베소서 5:15

행동을 위해서는 자세히 주의하는 것이 필요하다고 말씀합니다. 자세히 살펴보는 것을 말합니다. 그렇지 않으면 지혜롭지 못한 행동을 할 수가 있기 때문입니다. 마음에 내키는 대로 보이는 대로 충동적으로 행동하면 우리는 지혜롭지 못한 행동을 하고 나중에 후회하기 때문입니다. 자세히 주의하라는 헬라어로 블레페 운 아크리보스(Βλέπετε οὖν ἀκριβῶς)입니다. 조심스럽게 바라보라(look carefully)는 뜻입니다.

신앙생활은 영적 전쟁입니다. 지상 교회는 전투적인 교회입니다. 맥아더 장군은 "작전에 실패한 지휘관은 용서받을 수 있지만, 경계에 실패한 지휘관은 용서받을 수 없다(A commander who fails in an operation may be forgiven, but one who fails a watch cannot be.)"고 말했습니다. 군사 작전에는 수많은 변수가 있을 수 있습니다. 그래서 작전에 실수하면 안 되지만, 불가피하게 실수할 수도 있습니다. 그러나 경계는 정신 똑바로 차리고 눈을 뜨고 주시하면 침투하는 적을 막을 수 있습니다. 그래서 경계에 실패한 지휘관은 용서받을 수 없는 것입니다.

신앙생활에도 경계가 필요합니다. 그렇지 않으면 악한 영의 유혹에 속아

지혜롭지 못한 판단, 말, 그리고 행동을 하게 됩니다. 지혜롭지 못한 판단, 말, 행동은 무엇입니까? 바로 앞의 문맥에 나오는 것들입니다. 앞의 본문에서 빛과 어두움을 대조했습니다. 여기에서는 지혜 있는 자와 지혜 없는 자를 대조하고 있습니다. 그러므로 문맥을 다음과 같이 연결할 수 있습니다. "지혜 있는 자는 빛을 따라 사는 사람이고, 지혜 없는 자는 어두움을 따라 사는 사람이다."

우리는 주의 깊게 내 삶과 내게 다가오는 일들을 바라보아야 합니다. 거짓말은 아닌지, 분노하고 있지는 않은지, 도둑질하고 있지는 않은지, 다른 사람을 파괴하는 말을 하고 있지는 않은지, 중상모략하는 말을 하고 있지는 않은지, 음행하고 있지는 않은지, 성희롱에 해당하는 농담을 하고 있지는 않은지, 지금 내 판단과 말과 행동이 이런 어두움의 방향으로 가고 있지는 않은지 주의 깊게 살펴보고 잘 판단해야 합니다. 그런데 이 어둠의 일을 하게 만드는 존재가 있습니다.

> 우리의 씨름은 혈과 육을 상대하는 것이 아니요 통치자들과 권세들과 이
> 어둠의 세상 주관자들과 하늘에 있는 악의 영들을 상대함이라
>
> _에베소서 6:12

이 어둠의 세상 주관자들, 즉 악한 영들은 우리를 거짓말, 분노, 도둑질, 다른 사람을 파괴하는 말, 중상모략하는 것, 음행, 외설(猥褻)적인 농담을 하게 하여 공격합니다.

> 그러므로 어리석은 자가 되지 말고 오직 주의 뜻이 무엇인가 이해하라
>
> _에베소서 5:17

어리석은 자는 이런 어둠의 일을 하는 사람입니다. 주의 뜻은 이런 어둠의 일을 피하는 것입니다. 교회인 성도의 신앙 성장은 지혜롭게 살 때 옵니다. 지혜롭게 사는 것은 자세히 주의하여 어둠의 일과 빛의 일을 분별하는 것입니다.

9. 교회의 성장은 세월을 아끼는 것이다

시간은 다시 돌이킬 수 없습니다. 시간 낭비는 돈 낭비보다 큽니다. 시간은 돈을 주고 다시 살 수 없습니다. 그러므로 시간을 낭비하는 것은 가장 큰 낭비입니다. 에베소서 5장 16절은 다음과 같이 말씀합니다.

> 세월을 아끼라 때가 악하니라_에베소서 5:16

그렇다면, 세월을 아낀 시간을 가지고 무엇을 하라는 것일까요? 세월을 아끼라는 말 다음에 때가 악하다는 말씀이 있습니다. 이 말은 이 시대가 어둠의 세상 주관자가 공격하는 때라는 것입니다. 그래서 세월을 아끼라는 말은 그 어둠의 세상 주관자의 공격에 무너져서 그 악한 영에게 끌려다니면서 어둠의 일에 시간을 뺏기지 말라는 뜻입니다.

이 어둠의 세상 주관자들, 즉 악한 영들이 우릴 공격하는 양상은 이렇습니다. 거짓말, 분노, 도둑질, 다른 사람을 파괴하는 말, 중상모략하는 것, 음행, 외설(猥褻)적인 농담을 하게 합니다. 이런 어둠의 일에 시간을 낭비하지 마십시오. 그것은 인생을 낭비하는 것입니다. 열매 없는 어둠의 일입니다. 그런 일로 시간을 쓰는 어리석음이 없기를 축복합니다.

10. 교회의 성장은 술 취하지 않고 성령 충만한 것이다

술은 우리의 신앙 성장에 큰 장애를 줍니다. 왜냐하면 마귀의 공격에 노출되어 마귀의 공격에 무너지기 때문입니다.

> 술 취하지 말라 이는 방탕한 것이니 오직 성령으로 충만함을 받으라
>
> _에베소서 5:18

술은 우리를 방탕하게 만듭니다. 술 취하면 분별력이 흐려집니다. 쉽게 죄를 짓습니다. 성적 범죄에 노출됩니다. 분노도 잘 하게 됩니다. 그러므로 술 취하면 안 됩니다.

> 재앙이 뉘게 있느뇨 근심이 뉘게 있느뇨 분쟁이 뉘게 있느뇨 원망이 뉘게 있느뇨 까닭 없는 상처가 뉘게 있느뇨 붉은 눈이 뉘게 있느뇨 술에 잠긴 자에게 있고 혼합한 술을 구하러 다니는 자에게 있느니라 포도주는 붉고 잔에서 번쩍이며 순하게 내려가나니 너는 그것을 보지도 말지어다 그것이 마침내 뱀 같이 물 것이요 독사 같이 쏠 것이며 또 네 눈에는 괴이한 것이 보일 것이요 네 마음은 구부러진 말을 할 것이며 너는 바다 가운데에 누운 자 같을 것이요 돛대 위에 누운 자 같을 것이며 네가 스스로 말하기를 사람이 나를 때려도 나는 아프지 아니하고 나를 상하게 하여도 내게 감각이 없도다 내가 언제나 깰까 다시 술을 찾겠다 하리라_잠언 23:29~35

술의 가장 큰 문제는 사람을 방탕하게 만드는 것입니다. 우리 가운데 술 문제를 큰 문제로 대하지 않는 분들이 있습니다. 그렇지 않습니다. 술 취하지

마십시오. 쳐다보지도 마십시오. 술 문제에 대해서 분명한 태도를 정하시기 바랍니다. 우리는 술이 아닌 성령으로 충만을 받아야 합니다. 술 취하는 사람은 절대로 성령 충만할 수 없습니다. 술을 끊어버리고, 대신 성령 충만을 받으십시오. 술 충만과 성령 충만은 차원이 다릅니다. 술은 잠시 시름을 잊게 할 수는 있지만 진정한 문제 해결을 못합니다. 그러나 성령 충만은 마음에 평안을 주시고, 지혜를 주시고, 나를 바꾸어주시고, 상대방의 마음을 움직여주셔서 문제를 해결해 줍니다. 또 문제 해결을 넘어 하나님께 영광 돌리는 삶을 살게 되고, 나도 행복하고, 가족도 행복하고, 이웃도 행복한 삶을 살게 됩니다. 이 시간 술에 매인 사람은 성령께 매인 사람 되기를 바랍니다. 그리고 성령님의 은혜로 완전히 끊어버리길 축복합니다.

11. 교회의 성장은 찬송, 감사, 복종하는 것이다

앞에서 술 취하지 말고 오직 성령의 충만을 받으라고 말씀하셨는데, 그 성령 충만 받는 방법에 대해서는 19절부터 말씀합니다.

> 시와 찬송과 신령한 노래들로 서로 화답하며 너희의 마음으로 주께 노래
> 하며 찬송하며_에베소서 5:19

여기에 나오는 단어들은 모두 찬송을 의미합니다. 화답(和答)이란 시나 노래에 대해 맞받아 답하는 것이기에 화답은 서로 하나님을 찬송하는 것입니다. 19절은 공동체 예배 가운데 찬송 가운데 하나님의 성령 충만을 부어주신다는 말씀입니다. 이것이 성령 충만의 방법입니다.

> 범사에 우리 주 예수 그리스도의 이름으로 항상 아버지 하나님께 감사하
> 며_에베소서 5:20

범사에 감사하는 것입니다. 그 감사를 주 예수 그리스도의 이름으로 하라고 합니다. 즉 이것은 감사의 기도를 말합니다. 기도 중에 가장 위대한 기도는 감사의 기도입니다. 그것도 범사(凡事, 모든 일)에 감사하는 것은 최고의 감사입니다. 감사할 때 성령 충만을 부어주십니다.

> 감사로 제사를 드리는 자가 나를 영화롭게 하나니_시편 50:23

감사로 제사, 즉 예배를 드리는 사람은 하나님을 가장 영화롭게 하는 것이며 성령 충만을 받게 됩니다. 범사에 원망 불평하는 사람은 성령 충만이 소진되지만, 범사에 감사하는 사람에게는 성령 충만이 부어집니다. 원망과 불평보다 범사에 감사할 수 있기를 축복합니다. 그것이 성령 충만 받는 비결이요, 지혜롭게 사는 것이요, 신앙이 성장하는 길입니다.

> 그리스도를 경외함으로 피차 복종하라_에베소서 5:21

성도가 그리스도를 경외함으로 서로 복종하는 것입니다. 그리스도를 경외한다는 것은 거룩한 두려움을 그리스도께 대해 갖는 것을 말합니다. 진정으로 그리스도를 존경하며 두려워하는 경외심을 가진 사람은 그리스도의 몸으로 이루어진 교회에서 옆에 있는 성도를 존중합니다. 서로 섬깁니다. 그것이 피차 복종하라는 말의 뜻입니다. 성도가 서로 존중하는 곳에 성령님의 충만한 임재가 있습니다.

나눔을 위한 질문

10장은 교회의 성장은 하나님을 본받는 것에 대한 말씀입니다. 하나님의 성품을 본받을 때 우리의 신앙은 깊이 있는 성장을 경험합니다.

1. 교회인 성도의 성장은 하나님을 본받는 것이라고 할 때, 그것은 어떤 내용이 있었습니까?

2. 빛의 자녀인 성도가 어둠의 일을 책망한다는 것은 무슨 뜻입니까?

3. 신앙 성장을 위해서 용서, 희생, 거룩하라는 명령에 어떻게 순종하시겠습니까?

4. 세월을 아끼기 위해서 실천할 것은 무엇입니까?

5. 성령 충만을 받기 위해서 해야 할 일은 무엇입니까?

11장

교회의
성장은
배우자를
사랑하는 것_에베소서 5:22~33

가정예배

에베소서 5:22~33

22 아내들이여 자기 남편에게 복종하기를 주께 하듯 하라 23 이는 남편이 아내의 머리 됨이 그리스도께서 교회의 머리 됨과 같음이니 그가 바로 몸의 구주시니라 24 그러므로 교회가 그리스도에게 하듯 아내들도 범사에 자기 남편에게 복종할지니라 25 남편들아 아내 사랑하기를 그리스도께서 교회를 사랑하시고 그 교회를 위하여 자신을 주심 같이 하라 26 이는 곧 물로 씻어 말씀으로 깨끗하게 하사 거룩하게 하시고 27 자기 앞에 영광스러운 교회로 세우사 티나 주름 잡힌 것이나 이런 것들이 없이 거룩하고 흠이 없게 하려 하심이라 28 이와 같이 남편들도 자기 아내 사랑하기를 자기 자신과 같이 할지니 자기 아내를 사랑하는 자는 자기를 사랑하는 것이라 29 누구든지 언제나 자기 육체를 미워하지 않고 오직 양육하여 보호하기를 그리스도께서 교회에게 함과 같이 하나니 30 우리는 그 몸의 지체임이라 31 그러므로 사람이 부모를 떠나 그의 아내와 합하여 그 둘이 한 육체가 될지니 32 이 비밀이 크도다 나는 그리스도와 교회에 대하여 말하노라 33 그러나 너희도 각각 자기의 아내 사랑하기를 자신 같이 하고 아내도 자기 남편을 존경하라

10장에서 교회의 성장은 하나님을 본받는 것이라고 했습니다. 11장에서는 교회인 성도의 성장은 배우자를 사랑하는 것임을 말씀합니다. 믿음이 성장하는 성도는 배우자를 사랑합니다. 믿음의 성장과 배우자를 사랑하는 것이 분리되어 있지 않습니다. 교회 성장의 연장선에 이 말씀이 있습니다.

1. 교회 성장은 아내가 남편을 존경하는 것이다

우리는 교회생활과 가정생활의 이중성 때문에 곤혹스러울 때가 많습니다. 그것은 에베소서가 말하는 주님이 꿈꾸신 교회의 모습이 아닙니다.

> 아내들이여 자기 남편에게 복종하기를 주께 하듯 하라 _에베소서 5:22

여기 "복종"이라는 말은 좀 거부감이 드는 단어입니다. 그러나 이 복종은 굴욕적인 것을 의미하지 않습니다. 에베소서 5장 23절 때문입니다.

이는 남편이 아내의 머리 됨이 그리스도께서 교회의 머리 됨과 같음이니
그가 바로 몸의 구주시니라_에베소서 5:23

남편이 아내의 머리 됨이 그리스도께서 교회의 머리 됨과 같습니다. 그리스도께서 우리에게 굴욕적인 복종을 요구하십니까? 아닙니다. 우리가 그리스도를 사랑하기 때문에 그분께 복종하는 것입니다. 그러므로 아내가 남편에게 하는 복종은 굴욕적인 복종이 아닙니다. 이것이 가장 분명하게 나타난 곳이 에베소서 5장 33절입니다.

그러나 너희도 각각 자기의 아내 사랑하기를 자신 같이 하고 아내도 자기
남편을 존경하라_에베소서 5:33

여기서는 아내가 남편에게 복종하라는 말대신 존경하라고 말씀합니다. 즉, 여기서 복종은 존경하기 때문에 하는 즐거운 복종을 말합니다. 그런데 주의할 것은 남의 남편에게 복종하라, 남의 남편을 존경하라고 되어있지 않습니다. 자기 남편에게 복종하고, 자기 남편을 존경해야 합니다. 이 시대는 불륜의 시대입니다. 얼마나 불륜이 만연되어 있는지 모릅니다. 일찍이 이렇게 음란했던 시대도 없었던 것 같습니다. 이것은 하나님의 뜻에 어긋나는 범죄입니다. 또한 아직 아내와 남편이 되지 않았는데 혼전 동거를 하는 것은 비성경적입니다.

그러므로 교회가 그리스도에게 하듯 아내들도 범사에 자기 남편에게 복
종할지니라_에베소서 5:24

이 복종과 존경은 신성한 것입니다. 교회가 그리스도에게 하듯 신성합니다. 결혼의 순결을 지켜야 합니다. 범사에 남편에게 복종하라고 말씀하실 때 범사(凡事, in everything)는 모든 일을 말합니다. 이렇게 아내가 복종할 이유는 남편이 머리가 되기 때문입니다. 머리는 지도력을 가진 위치라는 뜻입니다. 그래서 복종하고 존경하는 것입니다. 이에 대하여 아놀드 박사는 다음과 같이 정리합니다.

〔범사에 자기 남편에게 복종하라(부정적 정의)〕[100]

1. 그것은 순종을 요구하지 않는다.

2. 그것은 남편을 직장의 상사(上司)로, 아내를 종으로 만들지 않는다.

3. 그것은 아내가 자아정체성을 잃어버리게 하지 않는다.

4. 그것은 아내가 발언권을 잃어버리고 남편이 여러 결정을 일방적으로 내려야 한다는 의미가 아니다.

5. 그것은 아내가 정서적, 언어적, 신체적 학대를 당해도 된다는 말이 아니다.

〔범사에 자기 남편에게 복종하라(긍정적 정의)〕[101]

1. 남편의 사랑, 보살핌, 부양을 받는 것

2. 주도권이 있는 남편을 격려하고 지지하며 남편에게 조언하고 가족에게 비전과 방향을 제시하는 것

---

100 Arnold, 『존더반 신약주석 강해로 푸는 에베소서』, p. 409.

101 Ibid., p. 410.

3. '주도권을 장악' 하려는 유혹에 저항하는 것

4. 남편의 지도력을 침해하거나 그 지도력에 불평하려는 충동에 저항하는 것

5. 가족의 비전과 방향에 대해 남편과 합의한 우선순위에 자기 소비 습관을 맞추는 것

위의 글을 읽으면서 찔리는 내용이 있다면, 오늘 당장 고치길 바랍니다. 그런데 아내가 자기 남편의 지도력에 복종하지 말아야 할 때를 스티븐 트레이시는 이렇게 말합니다.

〔아내가 자기 남편의 지도력에 복종하지 말아야 할 때〕[102]

1. 성경의 원리를 어기게 될 때

2. 아내와 그리스도와의 관계를 손상하게 할 때

3. 아내의 양심을 침해할 때

4. 자녀를 돌보고 양육하며 보호하는 일에 방해가 될 때

5. 아내가 죄를 짓도록 남편이 촉진할 때

6. 아내가 육체적, 성적, 감정적으로 학대당할 때: 예를 들면, 아내가 친구와 보내는 시간을 방해한다든지, 특정 성형수술(유방 확대술 같은)을 강요한다든지, 알코올에 중독된 남편이 술을 더 사 오게 하는 경우 등이다.

---

102 Steven R. Tracy, "What Does 'Submit in Everything' Really Mean? The Nature and Scope of Marital Submission," 「*Trinity Journal*」 (29, 2008), pp. 285-312. Arnold, 『존더반 신약주석 강해로 푸는 에베소서』, p. 410. 재인용.

그러나 이런 일 외에 아내는 남편을 사랑하기에 존경하고, 그의 지도력을 존중하며 복종해야 합니다. 그것이 신앙이 성장하는 아내입니다.

2. 교회의 성장은 남편이 아내를 위해 목숨을 바치는 것이다

아내에게 복종을 요구하신 주님은 이제 남편에게는 목숨을 요구하십니다. 아내를 진정 사랑한다면, 아내를 위해 목숨을 바쳐야 한다는 것입니다. 그러나 일반적인 남편들은 아내를 부려 먹으려고 하지 목숨을 바치지는 않습니다. 성경은 아내를 부려먹지 말고, 아내를 위해 목숨을 바치라고 말씀합니다. 그것이 주님이 꿈꾸시는 교회로서의 남편 모습이요, 교회를 위해 목숨을 바치신 예수님을 본받는 것입니다.

> 남편들아 아내 사랑하기를 그리스도께서 교회를 사랑하시고 그 교회를
> 위하여 자신을 주심 같이 하라_에베소서 5:25

예수님은 교회를 위해 생명과 모든 것을 주셨습니다. 그런데 우리 남편들은 어떻습니까? 생명을 주기보다는 무엇을 달라고 요구할 때가 많지 않습니까? 그러면서 이 말씀은 그리스도께서 죽으심으로 이루어주신 우리의 구원의 이야기로 넘어갑니다.

> 이는 곧 물로 씻어 말씀으로 깨끗하게 하사 거룩하게 하시고_에베소서 5:26

여기서 "물"은 성령님을 의미합니다. 클린턴 박사는 '이 물은 하나님이 새

언약의(신약) 백성에게 성령님을 부어주시는 것을 상징했다. 성령님은 우리를 깨끗하게 하시는 분이시다'[103]고 했습니다. 그러므로 "물로 씻어 말씀으로 깨끗하게 하사"는 성령께서 말씀을 사용하셔서 우리에게 그리스도 십자가의 진리를 믿게 하심으로 죄를 깨끗하게 씻어주셨다는 뜻입니다. 그 결과, 우리는 신분이 거룩한 성도로 바뀌었습니다. 그렇지만 우리의 상태는 아직도 죄성을 가지고 있습니다. 그러나 신분은 의인(義人)입니다. 이것을 칭의(稱義)라고 합니다. 그런데 정의와 칭의는 차이가 있습니다.

〔정의와 칭의의 차이〕

정의(正義, justice, 옳음) vs. 칭의(稱義, justification, 옳다고 인정함)

우리 가운데 100% 정의로운 사람은 없습니다. 다 죄인이기 때문입니다. 그래서 우리의 정의로움으로 구원받을 사람은 단 한 명도 없습니다. 다만, 하나님의 사랑과 은혜로 구원받습니다. 우리의 믿음을 보시고 옳다고 인정받아 구원받습니다. 우리는 정의로 구원받은 것이 아니라 칭의로 구원받았습니다. 마틴 루터는 구원받은 성도의 정체성을 이렇게 말합니다.

그리스도인은 의인인 동시에 죄인이다(Christian is at the same time both righteous and a sinner. *simul iustus et peccator*).[104]

---

103 Ibid., p. 394.

104 https://en.wikipedia.org/wiki/Theology_of_Martin_Luther

우리를 구원하실 때 우리가 완전한 존재여서 구원하신 것이 아닙니다. 오히려 불완전하고 흠이 많은 우리를 거룩하고 흠이 없는 존재로 만들려고, 즉 성화케 하시려고 우릴 구원하셨습니다. 다시 말하면 하나님은 칭의로 우리의 구원을 확정하시고, 성화를 통해 그 구원에 합당한 사람, 즉 거룩한 존재로 만들어 가십니다. 우리도 아내에게 이런 태도를 가져야 합니다. 완전해서 결혼한 것이 아니라 성숙해가기 위해서 결혼한 것입니다. 아내도 남편에게 이런 태도를 가져야 합니다. 함께 성숙해가기 위해서 결혼한 것입니다. 상호 존중과 배려로 함께 성숙해져야 합니다.

> 자기 앞에 영광스러운 교회로 세우사 티나 주름 잡힌 것이나 이런 것들이
> 없이 거룩하고 흠이 없게 하려 하심이라_에베소서 5:27

"티"는 얼룩을 말하는 헬라어 스피로스(σπίλος)입니다. "주름"은 얼굴에 생기는 주름을 말하는 헬라어 루티스(ῥυτίς)입니다. 그러니까 마음고생을 해서 얼굴에 기미가 생기고 주름이 생기는 것을 말합니다. 물론 교회에 대해서는 도덕적 탁월함과 정결함을 말합니다.[105] 이 말씀은 남편이 아내에게 그런 근심거리를 주지 말라는 것입니다. 마치 그리스도께서 교회를 성화시켜 나가듯, 남편은 아내를 더욱 아름답게 만들어주어야 합니다. 구원받은 이후에 성도가 아름다운 인격을 가진 성도로 성화되듯, 결혼한 이후에 아내가 더욱 아름다운 존재가 되어가도록 남편이 도와야 합니다. 그렇게 하려면 어떻게 해야 할까요?

---

105 Arnold, 『존더반 신약주석 강해로 푸는 에베소서』, p. 396.

이와 같이 남편들도 자기 아내 사랑하기를 자기 자신과 같이 할지니 자기 아내를 사랑하는 자는 자기를 사랑하는 것이라_에베소서 5:28

최소한 내 몸을 아끼듯 아내를 아껴야 합니다. 자기 아내를 사랑하는 것이 자기를 사랑하는 것입니다. 이 말씀은 다음 구절에서 다시 설명합니다.

누구든지 언제나 자기 육체를 미워하지 않고 오직 양육하여 보호하기를 그리스도께서 교회에게 함과 같이 하나니_에베소서 5:29

'양육하라'는 헬라어로 에크트레포(ἐκτρέφω)인데, 그 뜻은 성숙하도록 양육하다(to bring up to maturity), 기르다(to nourish) 입니다. 남편은 아내의 성장과 성숙을 도와야 합니다. 아내의 신앙이 성장하고 성숙하도록 도와야 합니다. 아내의 재능과 능력이 발휘되도록 도와야 합니다. 그냥 일만 하는 존재가 되지 않도록 해주어야 합니다.

또 '보호하라'는 헬라어로 달포(θάλπω)인데, 그 뜻은 소중히 여기다(cherish), 위로하다(comfort) 입니다. 당신의 아내는 당신 때문에 성장하고 성숙하고 있습니까? 당신의 아내는 당신에게 소중하게 여김을 받습니까? 당신은 아내를 위로하고 있습니까? 그런 남편이 되는 것이 주님이 꿈꾸신 교회가 되는 것이고, 그것이 바로 그리스도를 닮는 신앙 성장입니다.

우리는 그 몸의 지체임이라_에베소서 5:30

우리는 머리 되신 그리스도의 지체, 즉 몸의 일부이기 때문에 반드시 그리스도를 닮아야 합니다. 그리스도가 교회에게 하신 것처럼 남편들도 하라는 말씀입니다. 클린턴 박사는 이 부분을 다음과 같이 정리합니다.

〔아내를 위해 목숨을 바치는 남편은 어떻게 살아야 하는가?〕[106]

1. 아내의 안녕과 돌봄을 보장하기 위해 기꺼이 자기를 부인하는 것에서 자라감
2. 아내가 아플 때 긍휼과 사랑의 마음으로 돌봄
3. 아내가 장애나 불치병을 얻어 남편에게 아무것도 줄 수 없게 되었을 때 아내가 원하는 한 기꺼이 그를 사랑으로 돌봄
4. 두 사람이 가정을 위해 확립한 우선순위 밖의 돈을 사용하려는 충동에 저항
5. 아내에게 상처를 줄 만한 말, 말투를 사용하지 않도록 부지런히 경계
6. 아내와 정기적으로 양질의 시간을 보내고 항상 아내가 남편에게 귀한 존재임을 느끼게 함
7. 부적절한 방식으로 다른 여자들을 바라보고 마음속으로 그녀들을 바람으로써 자기 아내의 품위를 떨어뜨리지 않도록 온갖 주의를 기울임
8. 아내가 이야기 나누거나 교제하고 싶어 할 때 편히 쉬고 싶은 마음을 부인함
9. 지도하며 군림하거나 지배하지 않는 것
10. 자기중심적 요구는 어떤 형태든 하지 않으려고 저항하는 것
11. 아내의 필요를 분별하는 법을 배우고 그 필요를 채워주려 애쓰는 것

---

106   Arnold, 『존더반 신약주석 강해로 푸는 에베소서』, pp. 412, 414.

12. 아내의 은사를 인식하고 아내를 후원할 길을 찾으며 그 은사를 표현할 기회를 주는 것
13. 하나님 나라의 목적을 중심으로 가족을 위한 비전과 방향을 제시하는 일에 아내의 조언을 구할 책임을 지는 것
14. 갈등의 해결책을 제시하는 데 주도적일 것
15. 아내의 역할을 다하기를 고집하기보다 본문 말씀에서 말하는 남편의 역할을 행하고 말하는 데 집중할 것

본문을 보면, 아내에게 말씀한 내용은 세 구절(22~24절)입니다. 그러나 남편에게 요구한 것은 여섯 구절(25~30절)입니다. 그만큼 남편의 역할이 중요합니다. 남편이 가정의 머리이기 때문입니다.

3. 교회의 성장은 부부가 교회답게 사는 것이다

신앙이 성장하는 부부는 세상의 기준대로 살지 않습니다. 쉽게 말하면, 유교의 남존여비 사상을 따르지 않습니다. 비성경적인 원가족의 문화(남편은 본가의 문화, 아내는 친정의 문화)를 따르지도 않습니다.

그러므로 사람이 부모를 떠나 그의 아내와 합하여 그 둘이 한 육체가 될지니_에베소서 5:31

성경적인 부부의 삶은 먼저 '부모를 떠나는 것'입니다. 독립(independence)하는 것입니다. 더 이상 부모에게 의존하지 않는 것입니다. 그러나 단절

(separation)이 아닙니다. 마치 우리나라가 독립국이지만, 외국과 외교적 단절을 하지 않는 것과 같습니다. 결혼한 후에도 양가 부모님을 공경하며 섬겨야 합니다. 아내와 "합하여"는 헬라어로 프로스콜라오(προσκολλάω)인데 그 뜻은 접착제로 붙이다(to glue) 입니다. 이 단어는 왕관에 보석을 붙일 때 쓰이는 용어입니다.[107] 부부는 강력한 접착제로 붙어 있어서 누구도 끼어들지 못하게 하는 것이 성경적입니다. 이런 연합의 마음으로 사랑하며, 함께 하나님을 섬기고 부모님을 공경하는 것입니다. 한 육체가 된다는 것은 몸과 마음이 하나가 된다는 뜻도 있지만, 남편은 머리로서 아내는 몸으로서의 역할을 한다는 뜻도 있습니다. 남편은 머리로서 좋은 지도력을 발휘하고, 아내는 몸으로서 머리를 존경하는 관계가 되어야 합니다.

이 비밀이 크도다 나는 그리스도와 교회에 대하여 말하노라_에베소서 5:32

그리스도께서 머리 되시고 교회가 몸이 된 것이 얼마나 놀라운 신비입니까? 여기서 "비밀"은 군사 비밀이 아니라 신비롭다는 뜻입니다. 이처럼 남편이 머리 되고 아내가 몸이 되는 이 관계의 연합이 잘 되면 참으로 신비롭고 아름답습니다. 성경은 우리에게 부부관계를 그리스도와 교회의 관계의 관점에서 바라보라고 말씀합니다. 그리스도가 교회를 사랑하듯 남편이 아내를 사랑하고, 교회가 그리스도를 존경하고 복종하듯 아내가 남편을 존경하고 복종하라는 것입니다. 그래서 신앙이 성장하는 부부는 교회같이, 교회답게, 교회처럼 삽니다.

---

107 Arnold, 『존더반 신약주석 강해로 푸는 에베소서』, p. 400.

> 그러나 너희도 각각 자기의 아내 사랑하기를 자신 같이 하고 아내도 자기
> 남편을 존경하라_에베소서 5:33

"그러나"는 헬라어로 플렌(πλήν)인데, 여기서는 '결론적으로'라는 뜻입니다.[108] '결론적으로 너희도 각각 자기의 아내 사랑하기를 자신같이 하고 아내도 자기 남편을 존경하라'는 말씀입니다. 결혼하고 시간이 지나도 계속해서 부부가 교회답게 사랑하다 보면, 서로를 진심으로 위하고 돕는 성숙한 배우자가 될 것입니다.

크리스천 잡지인 「빛과 소금」 2021년 3월호에는 코미디언 김학래, 임미숙 부부의 이야기가 나옵니다. 결혼 후, 김학래 씨가 해외 출장과 야간 업소에서 개그맨 활동을 하느라 볼 시간이 없어지면서 임미숙 씨는 외로움에 공황장애가 걸렸답니다. 공황장애란 갑자기 극도의 두려움과 불안을 느끼는 불안 장애의 일종입니다. 심한 불안과 초조감, 죽을 것 같은 공포감과 함께 가슴 뜀, 호흡 곤란, 흉통이나 가슴 답답함, 어지러움, 손발 저림, 열감 등 다양한 신체 증상을 경험합니다. 임미숙 씨는 공황장애 때문에 30년 동안 비행기를 한 번도 못 탔다고 합니다. 오랫동안 고통의 시간을 보냈습니다. 그런 임미숙 씨가 공황장애를 극복하게 되었는데, 하나님께 기도할 때 불현듯 나를 위해 독생자를 주신 하나님이 내가 공황장애가 있든 없든 나를 정말 사랑하고 있다는 사실을 깨달은 순간부터였다고 합니다. 아가서를 읽으면서 나를 사랑하시는 하나님을 느꼈고, '그 사랑'이라는 복음성가의 가사 '그 사랑, 변함없으신 거짓 없으신 성실하신 그 사랑, 상한 갈대 꺾지 아

---

108 Ibid., p. 404.

니하며 꺼져가는 등불 끄지 않는 그 사랑'을 들으면서 '이런 공포쯤 내 안에 있어도 괜찮다'는 생각과 '이렇게 힘들어도 주님이 나와 함께 하신다는 사실만으로 감사하다'는 생각이 들면서 공황장애를 극복할 수 있었다고 합니다. 그래서 그녀는 그 공포 속에서도 삶을 포기하지 않을 수 있었습니다. 벽장 속에 숨어 있지도, 누워만 있지도 않았습니다. 일 열심히 하고 교회도 열심히 나가며, 주변에서 "너 신학 하는 거 아니야?"라고 물을 정도로 매일 말씀을 쓰고 외웠다고 합니다.

"말씀 암송의 힘을 알아요. 힘들고 두려울 때, 말씀만 암송해도 그렇게 편안해질 수가 없어요. 어두운 터널 속에서도 말씀이 등불이 되기 때문이죠. 그런데 제 남편이 처음에는 저를 외롭게 했지만, 제가 아픔을 이야기한 후에는 공감하고 배려해 줬어요. 그리고 이제는 회복되었어요."[109] 하나님 말씀의 능력과 기도, 찬송, 그리고 남편의 배려로 공황장애를 극복하고 이제는 방송도 다시 하게 되었다고 합니다. 우리도 이렇게 함께 성장하고, 함께 고난을 이기며 승리하길 축복합니다.

누군가 윈스턴 처칠에게 "인생을 다시 살 수 있다면 무엇이 되고 싶습니까?"라고 질문했습니다. 그러자 결혼한 지 55년 된 처칠 경은 눈을 반짝이며 "처칠 여사의 두 번째 남편이 되고 싶습니다"[110]라고 답했다고 합니다. 신혼의 달콤함도 좋지만 55년을 살고도 이처럼 아내를 사랑할 수 있다면 얼마나 더 좋겠습니까?

---

109 김재원, "어두운 터널 속에서도 하나님과 함께 하는 순간은 참 행복했어요," 『빛과 소금』, 2021년 3월호, pp. 92-101.

110 Charles R. Swindoll, *Marriage: from Surviving to Thriving*, 윤종석 옮김, 『행복한 가정의 탄생』, (서울: 도서출판 디모데, 2010), p. 98.

나눔을 위한 질문

11장에서 교회의 성장은 배우자를 사랑하는 것임을 배웠습니다. 믿음이 좋다고 하면서 배우자를 사랑하지 않는 것은 진짜 믿음이 아닙니다.

1. 교회인 성도의 신앙 성장에는 가정생활이 들어간다는 것에 대해 어떻게 생각합니까?

2. 결혼한 성도님의 경우, 교회생활과 가정생활이 조화를 이루는 삶을 살고 있습니까?

3. 교회이며 성도인 아내의 신앙 성장은 어떻게 나타나야 합니까?

4. 교회이며 성도인 남편의 신앙 성장은 어떻게 나타나야 합니까?

5. 다음의 괄호를 채워보십시오.

　　　　　신앙이 성장하는 부부는 (　　　　　)답게 산다.

12장

교회의
성장은
공경하는 자녀,
양육하는 부모가
되는 것_에베소서 6:1~4

에베소서 6:1~4

1 자녀들아 주 안에서 너희 부모에게 순종하라 이것이 옳으니라 2 네 아버지와 어머니를 공경하라 이것은 약속이 있는 첫 계명이니 3 이로써 네가 잘되고 땅에서 장수하리라 4 또 아비들아 너희 자녀를 노엽게 하지 말고 오직 주의 교훈과 훈계로 양육하라

에베소서 4장 13~15절을 기점으로, 에베소서의 후반부는 교회인 성도의 신앙 성장에 대해 말씀합니다. 11장에서는 아내가 남편을 존경하고, 남편이 아내를 위해 목숨을 다해 사랑한다면 그것이 바로 교회인 성도의 신앙 성장이라고 하였습니다. 12장에서는 교회인 성도의 신앙 성장이 부모를 공경하는 자녀, 자녀를 양육하는 부모가 되는 것이라고 말씀합니다.

1. 교회의 성장은 자녀가 부모에게 순종하고 공경하는 것이다

교회인 성도의 신앙 성장은 삶의 모든 영역에서 올바른 관계를 맺는 것입니다. 에베소서 6장 1~4절은 부모와 자녀 사이를 말하고 있습니다. 그런데 부모에 대한 권면보다 자녀에 대한 권면이 앞섭니다. "자녀들아" 다음에 "아비들아"가 나옵니다. 앞장에서 부부 사이에도 "아내들아" 다음에 "남편들아"가 나왔습니다. 왜 그럴까요? 하나님께서는 먼저 지도력(leadership)을 존중할 것을 요구하고 있기 때문입니다. 그래야 가정이나 교회, 사회의 질서가 무너지지 않습니다.

> 하나님은 무질서의 하나님이 아니시요 오직 화평의 하나님이시니라 모
> 든 성도가 교회에서 함과 같이_고린도전서 14:33

아내가 가정의 질서를 위해서 남편의 지도력에 순종합니다. 자녀가 가정의 질서를 세우기 위해서 부모님의 지도력에 순종합니다. 교회나 사회에서도 우리는 어디를 가든 질서를 지키는 사람, 그래서 평화를 지키는 사람들이 되어야 합니다.

> 자녀들아 주 안에서 너희 부모에게 순종하라 이것이 옳으니라
> _에베소서 6:1

'자녀들아 부모에게 순종하라'는 말씀은 성경의 중요한 진리를 어기면서까지 순종하라는 것이 아닙니다. 성경은 분명하게 "주 안에서" 부모에게 순종하라고 말씀합니다. 주님과의 관계를 깨뜨리는 것이나 주님의 말씀의 중요한 진리를 어기면서까지 순종하라는 것은 아닙니다.

제가 결혼할 때 결혼 비용을 도와주고, 군목으로 갔을 때 군목 활동을 위해 승용차를 후원해 준 고마운 형제님이 있습니다. 그 신실한 형제님은 신앙 때문에 아버님과의 갈등이 많았습니다. 특히, 대학생 때는 조상 제사 문제로 어려움이 많았습니다. 아버님은 어느 기업의 중역으로 계셨지만, 할머님은 무당이셨습니다. 그러다 보니 아버님은 조상 제사를 매우 중요하게 여기셨는데, 예수님을 구주로 믿는 아들이 제사상에 절하지 않으니까 이해를 못 하시고 추운 겨울에 입은 복장 그대로 그 형제와 남동생을 쫓아냈

습니다. 주 안에서 순종해야 하기에, 다른 것은 다 순종해도 제사상에서 절하는 것만큼은 순종할 수 없었던 것입니다. 돈 한 푼도 없이, 외투도 제대로 입지 못한 채 집에서 쫓겨난 두 형제에게 갈 곳은 교회밖에 없었습니다. 예배당 문이 잠겨 있었습니다. 그러나 다행히 예배당 밖 별도의 건물로 지어진 화장실은 열려 있었고, 감사하게도 동파 방지를 위한 연탄난로가 피어 있었습니다. 두 형제는 그곳에서 아버님과 가족들의 구원을 위해 기도하며 그 긴 밤을 보냈습니다. 효도도 중요하지만, 신앙의 본질을 변질시키면 안 됩니다. 참고로, 조상 제사를 드리면 조상님이 받는 것이 아닙니다.

> 무릇 이방인이 제사하는 것은 귀신에게 하는 것이요 하나님께 제사하는 것이 아니니 나는 너희가 귀신과 교제하는 자가 되기를 원하지 아니하노라_고린도전서 10:20

귀신은 돌아가신 부모님이 아니라 본래 천사였다가 타락한 악한 영들입니다(베드로후서 2:4; 유다서 1:6; 요한계시록 12:9; 이사야 14:12~15). 사람이 죽으면 천국 또는 지옥에 갑니다. 다시는 돌아오지 못합니다(욥기 7:9; 누가복음 16:22-23, 31). 우리가 제사를 드리면 타락한 천사들인 악한 영들이 제사상에 찾아오고, 우리는 그 악한 영과 교제하게 됩니다. 하나님의 자녀가 악한 영과 교제한다는 것은 옳지 않고 유익하지 않으며, 무엇보다 하나님께서 기뻐하지 않으십니다. 그래서 그 두 형제는 아버님을 사랑하지만, 제사상에는 절할 수 없었습니다. 그런데 하나님께서는 그 두 형제의 기도를 들으셨습니다.
어느 날 아침, 아버님께서는 성경을 읽고 계셨습니다. 너무나 궁금했습니다. 그렇게도 무속 신앙에 깊이 빠져있던 아버님께서 성경을 읽으신 것은 기적이었습니다. 그래서 형제가 아버님께 여쭈었습니다. "아버지, 어떻게 성경을 읽으세요?" 그러자 아버님이 "내 친구가 위암에 걸렸는데 나의 둘도 없는 절친, 죽마고우(竹馬故友)가 성경을 꼭 읽어보라고 선물해 주어서 읽고 있단다"라고 답해주셨습니다. 결국 얼마 후 아버님은 예수님을 구주로 영접하셨습니다. 지금도 그 형제의 가정을 생각하면, "주 안에서" 부모님께 순종한다는 것이 무엇인지를 분명히 알게 합니다. 다른 모든 것은 순종해도, 주님을 거부하고 성경의 근본진리를 지키지 못하게 하는 것은 확실하게 거부해야 합니다.

우리 교회 한 집사님의 이야기입니다. 결혼 초기 조상 제사를 드리지 않으므로 유산을 물려받지 못했습니다. 제사만 드리면 유산을 주겠다고 시아주버님이 말씀하셨지만 돈보다, 재산보다 신앙을 선택했습니다. 그런데 지금은 시어머님이 이 집사님을 며느리로서 매우 좋아하십니다. 진심으로 시어머님을 사랑하고 섬겼기 때문입니다. 남편도 결혼 후 30년이 넘도록 예수님을 믿지 않다가 2년 전에 예수님을 구주로 믿고 지금은 함께 신앙생활을 하고 있습니다. 돈보다, 재산보다 신앙의 가치를 지닌 집사님을 보면 얼마나 감사한지 모릅니다. 어쨌든 부모님께 순종하는 것은 당연한 것입니다. 그러나 "주 안에서" 순종해야 하는 것입니다. 그런데 우리가 부모님께 순종하는 것을 우리 주님이 얼마나 중요하게 여기시는 줄 아십니까?

자녀들아 주 안에서 너희 부모에게 순종하라 이것이 옳으니라

_에베소서 6:1

'옳으니라'는 헬라어로 디카이오스(δίκαιος)인데 옳다, 마땅하다, 당연하다는 뜻입니다. 부모님께 순종하는 것은 마땅한 일, 당연한 일입니다. 그러기에 골로새서에 다음과 같은 말씀이 있습니다.

> 자녀들아 모든 일에 부모에게 순종하라 이는 주 안에서 기쁘게 하는 것이니라_골로새서 3:20

"주안에서 기쁘게 하는 것이니라"의 뜻은 주님을 기쁘시게 하는 것입니다. 영어 성경 NASB를 보면, "this is well-pleasing to the Lord(이것은 주님께 참으로 기쁜 것이기 때문이다)"라고 되어있습니다. 부모님께 효도하는 것은 부모님께 기쁨이 되지만, 주님을 기쁘시게도 합니다. 이것이 주님이 세워놓은 질서를 존중하는 것입니다. 그래서 주님께도 기쁨이 되는 겁니다.

> 네 아버지와 어머니를 공경하라 이것은 약속이 있는 첫 계명이니
> _에베소서 6:2

"공경하라"는 헬라어로 명령형 동사 티마(τίμα)입니다. 원형은 티마오(τιμάω)입니다. 그 뜻은 명예롭게 여기다(honor), 존경하다(reverence), 경제적 도움을 드리다(give financial aid to)[111]입니다. 한자의 공경(恭敬)은 공손히 섬긴다는 뜻입니다. 헬라어는 부모님을 공경하는 데는 마음으로 존경하는 것을 넘어 경제적인 도움까지 드려야 한다는 뜻입니다. 목회자들이 참고하는 킷

---

111 Newman, Jr., *Greek-English Dictionary of the New Testament*, p. 182.

텔 사전에 보면, "마가복음 7장 11, 12절과 마태복음 15장 5, 6절에 따르면 제5계명은 돈이 필요한 부모님을 재정적으로 돕는 것을 포함하고 있다. 고르반을 선언함으로써 그 책임을 피할 수 없었다"[112]고 했습니다. 부모님을 경제적으로 돕기 싫어서 어떤 물건을 하나님께 드렸다고 선언하는 고르반을 주님께서는 책망하셨습니다.

> 너희가 하나님의 계명은 버리고 사람의 전통을 지키느니라 또 이르시되 너희가 너희 전통을 지키려고 하나님의 계명을 잘 저버리는도다 모세는 네 부모를 공경하라 하고 또 아버지나 어머니를 모욕하는 자는 죽임을 당하리라 하였거늘 너희는 이르되 사람이 아버지에게나 어머니에게나 말하기를 내가 드려 유익하게 할 것이 고르반 곧 하나님께 드림이 되었다고 하기만 하면 그만이라 하고 자기 아버지나 어머니에게 다시 아무 것도 하여 드리기를 허락하지 아니하여 너희가 전한 전통으로 하나님의 말씀을 폐하며 또 이같은 일을 많이 행하느니라 하시고_마가복음 7:8~13

예수님은 부모를 공경하지 않으려고 사람들이 세운 전통, 즉 고르반 전통을 이용하려는 그들의 불효를 지적하고 있습니다. 이만큼 우리 주님은 부모님을 공경하길 바라십니다.

고르반(a gift consecrated to God, 하나님께 바쳐진 예물, κορβᾶν, 코르반)

---

112 (ed.) Kittel and Friedrich, *Theological Dictionary of the New Testament*, pp. 178-179. According to Mk. 7:11, 12 and Mt. 15:5, 6 the fifth commandment includes financial support of parents in need, nor can a son evade this by appealing to the corban legislation.

부모님을 공경하지 않으니까 하나님께 드린다는 미명 아래 부모님의 필요를 채워주지 않는 불효에 대해서 지적하고 있습니다. 그런 사람은 결코 복된 사람이 될 수 없습니다. 십계명 중에 유일하게 이것을 지키면 복을 주시겠다고 약속한 계명이 '네 부모를 공경하라'는 계명입니다. 그만큼 중요합니다. 에베소서에서도 부모를 공경하는 사람에게 이런 복을 약속하십니다.

이로써 네가 잘되고 땅에서 장수하리라_에베소서 6:3

"이로써", 즉 부모님을 공경함으로써 약속에 있는 대로 땅에서 잘되고 장수하게 하신다고 말씀합니다. 신령한 복을 강조한 에베소서에서 땅에서 잘되고 장수하는 복을 약속하고 있다는 것이 이채롭습니다. 우리 모두 부모님께 순종하고 공경합시다. 즉 공손히 섬기고, 존경하며, 명예롭게 여기고, 그분의 경제적 필요를 채워드립시다. 그렇게 하는 것이 진정으로 신앙이 좋은 성도, 믿음이 성장하는 성도가 되는 길입니다.

2. 교회의 성장은 부모가 자녀를 양육하는 것이다

신앙이 있는 부모는 자녀를 '사육'하지 않고 '양육'합니다. '사육(飼育)'은 짐승을 먹여 기르는 것입니다. '양육(養育)'은 아이를 보살펴 자라게 하는 것입니다. 사육은 경제적 유익을 위해서, 잡아먹기 위해서 합니다. 내가 가진 부를 자랑하기 위해서 합니다. 그런데 부모 가운데도 자녀를 사육하는 사람들이 있습니다. 자녀가 하나님의 뜻을 이루고 만물을 충만케 하는 데는 관심이 없고, 오로지 자녀가 성공하고 돈만 잘 버는 사람이 되어 자랑하고 싶은 것이 인생 최고의 목적인 부모가 있습니다. 죄송하지만, 그것은 자녀를 양육하는 것이 아니라 사육하는 것입니다.

양육은 아이가 그리스도를 닮아가도록 키우는 것입니다. 자신만의 성공에 빠지지 않고, 만물을 충만케 하는 교회로 살아가게 하는 것입니다. 무슨 직업을 가지든 이웃을 사랑으로 섬기는 충만, 복음을 전하는 충만, 사회 시스템과 문화를 변혁시키는 충만의 사명을 감당하는 사람으로 키워야 합니다. 나의 뜻보다 하나님의 뜻에 맞게 자녀를 키워야 합니다. 그것이 양육입니다. 당신은 어떻습니까? 당신의 자녀 교육은 사육입니까, 양육입니까?

> 또 아비들아 너희 자녀를 노엽게 하지 말고 오직 주의 교훈과 훈계로 양육하라_에베소서 6:4

자녀를 사육하는 사람의 특징은 자녀에게 쉽게 분노합니다. 그래서 자녀의 마음에 분노를 자아냅니다. 그 상처는 평생 갈 수도 있습니다. 자녀를 짐승처럼 대하지 마십시오. 그것은 잔인한 것입니다. 자녀는 사육의 대상이 아니라, 내 분풀이 대상이 아니라, 못 이룬 내 꿈을 이루는 존재가 아니라 그들 자체가 하나님의 고귀한 선물입니다. 존귀한 하나님의 형상입니다. 왕관의 보석과 같은 성도입니다(스가랴 9:16). 자녀를 존중하십시오.

> 또 아비들아 너희 자녀를 노엽게 하지 말고 오직 주의 교훈과 훈계로 양육하라_에베소서 6:4

양육의 대원칙은 "주의 교훈과 훈계"입니다. 이는 곧 '성경 말씀'입니다. 부모의 가치관이 기준이 아닌, 오직 성경이 기준 되어야 합니다. 성경을 묵상하고, 성경을 나누는 경건한 부모의 자녀는 반드시 그 영혼이 잘됩니다. 그 인생이 복됩니다. 우리의 소중한 자녀를 위해 하나님의 말씀을 가르치십시오. 가정예배를 함께 드리십시오. 자녀들이 다른 곳에 산다면, 교회의 가정예배 영상으로 각자 있는 곳에서 예배를 드리고 나서 전화나 SNS(카카오톡, 밴드 등)로 받은 은혜와 실천 계획(적용)을 나누면 아주 유익할 것입니다. 성경 말씀을 통해 생각이 바뀌고 말과 행동이 바뀌는 것은 우리와 우리 자녀에게 가장 큰 복이 됩니다.

또 하나 중요한 양육의 도구는 '기도'입니다. 기도하면 주님께서 우리 자녀들을 도와주십니다(창세기 19:29). 기도하는 부모가 자녀를 잘 양육하는 신앙이 성장하는 부모입니다. 맥아더 장군의 아들을 위한 기도는 우리에게 무엇을 기도할지를 보여줍니다.

〔오 주여, 제게 이런 아들을 세워주소서!〕

오 주님 저의 아들을
자신이 약할 때를 알고 충분히 강해질 아들로,
두려울 때 그것을 직면할 충분한 용기로,
정직한 패배를 자랑스러워하며 굽히지 않도록,
승리의 순간에도 겸손하고 온유하게 세워주소서.

오 주님 저의 아들이 강해야 하는 곳에서 약해지지 않도록 세워주소서.
당신을 알고, 자신을 아는 것이 지식의 근본임을 알게 하소서.

제가 기도하옵는 것은

그를 쉽고 편안한 길로 인도하지 마시고

고난의 압박과 자극, 그리고 도전의 길로 인도하소서.

그를 폭풍우 속에서도 우뚝 서는 것을 배우게 하시고,

패배자들을 위한 긍휼의 마음을 배우게 하소서.

그의 마음이 깨끗한 아들로,

그의 인생의 목표가 높은 아들로,

다른 사람을 다스리기 전에 자신을 다스리는 아들로,

웃음을 배우지만 결코 울음을 잊지 않는 사람으로,

미래까지 생각하지만 결코 과거를 잊지 않는 사람으로 세우소서.

제가 기도하옵는 것은

이 모든 것을 그에게 더하신 후에 유머 감각이 충분하게 하시고,

그래서 항상 진지하지만 그가 결코 지나치게 심각하지 않게 하소서.

그에게 겸손을 주셔서,

위대함의 단순함과 진정한 지혜에 대한 열린 마음과

진정으로 강한 것은 온유한 것임을 항상 기억하게 하소서.

그렇게 된다면 그의 아버지인 저는 감히 이렇게 읊조릴 것입니다.

나는 인생을 헛되이 살지 않았노라고.

_더글러스 맥아더

(Build me a son, O Lord)

Build me a son, O Lord, who will be strong enough to know when he is weak, and brave enough to face himself when he is afraid; one who will be proud and unbending in honest defeat, and humble and gentle in victory. Build me a son whose wishbone will not be where his backbone should be; a son who will know Thee and that to know himself is the foundation stone of knowledge. Lead him, I pray, not in the path of ease and comfort, but under the stress and spur of difficulties and challenge. Here let him learn to stand up in the storm; here let him learn compassion for those who fail. Build me a son whose heart will be clean, whose goal will be high; a son who will master himself before he seeks to master other men; one who will learn to laugh, yet never forget how to weep; one who will reach into the future, yet never forget the past. And after all these things are his, add, I pray, enough of a sense of humor, so that he may always be serious, yet never take himself too seriously. Give him humility, so that he may always remember the simplicity of greatness, the open mind of true wisdom, the meekness of true strength. Then I, his father, will dare to whisper, "I have not lived in vain." _Douglas MacArthur.[113]

113 https://bible.org/illustration/build-me-son-o-lord

우리 아버지들이 이런 기도를 드릴 수 있으면 좋겠습니다. 어머니의 기도와 아내의 기도에 대해서도 말씀드리겠습니다. 연기자 강석우 성도의 이야기입니다. 강석우 씨는 모태신앙을 가진 성도입니다. 부모님도 모태신앙입니다. 3대째 신앙의 사람인 그는 어릴 때 주일학교에서 살다시피 했습니다. 친구도 교회 친구들이 더 많았습니다. 부모님은 북쪽이 고향이셔서 생존하기 바빠 그를 많이 챙겨주지는 못하셨답니다. 하지만 기도하는 부모님의 기도가 오늘날의 그를 만들었다고 합니다. 그에게는 이것이 거룩한 부담이 되어 자녀들에게 신앙의 유산을 물려주기 위해 오늘도 기도하고 있다고 합니다.

언젠가 이화여자대학교 채플 시간에 특강을 하면서 가장 큰 감사의 조건이 가정예배와 온전한 십일조라고 말했습니다. 채플 후 교목님이 강석우 성도가 가장 큰 감사의 조건을 말한 두 가지, 가정예배와 온전한 십일조에 학생들이 많이 놀랐다고 말했습니다. 요즘은 십일조 얘기를 많이 안 하기 때문입니다. 하지만 그는 늘 아이들에게 이런 이야기를 한답니다. "엄마와 아빠가 살아온 인생을 돌이켜 보면, 가정예배와 십일조가 가장 큰 감사의 조건이다. 너희도 세상 누가 어떠한 이론을 달고 현대적인 해석을 해도 십일조만큼은 지켜주길 바란다." 그러자 딸아이가 첫 월급을 받고 십일조를 하더랍니다.

그는 1978년 영화진흥공사 배우 공모에서 한 사람을 뽑는데, 자신이 뽑혔답니다. 정부 기관에서 처음으로 배우를 선발해서 상금을 주고, 교육해 주며, 해외 영화제에 참여시켜 주는 등 특전이 엄청났습니다. 그런데 그 이후 공모가 없어졌답니다. 방송사 탤런트로 뽑히면 주연으로 올라가기까지 시간이 많이 걸리는데, 그는 영화진흥공사에서 뽑혀 바로 주연을 맡고 나니까 방송 3사에서 다 특채가 되었답니다. 단역을 거쳐 조연, 주연으로 올라간 것이 아니라 바로 주연을 하는 은총을 입었다고 합니다. 이것이 모두 어머님의 기도 덕분이라고 합니다.

그의 어머니는 기도 많이 하시는 권사님으로 유명했답니다. 주변 사람들은 강석우 씨가 잘 된 것은 어머니의 기도 덕분임을 알고 있답니다. 어머니는 매일 새벽기도를 가셨고, 금요일에는 매주 철야기도를 하셨답니다. 집에서는 햇볕 잘 드는 창가에서 성경 책을 보시고 기도하시는 것이 그가 기억하는 어머니 모습이라고 합니다. 늘 깨어 기도하시는 어머니의 기도가 자기를 허튼 길로 가지 못하게 했고, 지금의 자기 가정을 지켜주셨다고 본답니다.

감사하게도, 그의 아내의 기도가 어머니의 기도를 많이 닮았다고 합니다. 예배드리고 묵상하는 모습에서 돌아가신 어머니의 모습을 많이 보곤 한답니다. 결혼 전, 그의 아내는 가톨릭 신앙을 갖고 있었는데 결혼하면서 강석우 씨의 간곡한 부탁으로 개종하였습니다. 그의 아내는 어머니의 신앙을 그대로 이어받아, 지금은 아내의 기도가 그의 가정을 지탱하고 있다고 합니다. 처음에는 그가 아내에게 선물인 줄 알았는데, 살다 보니 아내가 자신에게 정말 큰 선물이라고 합니다.

"학교 다닐 때 어머니가 예배드리자고 하면 귀찮았는데, 세월이 지나니까 제가 아이들 데리고 예배드리고 있더군요. 저는 하나님의 바둑알 같아요. 처음에는 '나를 왜 여기 두셨지?' 생각하다가 주변에 돌들이 차고 보면, '아 그래서 여기에 두셨구나' 하는 생각이 들거든요. 하나님의 큰 그림 속에 있는 바둑알로 있는 것이 얼마나 감사한지요. 어머니의 기도, 아내의 기도가 오늘의 저를 만들었습니다. 가정예배가 저를 만들었습니다."[114]

114 김재원, "어머니의 기도가 나를 만들었고, 아내의 기도가 가정을 지킵니다" 『빛과 소금』, 2020년 12월호, pp. 114-123.

나눔을 위한 질문

12장은 교회의 성장은 공경하는 자녀, 양육하는 부모가 되는 것입니다. 우리는 어떻게 이 말씀을 우리의 삶에 실천함으로 교회다운 성도가 될 수 있을지 함께 나눠봅시다.

1. 교회인 성도가 신앙이 성장하면, 부모님에 대한 태도가 어떻게 달라집니까?

2. 교회인 성도가 신앙이 성장하면, 자녀에 대한 태도가 어떻게 달라집니까?

3. 당신은 부모님(결혼한 경우, 양가의 부모님)과의 관계가 어떻습니까?

4. 당신은 자녀(결혼시킨 경우, 사위와 며느리)와의 관계가 어떻습니까?

5. 12장을 통해서 내가 바꾸어야 할 생각이나 행동은 무엇입니까?

13장

교회의
성장은
성실한 직원,
배려하는 상사가
되는 것_에베소서 6:5~9

강론

가정예배

에베소서 6:5~9

5 종들아 두려워하고 떨며 성실한 마음으로 육체의 상전에게 순종하기를 그리스도께 하듯 하라 6 눈가림만 하여 사람을 기쁘게 하는 자처럼 하지 말고 그리스도의 종들처럼 마음으로 하나님의 뜻을 행하고 7 기쁜 마음으로 섬기기를 주께 하듯 하고 사람들에게 하듯 하지 말라 8 이는 각 사람이 무슨 선을 행하든지 종이나 자유인이나 주께로부터 그대로 받을 줄을 앎이라 9 상전들아 너희도 그들에게 이와 같이 하고 위협을 그치라 이는 그들과 너희의 상전이 하늘에 계시고 그에게는 사람을 외모로 취하는 일이 없는 줄 너희가 앎이라

교회인 성도의 신앙 성장은 가정에서도 일어나야 합니다. 12장에서 교회인 성도의 신앙 성장은 자녀가 부모님을 잘 공경하는 것으로 나타나야 한다고 했습니다. 또 부모가 자녀를 사육하지 말고 양육하는 것으로 나타나야 한다고 했습니다. 13장에서는 직장생활과 사회생활에서도 신앙 성장이 나타나야 한다는 내용입니다.

1. 교회인 성도의 신앙 성장은 성실한 직원이 되게 한다

신앙 성장은 우리 삶의 모든 영역에서 나타나야 하는데, 직장생활과 사회생활에서도 나타나야 합니다.

> 종들아 두려워하고 떨며 성실한 마음으로 육체의 상전에게 순종하기를 그리스도께 하듯 하라_에베소서 6:5

고대에는 종들이 많았습니다. 그래서 종들이라고 부르고 있지만, 지금 이

시대의 언어로 말한다면 직장의 직원들을 가리키는 말입니다. 바울의 시대인 AD 1세기 로마에는 인구의 20~30 퍼센트가 노예였습니다.[115] 에베소에도 상당수의 노예가 있었을 것입니다. 에베소가 소아시아 지역의 중심 도시였기 때문입니다. 그 시대 노예들은 절대다수가 전쟁 포로들이었습니다.[116] 노예 중 일부는 농업, 제조업, 가사에 매인 노예들도 있었지만, 많은 노예가 전문직을 가졌다고 합니다. 즉 의사, 교사, 작가, 회계원, 관리, 토지 관리인, 감독, 사무관, 선장 등으로 일했습니다.[117] 그러므로 본문에 나오는 종은 이 시대의 직장인과 같은 느낌을 줍니다. 하지만 분명히 신분상으로는 노예로서 차별 대우를 받았습니다. 그 노예 중에는 주인에게 임금을 받기도 했습니다. 그리고 그 임금을 모아 돈을 내고 자유를 얻기도 했습니다. 그러나 안타깝게도 노예들은 짐승처럼 사고 팔리며, 무차별적으로 벌을 받고 성적으로 학대를 당하는 경우도 있었습니다.[118]

> 종들아 두려워하고 떨며 성실한 마음으로 육체의 상전에게 순종하기를 그리스도께 하듯 하라_에베소서 6:5

'두려워하고 떨며 육체의 상전에게 순종하라'는 말씀은 어떤 뜻입니까? 아놀드 박사는 이에 대해 다음과 같이 말합니다.

---

115 이상규, 『초기 기독교와 로마 사회』 (서울: SFC출판부, 2016), p. 45.

116 Ibid., p. 40.

117 Arnold, 『존더반 신약주석 강해로 푸는 에베소서』, p. 427.

118 Ibid., p. 428.

이 단어가 종들이 공포와 두려움으로 상전에게 순종해야 함을 암시한다고 해석하면 너무 지나칠 것이다. NLT(New Living Translation)에서 채택한 개념을 받아들이는 것이 사실에 더 가깝다. 그리스도인 종들이 '깊은 존중과 두려움'으로 순종해야 한다는 것이다.[119]

'두려움'이라는 단어가 헬라어로 포보스(φόβος)인데, 그 뜻은 두려움(fear), 존경(respect)입니다. 에베소서 5장 33절에서 아내도 남편을 존경하라 할 때, 이 단어의 동사형 포베오(φοβέω)가 사용되었는데 존경의 뜻으로 사용되었습니다. 물론 직원과 상사(上司, 나보다 위의 직책을 가진 사람) 사이가 아내와 남편의 관계와 같은 사이는 아니지만, 직원과 상사 사이에도 이런 존경이 필요합니다. 그러므로 본문에서 두려움을 존경으로 번역하는 것이 좋다는 아놀드 박사의 말은 일리가 있습니다. 교회이자 성도인 직원은 상사를 존경하면서 일을 해야 합니다. 부전교회 K 집사님의 간증이 바로 이 말씀대로 산 것을 보여줍니다.

사역훈련 시 제자의 자격을 배우며 저는 '세상으로 보냄 받은 그리스도의 제자다'라는 말씀에서 '보냄 받은'이라는 단어를 하나님께서 기억하게 하셨습니다. 저는 성도로서 세상 속에서 그냥 일하고 먹고사는 것이 아니라 그리스도의 제자로 말하고 생각하며 일해야 된다는 생각을 하게 되었습니다. '세상 속에서 교회로 어떻게 살아야 하지?'라는 질문을 하게 되었습니다. 그때 하나님께서 주신 감동은 지금 만나는 사람 앞에서 제가 성도로서

---

119 Arnold, 『존더반 신약주석 강해로 푸는 에베소서』, p. 429.

말하고 행동하라는 것이었습니다. 예배드릴 때 두 손들고 찬양하는 모습과 일터에서의 삶이 같아야 한다는 감동이었습니다. 감동에 순종하자 20년 넘게 알고 지낸 회사 사장님과의 사이에 변화가 있었습니다.

이전엔 사장님과 회사 일로 만나게 되면 너무 마음이 불편하고 싫었습니다. 또 업무지시를 하시면 마음에 불만만 가득하였습니다. 그런데 하나님께서 제가 성도로서 회사에서 언행이 얼마나 나빴던가를 생각나게 하시며, '예수님의 제자가 이렇게 살아도 된다는 말인가?'라는 생각이 들고 그 말이 제 입술에서 나왔습니다. 그리고 하나님께서 주신 감동대로 사장님께 처음 문자를 보냈습니다. "장로님! 제가 하나님께 영광이 되며 회사에 유익한 직원이 되겠습니다." 이렇게 문자를 보낸 후 사장님께서도 저를 대하는 태도가 달라지셨습니다.

업무 지시하실 때도 격려하시며 따뜻한 말로 해주시고, 저의 의견을 존중해 주시고 세워주셨습니다. 게다가 부장으로 진급도 시켜주셨습니다. 특히, 특근 시 수당을 아주 풍성히 챙겨주십니다. 저 또한 사장님의 업무지시를 받을 때 '사장님께서 원하시는 것이 무엇인가?' 하는 마음으로 듣게 되었고, 아주 편한 사이가 되었습니다. 일할 때마다 기쁨으로 일하며, 회사를 위해 더 뛰어다니고 더 열정적으로 일하며, 마음에 불편이 평안함으로 바뀌고 기쁨이 생겼습니다. 이렇게 좋은 관계로 인도해 주신 주님께 감사를 올려드립니다.

그리스도인의 직장생활은 이래야 합니다.

종들아 두려워하고 떨며 성실한 마음으로 육체의 상전에게 순종하기를
그리스도께 하듯 하라_에베소서 6:5

'성실'의 반대는 '불성실'입니다. 불성실은 게으른 것, 속임수를 쓰는 것을
말합니다. 그렇지 않은 것이 성실입니다. 성실은 부지런하고, 진실한 것을
말합니다. 예수님을 믿는 직장인들은 상사만을 바라보고 일하는 사람이 아
닙니다. 궁극적으로 이 일자리를 내게 허락하신 주님을 바라보고, 주님께
하듯 성실하게 일해야 합니다. 상사에게 순종하면서 일해야 합니다. K 집
사님이 '나는 성도로서, 교회로서, 제자로서, 사역훈련생으로서 직장생활
을 바르게 하고 있는가'를 되돌아보고 변화된 것처럼, 우리 모두에게도 이
런 변화가 있기를 바랍니다. 우리는 우리 한 사람이 아닙니다. 예수님을 믿
는 사람의 대표입니다. 우리가 어떻게 일하느냐에 따라 하나님께 영광을
돌릴 수도 있고, 영광을 가릴 수도 있습니다.

또 무엇을 하든지 말에나 일에나 다 주 예수의 이름으로 하고 그를 힘입
어 하나님 아버지께 감사하라_골로새서 3:17

주 예수의 이름으로 하라는 것은, 예수님의 명예를 더럽히지 않도록 하라
는 것입니다. 무엇을 하든지 말에나, 일에나 예수님의 명예를 생각하라는
것입니다. 그리고 그분을 힘입어 하나님께 감사하라는 것입니다. 감사하지
못할 일도 그분을 힘입으면 감사할 수 있습니다. 우리는 혼자가 아닙니다.
우리가 잘못하면 예수님의 이름에 먹칠을 할 수 있습니다.
그리스도인이란 헬라어로 크리스티아노스(Χριστιανός)인데, '그리스도를 따

르는 자'라는 의미가 있습니다. 그리스도(Χριστός)라는 말에 라틴어에서 빌려온 형용사 어미 '이아노스(ιανός)'를 붙였습니다. 이아노스의 뜻은 '…를 신봉하다' 또는 '주인에게 속한 종'이라는 뜻입니다.[120] 그러므로 크리스티아노스는 그리스도를 신봉(信奉, 믿고 따르는) 하는 자, 그리스도에게 속한 종이라는 뜻입니다. 예수님이 우리가 믿는 구주이시며, 주인이십니다. 우리가 직장생활에서 잘못하면 결국은 우리가 믿는 주님이 모욕을 받으십니다. 반대로 우리가 직장생활을 잘하면 결국은 우리 주님께, 삼위일체 하나님께 영광을 올려드리게 되는 것입니다.

> 이같이 너희 빛이 사람 앞에 비치게 하여 그들로 너희 착한 행실을 보고
> 하늘에 계신 너희 아버지께 영광을 돌리게 하라_마태복음 5:16

우리가 사는 목적은 만물을 충만케 하기 위해서입니다.

> 교회는 그의 몸이니 만물 안에서 만물을 충만하게 하시는 이의 충만함이
> 니라_에베소서 1:23

이 "충만"은 첫째가 사랑의 섬김, 둘째가 복음 전파, 셋째가 세상의 변혁입니다. 이 세 가지는 이 지구상에 어떤 기관도, 어떤 사람도 대신할 수 없습니다. 오직 교회만이 할 수 있습니다. 그러기에 우리는 직장에서 함부로 살

---

120 The Greek word Χριστιανός, meaning "follower of Christ", ⋯ with an adjectival ending borrowed from Latin to denote adhering to, or even belonging to, as in slave ownership. https://en.wikipedia.org/wiki/Christians

수 없습니다. 그곳을 충만케 하기 위해 그 직장에 보냄 받았기 때문입니다. 그러한 삶을 살기 위해서 우리는 상사를 존경하며 성실하게 근무해야 합니다. 그것이 바로 나를 그 직장에 보내신 주님의 뜻을 이루는 것입니다. 이런 기준으로 보면, 에베소서 6장 6절이 이해됩니다.

> 눈가림만 하여 사람을 기쁘게 하는 자처럼 하지 말고 그리스도의 종들처럼 마음으로 하나님의 뜻을 행하고_에베소서 6:6

'눈가림만 한다'는 뜻은 상사가 보일 때는 열심히 하고, 보이지 않을 때는 대충 한다는 것입니다. 당장은 상사가 속는 것 같지만, 나중에는 다 드러나게 됩니다. 눈가림으로 하지 말고 마음으로 행하라고 말씀합니다. "마음"은 헬라어로 프쉬케(ψυχή)로, 그 뜻은 마음(heart), 영혼(soul), 생명(life)입니다. 이 마음에 대해서 우리 말 성경에는 각주가 달려있습니다. 각주 번호 1번을 보면 헬라어로 목숨이라고 되어있습니다. 그러므로 마음을 다해 직장생활을 하라는 것은 영혼을 다해, 생명을 다해, 목숨을 다해 직장생활을 하라는 것입니다. 왜냐하면 바로 거기가 만물을 충만케 하는 자리, 하나님의 뜻을 행하는 자리가 되어야 하기 때문입니다. 이것이 그리스도인의 직장생활입니다. 나의 생계의 수단을 넘어서서 만물을 충만케 하는 자리입니다.

근대 유럽의 발전을 이룬 정신에 대한 막스 베버의 『프로테스탄트 윤리와 자본주의 정신』이라는 명저가 있습니다. 베버는 중세 가톨릭은 상인과 기업가를 아주 부정적으로 보았다고 했습니다. 가톨릭은 상인과 기업가는 하나님 나라를 구하기보다는 이윤추구를 통한 부의 축적을 더 중시함으로

써 자신들의 영혼을 위태롭게 한 자들이었고, 형제애를 명하는 기독교 윤리를 어기고 경제적인 이득을 얻기 위해 사람들을 착취하는 자들이었다고 생각했습니다. 그래서 '상인은 하나님을 기쁘시게 할 수 없다'는 속담까지 생겨났다[121]고 합니다. 그런데 16세기 칼빈주의자들은 구원받은 성도는 삶으로 그 구원받은 성도임을 드러내는 삶을 살아야 한다고 주장했습니다. 이것이 가톨릭과 다른 점이었습니다. 상인도, 사업가도 그 직업과 사업의 현장에서 구원받은 성도답게 그곳을 바꾸어야 한다는 것입니다.

칼빈주의 영향을 받은 17세기의 청교도들은 노동과 부의 축적을 섭리적 차원에서 이해했습니다. 그들은 노동을 신성시했고, 그 부의 창출로 복음을 전하며 구제하도록 했습니다. 그러니까 부의 축적이 개인의 탐욕이 아니라 복음 전파와 구제를 위한 것이었다는 말입니다. 열심히 일해서 나의 탐욕을 채우는 것이 아니라 사회 속에서 하나님의 뜻을 이루는 사명감을 가졌습니다. 에베소서의 용어로 말하면 만물을 충만케 하는 것이었습니다. 이것을 근대의 칼빈주의자들과 칼빈주의의 영향을 받은 청교도들은 이런 말로 표현했습니다. '하나님께 더 큰 영광을 돌리기 위하여!'[122] 직장과 사업의 현장에서 하나님께 더 큰 영광을 돌리기 위한 마음으로 일했기 때문에 근대 자본주의가 건강하게 발전할 수 있었다고 합니다. 청교도 목회자였던 리차드 백스터는 '부의 획득이 직업 소명 안에서의 노동의 열매일 때는 하나님의 복'이라고 말했습니다.[123]

Max Weber, *Die Protestantische Ethik und der Geist des Kapitalismus*, 박문재 옮김, 『프로테스탄트 윤리와 자본주의 정신』 (경기도 파주: 현대지성, 2020), p. 19.

122 Ibid., pp. 19-21.

123 Ibid., p. 23.

청교도 윤리가 널리 퍼지면서 기업과 상업을 하며 이윤을 추구하는 사람들은 이제 더 이상 계산적이고 탐욕적이며 이기적인 자들로 여겨지지 않게 되었고, 도리어 하나님이 맡긴 일을 성실하게 해내는 정직한 자들로 평가되었습니다. 이윤과 자본의 재투자는 이 땅에서 하나님 나라에 기여하는 일로 여겨졌습니다.[124] 베버의 책을 읽으면서 사회학자이자 정치경제학자인 그가 거의 신학자 수준으로 교회사의 흐름을 정리하고 있다는 것을 발견했습니다. 좋은 책은 제목에 그 내용이 다 함축되어 있습니다. 『프로테스탄트 윤리와 자본주의 정신』이란 제목 그대로, 근대 유럽과 미국의 자본주의가 건강하게 발전할 수 있었던 것은 프로테스탄트 윤리가 자본주의 정신을 만들었기 때문입니다. 오늘날에도 우리의 기독교 윤리가 이 사회를 새롭게 한다면, 이 사회는 더욱 건강해질 수 있습니다. 그 일을 위해서 우리는 사업을 하고, 직장생활을 합니다. 그런 사명감을 가지고 직장생활을 하면 에베소서 6장 7절처럼 할 수 있습니다.

기쁜 마음으로 섬기기를 주께 하듯 하고 사람들에게 하듯 하지 말라

_에베소서 6:7

이 말씀은 우리가 직장생활을 할 때, 교회에서 예배하듯 하라는 것입니다. 주님을 섬기듯, 교우들을 섬기듯, 기쁨으로 섬기라는 것입니다. 동시에 우리가 직장에서 기쁨으로 주님께 하듯 섬겨야 할 이유가 다음 구절에 나옵니다.

---

124 Ibid., p. 26.

이는 각 사람이 무슨 선을 행하든지 종이나 자유인이나 주께로부터 그대로 받을 줄을 앎이라_에베소서 6:8

놀라운 말씀입니다. 우리의 직장생활의 상벌권자가 내 상사인 줄만 알았는데, 물론 그런 점도 있지만 더 궁극적인 상벌권자가 바로 주님이시라는 말씀입니다. 주님께서는 우리의 모든 직장생활을 카운트하십니다. 즉, 평가하며 계산하고 계십니다. 이 사람에게 상 줄 것인가, 벌 줄 것인가를 판단하고 계신다는 겁니다. 때로는 직장에서 어려운 일을 당하고, 억울한 일을 당할 수 있습니다. 그런데 기대하십시오. 우리의 진정한 평가자, 상벌권자는 우리 주님이십니다. 우리의 억울한 일을 신원(伸冤, 원통한 일을 풀어줌) 하여 주실 것입니다. 지금 당장은 손해 같지만 길게 보면 다 유익합니다. 왜냐하면 하나님께서 모든 것을 합력해 선한 일을 이루실 것이기 때문입니다.

앞에서 언급한 강석우 씨의 말처럼, 하나님은 바둑의 고수처럼 우리 인생이란 바둑알을 전략적인 위치에 놓아두십니다. 그러나 인생 바둑의 하수인 우리는 그것을 오해하고 억울해하기도 합니다. 하지만 나중에 보면 그것은 분명 하나님의 기가 막힌 신의 한 수 일 수 있습니다. 당신이 당하는 고난과 억울함이 있습니까? 이것도 하나님의 기가 막힌, 그야말로 신의 한 수라는 것을 잊지 마십시오!

지금까지 직원에 대한 말씀을 드렸습니다. 신앙이 성장하는 직원은 주님을 바라보고, 주님께 하듯 상사를 존경하며, 성실하게 최선을 다하는 사람입니다. 그 모습이 주님이 꿈꾸신 그 교회의 모습입니다.

2. 교회인 성도의 신앙 성장은 직원을 배려하는 상사가 되게 한다

신앙이 있는 상사(上司)는 신앙이 없는 상사와는 달라야 합니다. 예수님을 안 믿는 사람과 같거나, 그보다 더 악하면 안 됩니다.

> 상전들아 너희도 그들에게 이와 같이 하고 위협을 그치라 이는 그들과 너
> 희의 상전이 하늘에 계시고 그에게는 사람을 외모로 취하는 일이 없는 줄
> 너희가 앎이라_에베소서 6:9

성도인 상사는 먼저 위협을 그쳐야 합니다. 위협은 분노하는 것을 말하는데, 분노는 사람을 위협하게 됩니다. 그리고 마귀에게 틈을 주는 것입니다.

> 분을 내어도 죄를 짓지 말며 해가 지도록 분을 품지 말고 마귀에게 틈을
> 주지 말라_에베소서 4:26~27

분노 때문에 죄짓지 마십시오. 분노의 마감 시간을 지키십시오. 해질 때가 마감 시간입니다. 분노는 마귀에게 틈을 주는 것입니다. 마귀가 반드시 공격합니다. 그래서 우리 마음과 가정과 삶의 터전을 점령합니다. 상사가 분노하고 위협하는 것은 그 직장을, 사업장을 마귀에게 헌납하는 것이고 부하 직원에겐 큰 상처를 주는 것입니다.

> 상전들아 너희도 그들에게 이와 같이 하고 위협을 그치라 이는 그들과 너
> 희의 상전이 하늘에 계시고 그에게는 사람을 외모로 취하는 일이 없는 줄
> 너희가 앎이라_에베소서 6:9

이 사업장에서는 내가 상사이지만, 나보다 더 높으신 분이 하늘에 계셔서 나의 상사가 되고 상벌권자가 되시기 때문입니다. 나도 하나님 앞에서는 내 직원과 똑같이 평가받을 한 연약한 인생에 불과합니다. 우리가 대단해 보이지만 사실은 아무것도 아닙니다. 주님이 한번 치시면 다 무너지고, 주님이 부르시면 다 놓고 떠나가야 하는 인생입니다. 예수님의 비유에 어떤 부자가 사업이 잘 돼서 창고도 확장하고 이제 앞으로 마음 놓고 인생을 즐기자고 할 때 주님이 하신 말씀이 있습니다.

> 하나님은 이르시되 어리석은 자여 오늘 밤에 네 영혼을 도로 찾으리니 그러면 네 준비한 것이 누구의 것이 되겠느냐 하셨으니_누가복음 12:20

하늘의 상전이 있다는 것을 잊지 마십시오. 그분은 사람을 외모로 취하지 않습니다. 사장이라고 봐주고, 평직원이라고 함부로 대하시는 분이 아닙니다. 창세기 15장 2절에 보면, 아브라함은 이스마엘과 이삭을 낳기 전에 자기의 종인 다메섹 사람 엘리에셀을 상속자로 삼으려고 했습니다. 종에 대한 그의 배려를 볼 수 있습니다. 그 후 이삭이 태어나고 장성하였을 때에도 이삭의 아내감 구하러 아마도 이 엘리에셀이 갔을 거라고 학자들은 봅니다.[125] 가정의 가장 소중한 며느리를 맞아들이는 일에 그의 주인인 아브라함이 엘리에셀을 보냈다는 것은, 그만큼 엘리에셀을 신뢰했다는 것입니다. 마태복음 8장에 한 백부장이 중풍병에 걸린 하인을 위해 예수님께 간청하

---

125 Henry M. Morris *The Genesis Record* (Grand Rapids: Baker Book House, 1977), p. 393. If Eliezer was still living(Genesis 15:2), then he doubtless was the man.

는 장면이 나옵니다. 바로 이런 모습이 좋은 상사의 모습입니다. 바울도 범죄한 노예 오네시모를 변화시켜 새 사람이 되게 하였습니다. 빌레몬도 오네시모가 회개하고 돌아오자, 바울의 부탁을 받아 나를 배신하고 나에게 큰 손해를 끼친 오네시모를 용납해 주었습니다.

> 이 후로는 종과 같이 대하지 아니하고 종 이상으로 곧 사랑 받는 형제로 둘 자라 내게 특별히 그러하거든 하물며 육신과 주 안에서 상관된 네게
> 랴_빌레몬서 1:16

훗날 안디옥의 감독이었던 이그나티우스가 에베소교회에 쓴 편지에 오네시모를 '형언할 수 없는 사랑의 사람이요, 여러분의 감독'이라고 표현했습니다. 이걸 볼 때 학자들은 오네시모가 에베소교회의 감독이 되었을 것이라고 말합니다.[126] 노예를 그 당시 가장 대표적인 교회의 담임목사요, 감독으로 세우는 초대 교회, 이 신앙의 정신이 바로 직장에서도 부하직원을 대할 때 있어야 합니다. 왜냐하면 하나님께서 우리에게 만물을 충만케 하는 사명을 주어 그 직장에 보내셨기 때문입니다.

---

126 Some scholars believe that the Onesimus known to Ignatius and described by him in his Epistle to the Ephesians as 'a man of inexpressible love and your bishop' was none other than the runway slave. (ed.) J. D. Douglas, *New Bible Dictionary*, (Grand Rapids: Wm. B. Eerdmans Pub. Co., 1973), p. 910.

13장은 교회의 성장은 성실한 직원, 배려하는 상사가 되는 것에 대한 말씀입니다. 우리의 직장생활, 사회생활의 현장이 교회인 성도가 교회답게 살아야 하는 곳입니다.

1. 하나님께서 직장에 교회인 상사와 교회인 직원을 왜 보내셨습니까?

2. 만물을 충만케 하는 직원은 직장에서 어떻게 살아야 합니까?

3. 만물을 충만케 하는 상사는 직장에서 어떻게 살아야 합니까?

4. 직장의 상사와 직원을 모두 평가하는 상벌권자는 누구입니까?

5. 오늘부터 당신의 직장생활 또는 사업장에 어떤 변화가 있어야 할지 나눠보십시오.

14장

교회의
성장은
영적 전투에서
승리하는 것 _에베소서 6:10~18

강론

에베소서 6:10~18

10 끝으로 너희가 주 안에서와 그 힘의 능력으로 강건하여지고 11 마귀의 간계를 능히 대적하기 위하여 하나님의 전신 갑주를 입으라 12 우리의 씨름은 혈과 육을 상대하는 것이 아니요 통치자들과 권세들과 이 어둠의 세상 주관자들과 하늘에 있는 악의 영들을 상대함이라 13 그러므로 하나님의 전신 갑주를 취하라 이는 악한 날에 너희가 능히 대적하고 모든 일을 행한 후에 서기 위함이라 14 그런즉 서서 진리로 너희 허리 띠를 띠고 의의 호심경을 붙이고 15 평안의 복음이 준비한 것으로 신을 신고 16 모든 것 위에 믿음의 방패를 가지고 이로써 능히 악한 자의 모든 불화살을 소멸하고 17 구원의 투구와 성령의 검 곧 하나님의 말씀을 가지라 18 모든 기도와 간구를 하되 항상 성령 안에서 기도하고 이를 위하여 깨어 구하기를 항상 힘쓰며 여러 성도를 위하여 구하라

13장에서 교회인 성도의 신앙 성장은 직장생활에서 만물을 충만케 하는 사명을 감당하는 것이라고 했습니다. 14장에서는 교회의 성장은 영적 전투에서 승리하는 것에 대해 말씀을 나누고자 합니다.

1. 지상 교회는 전투적인 교회다

천국의 교회가 승리적인 교회라면 지상의 교회는 마귀의 끊임없는 공격이 있는 전투적인 교회입니다. 교회인 성도가 신앙이 성장하면 영적 전투에서 승리합니다. 지상 교회가 영적 전투에 직면해 있음을 성경은 다음과 같이 말씀합니다.

> 끝으로 너희가 주 안에서와 그 힘의 능력으로 강건하여지고 마귀의 간계를 능히 대적하기 위하여 하나님의 전신 갑주를 입으라_에베소서 6:10~11

여기서 "끝으로"라는 말은 에베소서를 기록하면서 마지막으로 강조할 것이 있다는 의미입니다. 교회론의 끝에 가장 강조하고 싶었던 것은 지상 교회가 직면한 문제인 '영적 전투'입니다. 마귀의 간계라고 할 때, 간계는 헬라어로 메도데이아(μεθοδεία)입니다. 이 말의 뜻은 음모 또는 전략입니다. 즉 마귀는 음모와 전략을 가지고 교회를, 교회인 성도를 공격합니다. 이걸 볼 때 지상 교회는 전투적인 교회입니다. 또한 지상 교회가 전투적인 교회인 것을 보여주는 말씀은 하나님의 전신갑주(全身甲冑, full armor)입니다. 갑주(甲冑)는 '갑옷 갑(甲)' '투구 주(冑)'입니다. 갑옷을 입고 머리에 투구를 쓴, 완전히 무장한 상태로 마귀를 대적하라고 합니다. 이것이 곧 지상 교회가 전투적인 교회라는 증거입니다. 주님이 꿈꾸신 교회는 영적 전투에서 마귀를 이기고 승리하는 교회입니다.

1) 교회의 분류

교회를 분류할 때 첫째는 보이는 교회와 보이지 않는 교회, 둘째는 지역 교회(개교회)와 보편적 교회(공교회), 셋째는 전투적인 교회와 승리적인 교회입니다. 우리는 이 세 번째인 전투적인 교회[127]에 대해 관심을 가지고 전투준비태세(combat readiness)를 갖추어야 승리하는 교회가 될 수 있습니다.

---

127 현시대의 교회는 전투적인 교회이다. 그렇게 불리는 이유는 현시대의 교회가 실제적으로 거룩한 전쟁을 치르고 있기 때문이다. 지상의 교회가 전투적인 교회라면, 천국의 교회는 승리적인 교회이다. 칼은 승리의 종려나무 가지로 바뀌고, 전투의 함성은 승리의 개선가로 바뀐다. 고난의 십자가는 승리의 면류관으로 바뀐다. (The Church in the present dispensation is a militant Church, that is, she is called unto, and is actually engaged in, a holy warfare. … If the Church on earth is the militant Church, the Church in heaven is the triumphant Church. There the sword is exchanged for the palm of victory, the battle-cries are turned into songs of triumph, and the cross is replaced by the crown.) L. Berkhof, *Systematic Theology*, p. 565.

2. 영적 전쟁의 주적은 사람이 아니라 영적 존재들이다

우리의 씨름은 혈과 육을 상대하는 것이 아니요 통치자들과 권세들과 이
어둠의 세상 주관자들과 하늘에 있는 악의 영들을 상대함이라

_에베소서 6:12

"혈과 육"은 헬라어로 '인간'을 가리키는 숙어입니다. 우리의 전투는 인간
을 상대로 하는 것이 아닙니다. 통치자들과 권세들을 상대로 싸우는 것입
니다. 여기서 "통치자들과 권세들"은 헬라어로 '천사'를 가리키는 숙어입
니다. 이것은 나라의 대통령이나 수상, 또는 왕을 가리키는 것이 아닙니다.
왜냐하면 이것은 영적 전쟁이기 때문입니다.

저희 집은 불교 집안이었습니다. 하지만 제가 초등학교 1학년인, 1968년에
온 가족이 예수님을 구주로 믿게 되었습니다. 만약 저희 가족 주변에 있던
그리스도인들이 저희 가족을 적대적으로 대했다면, 저희 가족은 예수님을
믿지 않았을 것입니다. 그러나 그분들은 매우 좋은 분들이었고, 저희 가족
을 선하게 대했습니다. 그래서 그들이 믿는 예수님에 대해 좋은 감정을 가
지게 되었고, 교회에 나와 예수님의 복음을 듣고 성도가 되었으며, 저는 오
늘날 목사가 되었습니다.

영적 전쟁의 대상은 사람이 아니라 악한 영들입니다. C. S. 루이스는 『스
크루테이프의 편지』의 서문에 "악마에 대해 생각할 때 우리 인류가 빠지
기 쉬운 두 가지 오류가 있습니다. 그 내용은 서로 정반대이지만, 심각하기
는 마찬가지인 오류들이지요. 하나는 악마의 존재를 믿지 않는 것입니다.

또 다른 하나는 악마를 믿되 불건전한 관심을 지나치게 많이 쏟는 것입니다"[128]라고 했습니다. 영적 전쟁의 주적은 '사·마·귀', 즉 사탄, 마귀, 귀신입니다.

> 큰 용이 내쫓기니 옛 뱀 곧 마귀라고도 하고 사탄이라고도 하며 온 천하를 꾀는 자라 그가 땅으로 내쫓기니 그의 사자들도 그와 함께 내쫓기니라_요한계시록 12:9

여기에 악한 영의 대장을 다양한 용어로 설명합니다. 큰 용, 옛 뱀, 마귀, 사탄입니다. 이처럼 사탄의 동의어가 여럿입니다. 그의 '사자들'은 헬라어 성경에 천사들(angels, ἄγγελοι, 앙겔로이)이라고 되어 있습니다. 그들이 본래 천사였다가 타락했기 때문입니다. 또한 마귀의 심부름꾼이 귀신들이기 때문입니다. 천사장 중 타락한 천사장이 마귀(사탄)가 되었고, 그의 부하 천사들은 귀신들이 되었습니다. 사탄과 마귀는 동일 존재입니다. 다만 사탄(שָׂטָן, 사탄)은 히브리어에서 유래했고, 마귀(διάβολος, 디아볼로스)는 헬라어에서 유래했습니다. 귀신은 히브리어로는 쉐드(שֵׁד), 헬라어로는 다이모니온(δαιμόνιον)입니다. 사·마·귀의 뜻을 정리하면 다음과 같습니다.

〔사탄(마귀) 및 귀신〕

사탄(Satan, שָׂטָן, 사탄, Σατανᾶς, 사타나스, 욥기 1:6; 마가복음 3:23) : 고소자, 비방자

---

128 Clive Staples Lewis, *The Screwtape Letters*, 김선형 옮김, 『스크루테이프의 편지』 (서울: 홍성사, 2006), 서문.

마귀(the devil, διάβολος, 디아볼로스, 마태복음 4:1) : 고소자, 비방자

귀신(demon, δαιμόνιον, 다이모니온, 마태복음 7:22) : 악한 영, 사탄의 부하(유다서 1:6)

우리는 평생 영적 군인으로 살아갑니다. 하나님의 부름을 받는 날이 제대하는 날입니다. 평생 영적 긴장을 늦추지 않고 살아야 하나님의 부름을 받는 날 승리의 개선가를 부르며 천국으로 입성하게 될 것입니다.

> 너는 그리스도 예수의 좋은 병사로 나와 함께 고난을 받으라
> _디모데후서 2:3

천국은 승리적인 교회이기 때문에 영적 전쟁이 없습니다. 승리의 기쁨을 누리는 곳입니다. 이 땅에 사는 동안 악한 영들과의 전투는 떠나지 않을 것입니다. 그러나 두려워할 것은 없습니다. 우리 지휘관 되시는 예수님께서 마귀와는 비교할 수없이 강하기 때문에 그분만 믿고, 그분의 지휘를 받으면서 영적 전투에 임한다면 우리는 반드시 승리합니다. 그러기 위해서는 영적으로 성장해야 합니다.

3. 영적 전쟁에서 마귀의 전략은 무엇일까

지피지기 백전불태(知彼知己 百戰不殆)라는 손자병법의 가르침이 있습니다. 그 뜻은 '적을 알고 나를 알면 백 번을 싸워도 위태롭지 않다'는 말입니다. 전쟁할 때 처음으로 중요한 것은 정보입니다. 적의 병력, 적이 가지고 있는 무기체계, 훈련 정도, 작전 계획 등에 대해서 알아야 합니다. 동시에 아군

에 대해서도 위와 같은 것을 잘 알고 있어야 합니다. 즉, 적의 정보와 아군의 정보를 잘 알고 작전 계획을 세워야 합니다. 군에 있을 때 보면 정보참모가 정보 판단을 보고하고, 작전참모가 작전 계획을 보고하며, 인사참모가 어떻게 병력을 충원시켜 줄 것인가를 보고하고, 군수참모가 어떻게 그들에게 필요한 군수물자를 지원할 것인가를 보고하는 순으로 이어집니다. 그다음 기타 보고를 합니다. 그 후 수립한 작전 명령이 하달되고 작전이 시작됩니다. 이처럼 작전에 우선하는 것이 정보 판단입니다. 그렇다면, 우리의 영적 전쟁에서 주적인 사·마·귀의 전략에 대한 정보는 무엇입니까?

1) 마귀는 우리의 믿음과 인생을 도둑질한다

> 도둑이 오는 것은 도둑질하고 죽이고 멸망시키려는 것뿐이요 내가 온 것
> 은 양으로 생명을 얻게 하고 더 풍성히 얻게 하려는 것이라_요한복음 10:10

마귀는 우리의 인생을 도둑질합니다. 믿음을, 행복을, 거룩을, 충성을, 시간을 도둑질합니다. 그래서 인간의 생애를 멸망시키는 것이 마귀의 영적 전쟁의 목표입니다. 반대로 예수님은 우리에게 영생을 얻게 하고, 더 풍성한 삶을 살게 하십니다.

2) 마귀는 참소하고 비방한다

> 내가 또 들으니 하늘에 큰 음성이 있어 이르되 이제 우리 하나님의 구원
> 과 능력과 나라와 또 그의 그리스도의 권세가 나타났으니 우리 형제들을

참소하던 자 곧 우리 하나님 앞에서 밤낮 참소하던 자가 쫓겨났고

_요한계시록 12:10

마귀는 우리를 참소하는 자(accuser)입니다. 참소한다는 말은 고발한다, 고소한다, 비난한다, 비방한다는 뜻입니다. 이 전략으로 마귀는 대신관계, 대인관계를 깨뜨립니다. 하나님과 우리의 관계를 깨뜨리고, 우리 인간과 인간과의 관계도 깨뜨립니다. 하나님을 믿지 못하게 하고 원망하게 만듭니다. 의심하게 만듭니다. 그리고 다른 사람을 오해하고 비난하게 만듭니다.

3) 마귀는 에베소서에 나온 모든 복을 가로막는다

믿지 않는 사람에게는 에베소서 1장과 2장에 나오는 구원의 복을 받지 못하게 생각을 혼란 시킵니다. 구원받은 성도에게는 만물을 통일하고 충만케 하는 사역을 못 하게 하고(1장), 유대인과 이방인의 분열을 만듭니다(2장). 또한 영원한 영적인 복을 추구하는 것이 아니라 순간적인 물질의 복과 세속적 복을 추구하게 합니다(3장). 교회의 하나 됨을 방해하고 분열케 합니다. 목회자가 교회를 훈련하고 그리스도의 몸을 성장케 하는 것을 방해합니다. 도덕적 타락(성범죄, 거짓말, 도둑질, 분노, 술 취함)에 빠지게 만듭니다(4장). 부부 사이에 미움을 조장합니다(5장). 부모와 자녀 사이에 미움을 조장합니다. 직장 상사(上司)와 직원 사이에 미움을 조장합니다(6장).

지금까지 살펴본 것과 같이 우리가 마귀와의 영적 전쟁에서 패배하면, 우리는 마귀의 포로가 되고 교회(성도)답게 살 수 없습니다. 에베소서에 나오는 모든 복이 영적 전투에서 승리해야 얻을 수 있기에, 영적 전쟁이 교회론의 맨 마지막에 나옵니다.

4. 어떻게 영적 전투에서 승리할 수 있을까

군에서 가장 강조하는 것은 '전투준비태세'입니다. 제가 군목 시절, 미 국방성인 펜타곤에 있는 미 육군 군종감실을 방문했을 때와 미 육군 군종학교(US Army Chaplain School, 군목을 교육하는 군사교육기관)에 갔을 때 가장 많이 들은 말은 전투준비태세(combat readiness)였습니다. 이는 그들이 48시간 안에 전 세계 어디라도 투입되어, 전투 시 군종 활동을 할 준비가 되어있다는 것입니다. 미군의 슬로건 중 하나는 '우리는 오늘 밤이라도 싸울 준비가 되어 있다!(We are ready to fight tonight!)'로 전투준비태세가 잘 준비되어 있다는 의미입니다. 그것이 전투에서 승리하는 비결 중 하나입니다. 마귀도 시와 때를 가리지 않고 끊임없이 우리를 공격합니다. 우리도 영적 전투에 대한 전투준비태세를 강조해야 합니다. 언제 마귀와 싸워도 이길 영적 준비가 되어있어야 합니다. 그렇게 되려면 어떻게 해야 할까요?

1) 속사람이 강건해져야 한다

아무리 좋은 무기를 가지고 있어도 군인의 전투 체력이 강하지 않으면 전투에서 승리할 수 없습니다. 그러므로 우리도 주님의 능력으로 영적 전투 체력이 강건해져야 합니다. 그렇다면, 그리스도인은 어떻게 영적 전투 체력이 강건해집니까?

> 그의 영광의 풍성함을 따라 그의 성령으로 말미암아 너희 속사람을 능력으로 강건하게 하시오며_에베소서 3:16

우리의 영적 전투 체력이 강건케 되는 것은 성령으로 말미암아 속사람(마음)이 강건해지는 것입니다. 성령님은 기도와 찬양, 말씀 가운데 역사하십니다. 기도하며 찬송할 때, 말씀을 묵상하고 순종할 때 우리는 영적 전투 체력이 강건해집니다.

2) 전신갑주를 입어야 한다

영적 전투 체력 다음에 중요한 것은 적의 공격으로부터 내 몸을 보호할 보호장구(保護裝具)를 착용하고 무기를 휴대해야 합니다. 그렇다면, 영적 전투에서 나를 보호할 보호 장구와 무기는 무엇일까요?

① 진실한 삶

> 그런즉 서서 진리로 너희 허리 띠를 띠고_에베소서 6:14a

여기서 "진리"는 하나님의 말씀을 가리키는 것이 아닙니다. 하나님의 말씀을 가리키는 것은 17절에 나오는 성령의 검, 곧 하나님의 말씀입니다. 진리는 헬라어로 알레데이아(ἀλήθεια)인데, 여기서는 '참', '진실', '성실' 등으로 번역되는 것이 문맥에 더 가깝습니다. 즉 우리가 영적 싸움에서 승리하기 위해서는 하나님과 사람 앞에 성실하게 서는 자세, 참되게 서는 자세, 진지하게 서는 자세가 우선되어야 합니다. 진실하지 않으면 허리 띠가 없는 것처럼 전투하는데 많은 지장을 줍니다. 제대로 싸우지 못합니다. 진실해야 승리합니다.

② 정의로운 삶

> 의의 호심경을 붙이고_에베소서 6:14b

여기서 "의"는 헬라어로 디카이오쉐네(δικαιοσύνη)인데, 여기서 디카이오쉐네는 칭의가 아닌 정의로운 삶을 의미합니다. 정의로운 삶이 우리의 심장을 보호하는 가슴 보호판(breastplate)입니다. 지금으로 말하면 방탄조끼입니다. 우리의 삶 속에 불의한 것, 즉 죄가 들어오면 마귀의 공격으로 심장이 치명상을 입게 됩니다. 팔이나 다리를 잃으면 살 수 있지만, 심장을 잃으면 살 수 없습니다. 그러므로 우리는 돈은 잃어도 정의는 잃지 말아야 합니다. 정의롭게 살아야 승리합니다.

③ 복음의 능력으로 평안을 경험하고 평안을 전하는 삶

> 평안의 복음이 준비한 것으로 신을 신고_에베소서 6:15

전투화가 편해야 전투를 잘 할 수 있습니다. 전쟁터에서는 전투화가 튼튼해야 합니다. 그러나 아무리 튼튼해도 내 발에 맞지 않으면 제대로 싸울 수 없습니다. 이처럼 편한 전투화는 전투에서 매우 중요합니다. 복음을 믿으면 우리의 마음에 평안을 줍니다. 튼튼하고 편안한 전투화 역할을 해줍니다. 예수님의 십자가와 부활의 복음은 우리에게 어떤 상황에서도 흔들리지 않는 평안을 줍니다. 복음의 은혜에 푹 젖어 사십시오. 그럴 때 우리는 영적 전투에서 승리할 수 있는 평안을 소유하게 됩니다.

④ 믿음을 크게 키워가는 것

> 모든 것 위에 믿음의 방패를 가지고_에베소서 6:16

여기서 "믿음"은 하나님의 신실하심과 보호하심에 대한 믿음입니다. 어떤 상황에서도 하나님을 신뢰하는 것을 의미합니다. 그런데 여기서 사용된 '방패'라는 헬라어는 작은 방패가 아니라 큰 방패를 의미하는 뒤레오스(θυρεός)가 사용되었습니다. 작은 방패는 흔히 손 방패라고 하는데, 그것은 호프라(ὅπλα)입니다. 그러나 여기서는 큰 방패를 뜻하는 뒤레오스(대문을 의미하는 θύρα, 뒤라에서 유래)가 사용되었습니다. 방패가 클수록 적의 공격으로부터 몸을 더 많이 보호하게 됩니다. 그러므로 우리는 믿음을 키워야 합니다. 하나님의 말씀을 읽음으로, 기도함으로, 하나님이 주신 감동에 순종함으로 우리의 믿음을 키워가야 합니다. 그래야 영적 전투에서 승리합니다.

> 무릇 하나님께로부터 난 자마다 세상을 이기느니라 세상을 이기는 승리
> 는 이것이니 우리의 믿음이니라_요한일서 5:4

⑤ 구원의 확신

> 구원의 투구_에베소서 6:17a

"구원의 투구(helmet)"를 구원의 확신이라고 하는 이유는 신약성경에 구원의 투구와 관련된 표현이 나오기 때문입니다. 데살로니가전서 5장 8절을

보면 "구원의 소망의 투구"라고 나오는데, 여기서 소망(ἐλπίς)이라는 말은 확신(confidence)이라는 뜻도 있습니다.[129] 그래서 '구원의 확신의 투구'라고 해석해 보았습니다. 저도 대학교 1학년 때 구원의 확신을 받기 전까지는 두려움이 있었습니다. 지금 죽어도 천국에 갈 확신이 없어서 영적으로 침체될 때는 신앙이 흔들리기도 했습니다. 그래서 구원의 확신이 중요합니다. 구원의 확신의 중요성을 로이드 존스 목사님은 이렇게 설명합니다.

> 저는 여러분이 구원의 확신이 없다고 그리스도인이 아니라고 말하는 것이 아닙니다. 확신이 없어도 그리스도인일 수 있습니다. 그러나 여러분은 그리스도인이기 때문에 구원을 확신하고, 그것을 즐겨야 합니다. 바울은 여기서(로마서 8:3~4) 복된 확신을 어떻게 가지며 어떻게 누릴 것인가를 보여주고 있습니다. 그것을 얻는 방법은 만일 우리가 의롭다 함을 받았으면 우리의 최종적인 위치가 틀림없이 안전하다는 것을 아는 데 있습니다.[130]

⑥ 깨달은 성경 말씀

성령의 검 곧 하나님의 말씀을 가지라_에베소서 6:17b

기록된 성경 말씀이 내 마음에 성령의 조명으로 깨달아질 때, 이 말씀은 마

---

129 Thomas Sheldon Green, *A Greek-English Lexicon to the New Testament* (Grand Rapids: Zondervan Publishing House, 1970), p. 60.

130 D. M. Lloyd-Jones, *ROMANS: An Exposition of Chapters 7:1~8:4 The Law: Its Functions and Limits*, 서문강 옮김 『로마서 강해』, 제4권 (서울: 기독교문서선교회, 1995, 11판), p. 378.

귀를 이기는 강력한 무기인 성령의 검(劍)이 됩니다. 성령으로 영감(靈感) 된 성경은 성령의 조명(照明)으로 깨달아집니다. 그럴 때 성경 말씀은 강력한 무기가 되어 마귀를 이깁니다. 성경 말씀은 공격용 무기입니다. 성령의 검입니다. 나의 검이 아닙니다. 성령님이 깨닫게 해주시고 조명해 주셔야 합니다. 성령님이 깨닫게 하신 말씀은 좌우의 날선 검처럼 역사합니다.

마지막으로, 상급부대 지원을 얻기 위한 통신이 필요합니다. 제한된 나와 나의 가정, 나의 교회의 능력으로 영적 전투에서 승리할 수 없습니다. 승리를 위해서는 상급부대의 지원이 필요합니다. 통신(무전)이 전투에서 얼마나 중요한지 모릅니다. 고립된 곳에서 적에 둘러싸여 있을 때 무전을 통해 포병이나 공군의 화력지원을 받아서 전투를 승리로 이끈 경우는 매우 많습니다. 영적 전투에서 통신은 바로 '기도'입니다.

> 모든 기도와 간구를 하되 항상 성령 안에서 기도하고 이를 위하여 깨어
> 구하기를 항상 힘쓰며 여러 성도를 위하여 구하라_에베소서 6:18

아말렉 전투의 승리는 칼을 잡고 전쟁한 여호수아와 군대의 노력도 있었지만, 결정적인 것은 '모세의 기도'였습니다. 그 기도가 통신이 되어 상급부대의 지휘관이신 하나님의 도움을 받아 이스라엘 군대가 매우 호전적인 아말렉 군대와 싸워 승리하게 된 것입니다(출애굽기 17:11).
다니엘의 기도도 통신의 위력을 보여줍니다. 정적들로 둘러싸인 포위 상태에서 기도하면 사자굴에 던져 넣어 죽인다는 왕의 칙령까지 하달되었지만, 그 사실을 알고도 다니엘은 기도를 멈추지 않았습니다. 왜냐하면 그 상황이

영적 전쟁이었고, 이 포위된 상황을 돌파할 방법은 기도밖에 없었기 때문입니다. 사자굴에서도 다니엘은 하나님께 기도하였습니다. 그러자 하나님께서는 사자들의 입을 막으시는 지원으로 다니엘을 살려주셨습니다. 하지만 다니엘을 모함하던 사람들이 동일한 사자굴에 떨어졌을 때에는 그들의 몸이 땅바닥에 닿기도 전에 사자들이 그들을 움켜서 뼈를 다 부서뜨렸습니다(다니엘 6:24). 기도는 하나님의 도움을 받는 강력한 통신 수단입니다.

빌립보 감옥에서의 바울의 기도도 통신의 위력을 잘 보여줍니다. 적대적인 세력에 의해 불공정한 재판을 받고, 매 맞은 후 감옥에 수감된 그는 사면초가의 위기에 있었습니다. 그러나 하늘은 여전(如前)히 열려 있었습니다. 바울이 기도로 하나님과 통신을 하자, 지진이 나고 옥토가 흔들리며 옥문이 열리고 차꼬가 풀어지는 승리를 거두게 되었습니다(사도행전 16:25~26). 오늘날 사면초가의 위기에 있다면, 하늘을 향한 통신은 여전히 가능하다는 것을 기억하십시오!

군에서는 '공지합동전투'라는 말을 씁니다. 영어로 'Air-Land Battle(에어 랜드 배틀)'이라고 합니다. Air(에어)는 공군력을 말하고, Land(랜드)는 지상군의 전투력을 말합니다. 현대전은 하늘과 땅의 힘을 합해 전투해야 승리합니다. 공군의 근접 항공 지원, 이것을 'Close Air Support(클로즈 에어 서포트)', 줄여서 'CAS(카스)'라고 하는데 현대전은 공군의 근접 항공 지원이 없이는 승리할 수 없습니다. 영적 전투도 마찬가지입니다. 하늘의 하나님의 지원 없이는 승리할 수 없습니다.

여호사밧 왕은 어마어마한 적군이 몰려올 때 오직 하나님만 바라보고 기도했습니다(역대하 20:12). 그 결과, 여호와께서 복병을 두어 세 나라를 무찔

러 주셨습니다(역대하 20:22). 적군인 세 나라 동맹군이 자기들끼리 서로 싸워 전멸하게 한 것입니다(역대하 20:24). 하나님의 복병은 세 나라 동맹군의 마음에 착각 또는 갈등을 일으키는 방법이었을 겁니다. 결국 여호사밧 왕은 싸우지도 않고 이기는 부전승을 거둡니다. 그리고 그 전쟁터의 이름을 '송축(頌祝, 두 무릎을 꿇고 왕이신 하나님께 부르는 찬송)의 골짜기'라고 불렀습니다. 히브리어로는 '베라카(בְּרָכָה)의 골짜기'입니다. 우리말로는 '브라가 골짜기'라고 번역되었습니다(역대하 20:26).

제가 좋아하는 영화 중의 하나는 멜 깁슨이 주인공으로 나온 'We Were Soldiers'라는 영화입니다. 1965년 미군과 북베트남군(North Vietnam Army, 공산군)이 실제로 싸웠던 전투를 바탕으로 만들어진 영화입니다. 죽음의 계곡(The Valley of Death)이라고 불리는 드랑 밸리(Drang Valley)에서 벌어진 전투에서 미군은 400명으로 북베트남군 2,000명을 무찌릅니다. 다섯 배가 넘는 북베트남군을 이길 수 있었던 비결은 무엇일까요? 우리는 대대장 할 무어(Hal Moore) 중령의 뛰어난 리더십을 볼 수 있습니다. 그는 대대원 400명과 죽을힘을 다해서 싸웠습니다. 그런데 여기서 가장 중요한 것은 '무전(radio)'이었습니다. 무전으로 사령부에 포병사격과 공군의 근접 항공 지원을 요청하였던 것입니다.

72시간 동안 지속된 전투의 마지막에는 북베트남군의 조직적인 공격으로 할 무어의 대대는 완전히 포위되어 대대장이 서 있는 곳까지 적군이 몰려왔습니다. 그때 대대장은 상황을 판단하고, 무전병에게 사령부에 '브로큰 애로우(Broken Arrow)'라는 말을 전하라고 합니다. 브로큰 애로우(꺾여진 화살)와 같은 용어는 군에서 '예규명(例規名)'이라고 합니다. 전투하다 보면 급박한 상황이 벌어지는데, 이때 짧은 시간에 그 상황을 다 설명할 수 없어 한 마디로 요약하여 상하급 부대가 서로 소통하는 용어를 말합니다. 그렇다면, 그가 말한 '브로큰 애로우'는 무슨 예규명이었을까요? 영화를 보면, 적이 우리 지휘소(CP: Commanding Post, 대대장이 전투 지휘하는 곳) 아주 가까이까지 몰려와 함락(overrun) 직전 상황이니 아군 진지 근처까지 포격하라는 요청입니다. 이 요청은 당연히 아군의 피해도 있을 수 있는 위험한 요청이기도 합니다. 그러나 이 무전으로 근접 항공 지원을 받아 아군 지휘소 근처까지 몰려온 적을 제압하고, 그들은 드라마틱한 역전승을 거두게 됩니다.

이 영화에 등장한 대대장 할 무어(Hal Moore) 중령은 실제 인물입니다. 그는 한국 전쟁 때 중대장으로 참전했고, 베트남 전쟁 때 대대장으로 참전했습니다. 장군이 되어서는 한국에 미 7사단장으로 다시 근무하였습니다. 중장으로 예편한 장군입니다.

어떻게 400명이 2,000명을 이깁니까? 마찬가지로, 우리 그리스도인들이 어떻게 우리보다 강한 마귀를 이깁니까? 또한 우리의 힘을 초월하는 고난의 문제를 어떻게 이깁니까? 하나님께 무전을 치는 것(기도하는 것)입니다. 그러면 하나님께서는 강력한 하늘 포병과 하늘 공군의 근접 항공 지원으로 우리를 도와주심으로 승리하게 하십니다. 기도는 영적 전투에서 승리하는 일에 절대적인 수단입니다. 우리가 힘써 기도하는 이유가 바로 여기에 있습니다. 기도를 통해 하나님의 도움을 받고, 영적인 승리를 경험하기 위해서 말입니다.

기도도 훈련입니다. 무전기를 사용하는 것도 훈련받아야 합니다. 그 밖의 통신 수단도 훈련받아야 합니다. 훈련되지 않으면 위급한 전투 상황에서 사용할 수 없습니다. 기도도 평소에 훈련되어야 영적 전투에서 승리할 수 있습니다. 베드로는 기도해야 할 시간에 기도하지 않고 졸아서 예수님을 부인했습니다. 영적인 전투에서 패배한 것입니다. 그 뼈아픈 패배의 경험을 알기에 아마도 베드로는 평생 기도를 소홀히 하지 않는 삶을 살았을 것입니다. 그렇게 판단할 수 있는 이유는, 훗날 그가 베드로전서를 기록하면서 기도에 대해서 다음과 같이 강력한 표현을 사용했기 때문입니다.

> 만물의 마지막이 가까이 왔으니 그러므로 너희는 정신을 차리고 근신하여 기도하라_베드로전서 4:7

> 근신하라 깨어라 너희 대적 마귀가 우는 사자 같이 두루 다니며 삼킬 자를 찾나니_베드로전서 5:8

우리의 기도가 평시에 훈련되어 영적 전투 시에 승리를 보장하는 수단이 되길 바랍니다. 우리의 가장 큰 자원은 내게 있지 않고 하나님께 있습니다. 아무리 부족해도 하나님의 지원을 받는 성도는 영적 전투에서 반드시 승리합니다. 이 모든 것이 사실은 영적인 성장과 관련되어 있습니다. 교회인 성도의 신앙 성장은 전신갑주를 입고 성령의 검과 통신 활용능력까지 갖추는 것입니다. 이런 신앙 성장을 통하여 호시탐탐(虎視眈眈) 우리를 노리는 마귀와의 영적 전투에서 승리할 수 있기를 바랍니다.

14장은 영적 전투에서 승리하는 것에 대한 말씀입니다. 마귀는 예수님을 구주로 믿는 성도를 천국 가는 날까지 공격합니다. 때문에 우리는 늘 영적 전투를 준비하고, 승리해야 합니다. 영적 전투에서 패배하면, 우리는 교회답게 살지 못합니다. 그래서 영적 전투는 매우 중요한 주제입니다.

1. 지상 교회는 어떤 교회라고 생각합니까?

2. 다음의 괄호를 채워보십시오.

　　　　　　　교회인 성도는 영적인 (　　　　　) 군인이다!

3. 다음의 괄호도 채워보십시오.

　　　　　　　영적인 현역 군인인 성도는 (　　　　)이 제대 날이다!

4. 죽는 날까지 영적 전투에서 승리하기 위해서 무엇이 필요합니까?

5. 지금 겪고 있는 영적 전투는 무엇이며, 당신의 승리 전략은 무엇입니까?

15장

교회의
성장은
목회자를 위해
기도하는 것_에베소서 6:19~22

강론

가정예배

에베소서 6:19~22

19 또 나를 위하여 구할 것은 내게 말씀을 주사 나로 입을 열어 복음의 비밀을 담대히 알리게 하옵소서 할 것이니 20 이 일을 위하여 내가 쇠사슬에 매인 사신이 된 것은 나로 이 일에 당연히 할 말을 담대히 하게 하려 하심이라 21 나의 사정 곧 내가 무엇을 하는지 너희에게도 알리려 하노니 사랑을 받은 형제요 주 안에서 진실한 일꾼인 두기고가 모든 일을 너희에게 알리리라 22 우리 사정을 알리고 또 너희 마음을 위로하기 위하여 내가 특별히 그를 너희에게 보내었노라

14장에서 교회인 성도의 성장은 영적 전투에서 승리하는 것에 대해 살펴보았습니다. 15장에서는 교회인 성도의 신앙 성장은 목회자를 위해 기도하는 것에 대해 알아보고자 합니다.

1. 하나님께서 말씀을 주시도록 기도를 요청했다

네덜란드의 반델 베흐트(W.H. Van der Vegt)는 그가 편집한 칼빈의 설교집 서문에 "설교 없이는 구원도 없다(Zonder de Prediking Geen Heil)"는 말을 함으로, 개혁 교회에 있어서 설교의 중요성을 말한 바 있습니다.[131] 또 정성구 박사는 "교회가 교회다워지려면 설교가 설교다워져야 하고, 그 설교의 내용이 참으로 하나님의 말씀을 바로 선포하는 것이어야 한다"[132]고 했습니다.

---

131 Johannes Calvijn, *Het Gepredikte Woord(Preeken)*, Vertaald door Ds. Jan Douma en Ds. W.H.V.D. Vegt, Deel I (T. Wever N.V. Franeker, 1952), p. 3. 정성구, 『한국교회 설교사』 (서울: 총신대학출판부, 1986), p. 11. 재인용.

132 정성구, 『한국교회 설교사』, p. 11.

설교자에게 있어서 가장 중요한 것은 하나님께서 말씀을 그에게 주시는 것입니다. 설교자는 하나님 말씀의 전달자입니다. 하나님의 종으로서 주인의 메시지를 그분의 백성에게 전하는 심부름꾼, 곧 메신저입니다. 내 말을 전하는 것이 아니라 하나님의 말씀을 전해야 합니다.

> 또 나를 위하여 구할 것은 내게 말씀을 주사 나로 입을 열어 복음의 비밀을 담대히 알리게 하옵소서 할 것이니_에베소서 6:19

하나님의 말씀을 전하는 것은 설교자의 사명입니다. 그렇게 하기 위해서는 하나님께 받은 말씀이 있어야 합니다. 하나님께 받은 골수에 사무치는 말씀이 있어야 합니다(예레미야 20:9). 1561년 개혁 교회가 작성한 벨기에 신앙고백서는 참 교회와 거짓 교회를 잘 구분하여 정리하였습니다.

> 참 교회의 표징은 다음과 같다. 순수한 복음이 전파되고, 그리스도가 제정하신 성례가 시행되며, 권징을 실시하여 죄를 징계하고, 모든 것이 하나님의 순수한 말씀에 따라 진행되며, 말씀에 어긋나는 것은 거부하고 오직 예수 그리스도를 교회의 유일한 머리로 인정한다면 그것이 바로 참 교회이다.[133]

하나님의 말씀을 전하는 설교자들은 얼마나 막중한 역할을 감당하는 사람들입니까? 교회가 참된 교회인가, 아니면 거짓된 교회인가를 결정하는 것

---

133 박순용, 『참된 교회로 돌아오라』 (서울: 생명의말씀사, 2016), p. 59.

이 바로 이 강단입니다. 하나님이 주신 말씀을 가지고 하나님께서 사랑하시는 그 백성들에게 하나님의 말씀을 전하는 것입니다. 하나님의 비밀(성육신, 십자가, 이방인 구원)과 경륜(구원 계획)을 바로 알고 전해야 합니다. 그리스도 안에서 만물을 통일시키려는 그 뜻을 잘 전해야 합니다. 또한 머리 되신 그리스도의 몸 된 교회가 만물을 충만케 하는 사명을 잘 감당하도록 하나님의 말씀을 전해야 합니다. 교회가 그리스도의 몸으로 분열하지 않고 하나 되도록 전해야 합니다. 성도로서 거룩한 성도의 삶을 살도록 전해야 합니다. 가정과 일터에서 하나님이 꿈꾸신 교회로 살도록 전해야 합니다. 악한 영의 치열한 공격 가운데 승리하도록 전해야 합니다.

그런데 문제는 우리의 연약함에 있습니다. 연약한 인생이, 미련한 인생이 어떻게 그 사명을 감당할 수 있습니까? 하나님의 도움 없이는 불가능합니다. 그래서 사도 바울은 지금 자신이 하나님의 말씀을 잘 받아 전하도록, 하나님께서 말씀을 주시도록 기도해달라고 도고(禱告)를 요청하고 있습니다. 성도님들은 목회자들이 하나님께서 주시는 말씀을 받고 하나님께서 주셨다는 확신으로 하나님의 말씀을 전할 수 있도록 기도해 주셔야 합니다.

> 내가 다시는 여호와를 선포하지 아니하며 그의 이름으로 말하지 아니하리라 하면 나의 마음이 불붙는 것 같아서 골수에 사무치니 답답하여 견딜 수 없나이다_예레미야 20:9

불붙는 마음은 하나님께서 주신 말씀이라는 확신이 있을 때 생기는 열정입니다. 하나님께서 나와 우리 교회에 주신 말씀이라는 불붙는 확신이 있을 때 설교자의 가슴에는 뜨거운 열정이 생깁니다. 이 열정을 주시도록 기도해 주십시오. 강단의 불이 성도들의 가슴에 임할 때 하나님의 특별한 임재를 경험합니다. 가치관이 바뀝니다. 상처가 치유됩니다. 고난을 보는 시각이 바뀌어 하나님의 섭리를 믿는 관점으로 고난을 재해석합니다. 지혜와 담대한 용기가 생깁니다. 하나님의 영광을 위해서 살고자 하는 거룩한 결단이 생깁니다. 삶이 바뀝니다. 가족 간의 갈등이 해결됩니다. 이웃과 직장 동료들과의 관계가 회복됩니다. 이 귀한 일들이 강단의 불이 성도들의 가슴에 붙을 때 일어납니다. 그러므로 우리는 설교자를 위해서 기도해야 합니다. 교회인 성도의 신앙 성장은 목회자를 위한 기도 가운데 얻어지는 것입니다. 목회자들에게 하나님께서 말씀을 주시도록 기도하십시오.

2. 복음의 비밀을 담대히 전하도록 기도를 요청했다

하나님께서 주신 말씀을 전하는 것이 말씀의 종 된 목회자의 사명입니다. 그런데 그 말씀 중에 빠지지 말아야 할 중요한 말씀은 복음을 전하는 것입니다. 그러므로 목회자들을 위해 기도할 때 복음을 잘 전하도록 기도해야 합니다. 바울은 기도 부탁을 하면서 이 기도제목을 제시하고 있습니다.

> 또 나를 위하여 구할 것은 내게 말씀을 주사 나로 입을 열어 복음의 비밀
> 을 담대히 알게 하옵소서 할 것이니_에베소서 6:19

앞에서 말씀드린 바와 같이 복음의 비밀은 예수 그리스도의 성육신, 십자가에서 죽으심, 유대인만이 아니라 이방인도 구원하신다는 것입니다. 바울은 이 복음의 비밀을 담대히 알리도록 기도해 달라고 했습니다. 설교자에

게서 가장 중요한 것은 복음을 선포하는 것입니다. 복음의 내용은 고린도전서 15장 1~4절에 나오는 대로 예수님의 십자가와 부활입니다. 고린도전서 15장 1절에 내가 너희에게 복음을 알게 한다고 말씀합니다. 이 복음의 내용이 3절에 성경대로 그리스도께서 우리 죄를 위하여 죽으신 것과 4절에 성경대로 사흘 만에 다시 살아나신 부활이라고 말씀합니다.

> 복음(福音)이란 헬라어로 유앙겔리온(εὐαγγέλιον)이다. 그 뜻은 승리의 소식(news of victory)이다.[134]

복음은 전쟁과 관련되어 있습니다. 전쟁에서 패배하면 죽거나 포로로 끌려가는 것이 그 당시의 문화였습니다. 그만큼 전쟁에서 승리한 소식은 지극히 기쁜 것이었습니다. 오죽하면 마라톤의 유래가 되는 마라톤 평야 전투에서 아테네의 승리를 알리기 위해 달려왔던 병사가 쉬지 않고 달려와 숨졌겠습니까? 너무나 기뻐서 한시라도 빨리 시민들에게 승리의 소식(복음)을 알리기 위해 쉬지 않고 달려와서 기력이 쇠진해서 죽지 않았습니까? 복음이란 이런 것입니다. 이 소식을 전하다 죽어도 전할 가치가 있는 것입니다. 파이디피데스(Pheidippides)가 전한 메시지는 아주 단순했습니다. 그러나 그가 전한 소식은 아테네 시민들에게는 최고로 기쁜 소식이었습니다. "당신에게 기쁜 소식을 전합니다. 우리가 이겼습니다." 그는 죽어가며 마지막 숨을 몰아쉬며 마라톤 전투에서의 승리의 소식을 전했습니다.[135]

---

134 (ed.) Kittel and Friedrich, *Theological Dictionary of the New Testament,* p. 722.

135 https://en.wikipedia.org/wiki/Pheidippides Pheidippides is said to have run from Marathon to Athens to deliver news of the victory of the battle of Marathon. "Joy to you, we've won" he said, and there and then he died, breathing his last breath with the words "Joy to you".

복음이란 용어가 처음 사용될 때 국가적으로 기쁜 소식이었습니다. 우리 군대가 승리함으로써 죽음의 경계선을 넘어 생명의 땅으로 들어온 기쁨입니다. 그 단어를 성령님께서 예수님의 십자가와 부활을 알리는 데 사용하셨습니다. 예수님의 십자가와 부활을 잘 알릴 수 있는 인간의 언어 중 가장 근접한 용어가 복음(εὐαγγέλιον)이었습니다. 복음은 죽을 상황에서 사는 상황으로 들어오는 것입니다. 이보다 더 큰 기쁨은 없습니다.

> 내가 복음을 부끄러워하지 아니하노니 이 복음은 모든 믿는 자에게 구원을 주시는 하나님의 능력이 됨이라 먼저는 유대인에게요 그리고 헬라인에게로다_로마서 1:16

이 복음이 선포될 때 구원의 능력이 나타납니다. 순수하게 복음을 선포할 때 놀라운 일이 일어납니다. 그것은 구원의 열매를 거두게 합니다. 놀랍습니다. 복음을 전했을 뿐인데, 사람들이 구원을 받습니다. 이것은 설교자의 능력이 아니라 복음의 능력입니다. 하나님께서 그 복음을 사용하신 것입니다. 설교자들을 위해서 기도할 때, 이 복음을 잘 전하도록 기도해 주십시오. 그것은 복음의 열매를 거두는 사역에 동참하는 영광스러운 것입니다.

> 이 복음을 위하여 그의 능력이 역사하시는 대로 내게 주신 하나님의 은혜의 선물을 따라 내가 일꾼이 되었노라_에베소서 3:7

사도 바울은 복음을 위하여 복음의 일꾼이 되었다고 말합니다. 목회자들이 해야 할 가장 중요한 일은 복음의 일꾼이 되는 것입니다. 이 일을 신실하게 감당할 때 목회의 본질이 회복됩니다. 그러므로 복음의 일꾼으로서의 사명을 잘 감당하도록 기도하는 것이 목회자를 돕는 중요한 일입니다.

> 내가 복음을 위하여 모든 것을 행함은 복음에 참여하고자 함이라
>
> _고린도전서 9:23

복음의 일꾼 된 바울은 그의 삶의 전 영역에서 복음을 위하여 모든 것을 하겠다고 말합니다. 조나단 에드워즈는 "목회 사역이 곧 복음 사역"이라고 했습니다.[136] 모든 설교와 사역을 통해 복음이 드러나기를 기도해 주십시오. 삶의 모든 영역에서 복음대로 살게 기도해 주십시오.

> 내가 달려갈 길과 주 예수께 받은 사명 곧 하나님의 은혜의 복음을 증언
> 하는 일을 마치려 함에는 나의 생명조차 조금도 귀한 것으로 여기지 아
> 니하노라_사도행전 20:24

이 복음을 전하기 위해서는 생명조차 아끼지 않게 해달라고 기도해 주시기 바랍니다. 세상에 생명보다 귀한 것은 없습니다. 그러나 생명보다 소중한 한 가지가 있습니다. 바로 복음을 전하는 것입니다.

> 이 일을 위하여 내가 쇠사슬에 매인 사신이 된 것은 나로 이 일에 당연히
> 할 말을 담대히 하게 하려 하심이라_에베소서 6:20

---

136 Kevin J. Vanhoozer, Owen Strachan, *The Pastor as Public Theologian*, 박세혁 옮김 『목회자란 무엇인가』 (서울: 포이에마, 2017), p. 148.

복음을 전하는 것이 생명보다 귀한 것이기에 바울은 로마에 수감되었을 때도 자신에 대해 비관하지 않고 당당하게 자신을 쇠사슬에 매인 사신이라고 말합니다. 죄수가 아니라 사신입니다. 사신은 영어로 대사(ambassador)입니다. 그에게는 천국의 대사라고 하는 자아 정체감이 분명히 있었습니다. 사도행전 20장 24절 말씀대로 이 복음을 위해서라면 죄수의 몸이 되어도 괜찮다는 확신이 있었습니다. 이 복음만이 사람을 속죄하고 하나님의 자녀 되게 하기 때문에, 천국 가고 이 땅에서도 천국을 경험하게 하기 때문에, 부활의 복을 주시기 때문에, 그리스도 안에서 만물을 통일하게 하는 가장 보람 있는 삶, 만물을 충만케 하는 가장 의미 있는 삶을 살게 하기 때문에 이 복음을 위해서라면 죄수가 되어도 좋다는 것이 그의 고백이었습니다. 이것은 성도들에게도 마찬가지입니다. 이제 바울은 에베소서를 마쳐 가면서 이 편지를 에베소교회에 전달할 두기고를 소개합니다. 두기고는 에베소 출신이었을 것이라고 합니다.[137]

> 나의 사정 곧 내가 무엇을 하는지 너희에게도 알리려 하노니 사랑을 받은 형제요 주 안에서 진실한 일꾼인 두기고가 모든 일을 너희에게 알리리라_에베소서 6:21

사랑을 받은 형제요, 주안에서 진실한 일꾼인 두기고! 우리도 주변의 성도들과 목회자에게 두기고처럼 칭찬 듣는 성도가 되면 얼마나 좋을까요? 바울도 그를 신뢰하여 이 소중한 서신을 그에게 맡깁니다.

---

137 Arnold, 『존더반 신약주석 강해로 푸는 에베소서』, p. 486.

우리 사정을 알리고 또 너희 마음을 위로하기 위하여 **내가 특별히 그를 너희에게 보내었노라**_에베소서 6:22

수감되어 있는 바울이 성도들을 위로하고자 합니다. 자신이 가장 고생하고 있지만, 힘겨운 시대를 사는 에베소 성도들을 위로하는 따뜻한 바울의 모습은 우리 목회자들이 배워야 합니다. 동시에 우리 모든 성도가 배우길 바랍니다.

히브리서 기록자는 목회자와 성도들 사이의 바람직한 관계를 다음과 같이 설명합니다. 그리고 그 설명 뒤에는 우리를 위해서 기도해달라고 기도의 부탁을 합니다.

> 너희를 인도하는 자들에게 순종하고 복종하라 그들은 너희 영혼을 위하
> 여 경성하기를 자신들이 청산할 자인 것 같이 하느니라 그들로 하여금
> 즐거움으로 이것을 하게 하고 근심으로 하게 하지 말라 그렇지 않으면
> 너희에게 유익이 없느니라 우리를 위하여 기도하라 우리가 모든 일에
> 선하게 행하려 하므로 우리에게 선한 양심이 있는 줄을 확신하노니
> _히브리서 13:17~18

목회자와 성도들의 이 아름다운 관계는 우리로 하여금 그리스도를 닮아 성장하는 교회를 경험하게 합니다. 모든 일에 주님을 닮아가도록 하십시오. 주님을 닮는 것은 '겸손과 순종'입니다.

나눔을 위한 질문

15장은 목회자를 위한 기도입니다. 사도 바울은 자신의 사역을 위해 성도들의 도고(禱告)를 요청하고 있습니다. 목회자는 영적 전투에서 저격병(sniper)들의 타깃입니다. 성도들의 도고가 없이는 사역을 제대로 감당할 수 없습니다. 목회자가 쓰러지면 교회에도 적지 않은 타격을 받게 됩니다.

1. 성도들이 목회자를 위해서 기도해야 할 첫 번째 내용은 무엇입니까?

2. 성도들이 목회자를 위해서 기도해야 할 두 번째 내용은 무엇입니까?

3. 복음이란 단어를 정의해 보십시오.

4. 복음의 내용은 무엇이라고 생각합니까?

5. 목회자를 위한 기도는 어느 정도 하고 있습니까? 이 말씀을 어떻게 적용하고 싶은지 함께 나눠보십시오.

16장

교회의 성장은 변함없이 충성하는 것 _에베소서 6:23~24

강론

에베소서 6:23~24

23 아버지 하나님과 주 예수 그리스도께로부터 평안과 믿음을 겸한 사랑이 형제들에게 있을지어다

24 우리 주 예수 그리스도를 변함 없이 사랑하는 모든 자에게 은혜가 있을지어다

15장에서는 교회인 성도의 성장은 목회자를 위해 기도할 때 이루어진다고 하였습니다. 16장은 에베소서의 마지막 내용으로, 성도들을 향한 바울의 축복과 그들에게 우리 주 예수 그리스도께 변함없이 충성하라는 권면의 말씀을 담고 있습니다.

1. 사도 바울은 성도들을 축복한다

바울은 매우 엄격한 사도였지만, 동시에 사랑이 넘치는 사도였습니다. 이 편지의 처음도 축복으로 시작했는데, 마지막도 축복으로 마무리합니다. 이 편지의 알파와 오메가가 '축복'입니다.

> 아버지 하나님과 주 예수 그리스도께로부터 평안과 믿음을 겸한 사랑이 형제들에게 있을지어다_에베소서 6:23

모든 복은 아버지 하나님과 예수 그리스도께로부터 옵니다. 복은 사람에게서 오는 것이 아니라 만복의 근원 되신 하나님께로부터 옵니다. 그래서 축복(祝福)과 복(福)을 구분할 필요가 있습니다. 축복(祝福)은 '빌 축(祝)'에 '복 복(福)'을 씁니다. '복을 빌어준다'는 것입니다. 복을 기원하고 기도한다는 것입니다. 그렇게 볼 때 하나님께서 우리를 축복한다는 말은 맞지 않습니다. 하나님은 복을 빌어주거나 기원(기도) 해주시는 분이 아니라 복을 주시는 분입니다. 이것을 가장 잘 보여주는 본문은 창세기 12장 2~3절입니다. 여기에 히브리어는 원형을 썼습니다. 본문 속에는 어형의 변화가 있어서 좀 복잡하기 때문입니다. בָּרַךְ(바라크)는 동사이고, בְּרָכָה(베라카)는 명사입니다.

> 내가 너로 큰 민족을 이루고 네게 복을 주어(bless, בָּרַךְ, 바라크) 네 이름을 창대하게 하리니 너는 복(blessing, בְּרָכָה, 베라카)이 될지라 너를 축복하는 (bless, בָּרַךְ, 바라크) 자에게는 내가 복을 내리고(bless, בָּרַךְ, 바라크) 너를 저주하는 자에게는 내가 저주하리니 땅의 모든 족속이 너로 말미암아 복을 얻을 (bless, בָּרַךְ, 바라크) 것이라 하신지라_창세기 12:2~3

2절에 하나님께서 아브람에게 복을 주신다고 하셨습니다. 그리고 누군가 아브람을 축복할 때 하나님께서 그에게 복을 주시겠다고 말씀합니다. 이렇게 복은 하나님이 주시는 것입니다. 생명, 물질, 가장 큰 복인 영생, 하나님의 자녀 됨, 천국 시민이 됨, 이 모든 복, 하늘과 땅에 속한 모든 복은 하나님이 주시는 것입니다. 그러므로 우리가 기도할 때 '하나님, 축복해 주십시오!'라는 표현은 어법상 맞지 않습니다. 물론 요즘은 너무나 많이 이렇게 쓰기 때문에 자연스러워 보이지만, 한자의 뜻을 생각하면 어색합니다.

찬송가 1장의 제목이 '만복의 근원 하나님'입니다. '축복의 근원 하나님'이 아닙니다. 인간은 복을 줄 수 없고, 단지 복을 빌어줄 뿐입니다. '빌 축(祝)' 자를 써서 축복(祝福)이 되는 것입니다. 그래서 이렇게 정의할 수 있습니다. 인간은 복을 빌어줄 뿐이고 복은 하나님이 주십니다. 인간은 축복밖에 못 하고, 진짜 복은 하나님이 주십니다. 그러므로 이제부터 기도할 때 '하나 님, 이분에게 축복해 주십시오!'가 아니라 '하나님, 이분에게 복을 주십시 오!'라고 하면 더 좋겠습니다. 그냥 '복을 주십시오!'가 운율에 맞지 않는 다면 '하나님의 복을 주십시오!'라고 기도해도 좋겠습니다. 그런데 영어와 히브리어는 복과 축복이 같은 단어입니다. 영어로는 bless(블레스), 히브리 어로는 בָּרַךְ(바라크)입니다.

> 내가 너로 큰 민족을 이루고 네게 복을 주어 네 이름을 창대하게 하리니
> 너는 복이 될지라 너를 축복하는 자에게는 내가 복을 내리고 너를 저주하
> 는 자에게는 내가 저주하리니 땅의 모든 족속이 너로 말미암아 복을 얻을
> 것이라 하신지라_창세기 12:2~3

> And I will make you a great nation, And I will ① bless you, And make
> your name great; And so you shall be a ② blessing; And I will ③ bless
> those who ④ bless you, And the one who curses you I will curse And
> in you all the families of the earth will be ⑤ blessed. _Genesis 12:2~3,
> NASB

영어 bless(블레스)와 히브리어 בָּרַךְ(바라크)는 주어와 목적어에 따라 뜻이 달 라집니다. ① 하나님께서 인간에게 블레스(바라크) 하시면 인간에게 복을 주

신다는 뜻이고, ② 인간이 인간에게 블레스(바라크) 하면 다른 사람을 축복한다는 뜻입니다. ③ 인간이 하나님께 블레스(바라크) 하면 하나님께 송축(頌祝, 찬송) 한다는 뜻입니다.[138] 같은 단어이지만, 주어와 목적어에 따라 의미가 달라진다는 것을 기억해야 합니다. 위의 영어 성경에서 블레스(바라크)가 하나님이 복을 주신다는 뜻으로 사용된 것은 ①, ②, ③, ⑤입니다. 그리고 인간이 다른 사람을 축복한다는 뜻으로 사용된 것은 ④입니다. 한국어 성경을 기준으로 하면, ④에 해당되는 것이 세 번째 나오는 축복이라는 단어입니다. 물론 인간이 다른 인간을 축복한다는 뜻으로 사용되었습니다. 한국어와 영어의 어순이 달라서 순번이 달라졌을 뿐입니다. 인간이 하나님께 블레스(바라크) 한다면 송축이라고 해야 합니다. 그 뜻은 두 무릎을 다 꿇고 하나님을 찬송하는 것[139]입니다. 즉, 왕이신 하나님께 부복하여 찬송하는 최고의 찬송입니다. 송축은 성경에 자주 나옵니다. 그중 대표적인 것이 바로 다윗의 시편 145편 1절입니다.

왕이신 나의 하나님이여 내가 주를 높이고 영원히 주의 이름을 송축(頌祝, bless, ㄱㄱㄱ, 바라크)하리이다_시편 145:1

왕이었던 다윗은 자기보다 더 높은 왕이 바로 하나님이시라고 송축, 즉 두 무릎을 다 꿇고 엎드려 찬송했습니다. 얼마나 하나님의 마음을 기쁘게 해드리는 찬송이었을까요? 우리도 이런 찬송을 드릴 수 있기를 바랍니다.

---

138 Brown, Driver and Briggs, *A Hebrew and English Lexicon of the Old Testament*, pp. 138-139. to adore Him with bended knees.

139 Ibid., p. 138. bless God, adore with bended kness.

이제 에베소서 6장 23절에서 바울은 에베소 교인들을 축복하고 있습니다.

아버지 하나님과 주 예수 그리스도께로부터 평안과 믿음을 겸한 사랑이
형제들에게 있을지어다_에베소서 6:23

1) 평안이 있기를 축복하고 있다

갈등과 불화, 불안이 있는 삶은 얼마나 힘든 삶입니까? 주님은 유대인 성
도와 이방인 성도의 막힌 담을 모두 허셨는데, 우리는 평화로운 공동체에
담을 쌓을 때가 있지 않습니까? 이 평화를 주시기 위해 예수님은 성도들
사이의 원수 된 것을 십자가로 소멸하셨습니다. 하나님이신 예수님이 십자
가의 참혹한 죽음을 감당하신 것은 성도들이 서로 원수로 여기는 것을 소
멸하기 위함이셨습니다.

또 십자가로 이 둘을 한 몸으로 하나님과 화목하게 하려 하심이라 원수
된 것을 십자가로 소멸하시고_에베소서 2:16

평화라는 히브리어 샬롬(שָׁלוֹם)에서 여러 단어가 파생하였습니다. 그중에
쉴렘과 쉘렘을 소개하고 싶습니다. 쉴렘(שִׁלֵּם)은 배상(recompense)[140]을 의미
합니다. 쉴렘은 샬롬을 얻기 위한 대가 지불을 의미합니다. 그 대가 지불
을 위해서 예수님은 제물이 되어 죽으셨습니다. 쉘렘(שֶׁלֶם)은 화목제(peace

---

140 Brown, Driver and Briggs, *A Hebrew and English Lexicon of the Old Testament*, p. 1024.

offering)[141]를 의미합니다. 죄로 인해 하나님과 사람 사이에 깨어진 평화를 회복하기 위해 예수님은 잔인하게 죽임당하시고 죄값을 치러주셨습니다. 우리가 얻은 샬롬은 이렇게 값진 예수님의 희생을 바탕으로 하고 있음을 잊지 말아야 합니다. 그것을 이사야는 다음과 같이 설명합니다.

> 그가 찔림은 우리의 허물 때문이요 그가 상함은 우리의 죄악 때문이라 그
> 가 징계를 받으므로 우리는 평화를 누리고 그가 채찍에 맞으므로 우리는
> 나음을 받았도다_이사야 53:5

예수님이 십자가에 고통을 받으심으로 우리는 평화를 누리고 나음을 받았습니다. 평화가 샬롬(שׁלום)이고, 나음이 라파(רפא)입니다. 우리는 이 은혜를 받은 사람으로서 교회 안에서 샬롬과 라파를 전하는 사람이 되어야 합니다. 더 나아가 가정과 사회에서도 샬롬과 라파를 전해야 합니다. 세상 속에서도 샬롬과 라파를 전해야 합니다. 에베소교회에 평안이 있기를 축복한 바울의 기원이 오늘날 한국 교회 가운데도 이루어지기를 바랍니다.

2) 믿음이 있기를 축복하고 있다

평화 다음에 믿음이 있기를 축복하고 있습니다. 평화가 깨지면 믿음도 깨지기 때문입니다. 에베소서 4장 3절의 말씀처럼, 교회는 평안의 매는 줄로 성령의 하나 되게 하신 것을 힘써 지켜야 합니다. 교회 안에 평화가 깨지면 성도들의 믿음도 깨지기 때문입니다.

---

141 Ibid., p. 1023.

이 믿음은 크게 세 가지입니다. 첫째는 예수님을 구주로 믿는 믿음입니다. 둘째는 그 예수님을 나의 삶의 모든 것의 주인으로 모시는 믿음입니다. 셋째는 에베소서 6장 16절의 전신갑주(全身甲冑) 중 믿음의 방패 차원의 믿음입니다. 믿음의 방패는 악한 영의 공격을 이기는 담대한 용기를 말합니다. 어떤 악한 영도 우리의 지휘관이신 예수님보다 강하지 않고 악한 영의 어떤 공격도 예수님을 신뢰하는 믿음으로 이길 수 있다는 믿음입니다. 예를 들면, 이단, 도덕적으로 타락시키는 유혹, 교회를 분열시키는 이간질 등 모든 것을 이길 수 있다는 믿음입니다.

사도 바울이 에베소교회에 믿음이 있기를 축복한 이유는 ① 예수님을 구주로 믿고 구원을 얻기 위해서, ② 예수님을 주인으로 모시고 성화하기 위해서, ③ 예수님을 영적 지휘관(commander)으로 모시고 영적 전쟁에서 승리하기 위해서 믿음이 필요하기 때문입니다. 그래서 믿음이 있기를 축복하고 있습니다.

3) 사랑이 있기를 축복하고 있다

> 아버지 하나님과 주 예수 그리스도께로부터 평안과 믿음을 겸한 사랑이 형제들에게 있을지어다_에베소서 6:2

이 사랑은 믿음과 연결되어 있습니다. 믿음을 겸한 사랑입니다. 동시에 사랑을 겸한 믿음입니다. 사실은 평안, 믿음, 사랑이 다 연결되어 있습니다. 믿음이 있는데 사랑이 없으면 평화가 깨집니다. 안타깝게도 나중에 에베소교회는 사랑을 잃어버렸다고 책망을 받았습니다.

내가 네 행위와 수고와 네 인내를 알고 또 악한 자들을 용납하지 아니한 것과 자칭 사도라 하되 아닌 자들을 시험하여 그의 거짓된 것을 네가 드러낸 것과 또 네가 참고 내 이름을 위하여 견디고 게으르지 아니한 것을 아노라 그러나 너를 책망할 것이 있나니 너의 처음 사랑을 버렸느니라 그러므로 어디서 떨어졌는지를 생각하고 회개하여 처음 행위를 가지라 만일 그리하지 아니하고 회개하지 아니하면 내가 네게 가서 네 촛대를 그 자리에서 옮기리라_요한계시록 2:2~5

사도 요한은 에베소교회가 이단을 잘 막아낸 것을 칭찬하면서 동시에 책망도 합니다. 이단을 잘 막아낸 것은 믿음이 있다는 것입니다. 그러나 책망하셨습니다. 처음 사랑을 버렸기 때문입니다. 믿음을 가지고도 사랑을 버릴 수 있는 아이러니를 우리는 보게 됩니다. 이단과 싸우다 보니 너무나 전투적이 되어 성도들끼리도 싸우게 되었고 교회의 본질인 사랑을 잃어버렸다는 것입니다. 이렇게 계속해서 싸우면 촛대를 옮겨버리겠다고 경고하고 계십니다. 교회에서 사랑을 악세사리(accessory)로 생각하는 사람도 있지만, 사랑은 교회의 필수적인 것(necessary)입니다. 믿음이 중요하지만, 이 믿음은 사랑을 겸해야 합니다. 또한 사랑은 바른 믿음을 겸해야 합니다. 이것이 사도 바울의 축복입니다.

아버지 하나님과 주 예수 그리스도께로부터 평안과 믿음을 겸한 사랑이 형제들에게 있을지어다_에베소서 6:23

바울은 에베소교회와 오고 오는 세대의 교회들이 하나님께로부터 이 복, 즉 평안(평화), 믿음, 사랑받기를 축복하고 있습니다.

2. 성도들에게 충성을 권면한다

이런 놀라운 구원을 받은 우리, 하나님의 자녀라고 하는 특권을 받은 우리, 동시에 만물을 그리스도 안에서 통일시키고 충만케 할 수 있는 유일한 공동체인 교회가 된 우리에게 사도 바울은 다음과 같은 권면을 합니다.

우리 주 예수 그리스도를 변함 없이 사랑하는 모든 자에게 은혜가 있을 지어다_에베소서 6:24

놀라운 은혜를 받은 우리는 이제 우리를 위해 목숨을 던져주신 예수님을 변함없이 사랑해야 합니다. 변덕 부리지 말고 사랑해야 합니다. 예수님을 사랑한다는 것은 예수님을 사랑하는 것과 동시에 그분의 몸인 교회를 사랑하는 것입니다. 예수님께서 바울이 개종하기 전에 "네가 어찌하여 나를 박해하느냐"(사도행전 9:4)고 하셨습니다. 바울은 예수님에게 채찍질을 가한 적도 못 박은 적도 없습니다. 하지만 그는 교회를 괴롭혔습니다. 예수님은 그것이 바로 예수님을 박해한 것이라고 말씀합니다. 교회는 그의 몸이기 때문입니다. 우리는 이것을 잊지 말고 교회를 섬겨야 합니다. 교회를 어렵게 하는 것이 곧 예수님을 어렵게 하는 것이라는 사실을 기억해야 합니다. 처음 신앙생활을 시작할 때는 주님을 뜨겁게 사랑하지만, 시간이 지나면서 그 사랑이 식을 수 있습니다. 하지만 생명은 사랑에 있습니다. 다시 주님을 뜨겁게 사랑합시다. 주님을 사랑하면, 주님의 몸 된 교회와 주님께서 맡기신 사명까지 사랑하게 되어있습니다. 우리 모두 심장에 뜨거운 피가 식는 그날까지, 마지막 호흡 다 하는 그날까지 내 구주 예수를 더욱 사랑하며 그분의 몸 된 교회를 더욱 사랑하고 교회에 주신 통일과 충만의 사역을 감당하는 귀한 교회, 교회인 당신이 되시길 축복합니다.

나눔을 위한 질문

16장은 교회의 성장은 변함없이 충성하는 것임을 말씀입니다. 바울은 이 서신의 마지막에 에베소 교인들을 축복하며 충성을 권면하고 있습니다.

1. 복과 축복의 차이는 무엇입니까? 블레스와 바라크의 예를 들어 설명해 보십시오.

2. 사도 바울이 에베소교회를 위해 축복하며 권면한 내용은 무엇입니까?

3. 바울이 축복한 세 가지의 내용이 서로 어떻게 연결되어 있습니까?

4. 교회인 우리가 예수님께 충성을 바친다는 것은 어떻게 하는 것입니까?

5. 에베소서를 마치면서 당신의 삶에 나타난 가장 큰 변화는 무엇이며, 계속 순종할 것은 무엇입니까?

용어
해설

용어 해설(glossary)

에베소서의 이해를 돕기 위해 중요한 용어를 설명하였습니다.

거룩

거룩(holy)이란 히브리어로 카도쉬(קָדוֹשׁ)이고 헬라어로는 하기오스(ἅγιος)입니다.

1) 하나님에 대해서 거룩하다고 할 때는 ① 죄가 하나도 없으심 ② 하나님의 장엄하심 ③ 하나님의 순결하심, 완전하심, 홀륭하심을 의미하고,

2) 사람 등에 대해서 거룩하다고 할 때는 ① …에 구별되다 ② 도덕적으로 순결하다 ③ 하나님께 바쳐진 인간 ④ 하나님과 하나님께 드리는 예배를 위해 예비된 ⑤ 예배를 드리기 위해 바쳐진 시간 등을 의미합니다.

경륜

경륜(經綸)의 우리말 뜻은 어떤 의도를 가지고 일을 조직하고 계획하는 것입니다. 헬라어로는 오이코노미아(οἰκονομία)라고 합니다. 그 뜻은 '하나님의 구원 계획, 즉 인간의 구원을 위한 하나님의 준비'입니다.

공교회

공교회에서 '공(公)'은 헬라어로 카톨리코스(καθολικός)입니다. 카톨리코스는 카타(κατά)와 홀로스(ὅλος)의 합성어로, 그 의미는 처음부터 끝까지 전부(throughout all)입니다. 보편적(普遍的, universal)이란 뜻입니다. 공교회란 '보편적 교회'를 뜻합니다. 보편적 교회는 하나의 지역 교회만이 아니라 전 지구상에 두루 퍼져있는 그리스도를 머리로 모신 모든 교회(보이는 교회와 보이지 않는 교회)를 말합니다. 보편적 교회는 개교회와 대조되는 의미입니다.

공경

공경하다는 헬라어로 티마오(τιμάω)입니다. 그 뜻은 명예롭게 여기다(honor), 존경하다(reverence), 경제적 도움을 드리다(give financial aid to)입니다.

교회의 다섯 가지 유형

교회의 다섯 가지 유형은 1) 사회에 대립하는 교회(Christ against Culture) 2) 사회의 교회 (Christ of Culture) 3) 사회 위에 군림하는 교회(Christ above Culture) 4) 사회와 교회의 모순적 관계(Christ and Culture in paradox) 5) 사회를 변혁시키는 교회(Christ the Transformer of Culture)입니다.

그리스도인

그리스도인이란 헬라어로 크리스티아노스(Χριστιανός)인데 '그리스도를 따르는 자' 라는 의미가 있습니다. 그리스도(Χριστός)라는 말에 라틴어에서 빌려온 형용사 어미 '이아노스'(ιανός)를 붙였는데 그 뜻은 '…를 신봉하다' 또는 '주인에게 속한 종'이란 뜻입니다.

구약과 신약의 차이점

구약성경에서 이 땅의 복을 강조하는 것은 구약 성도들을 하늘의 복으로 이끌기 위함이었습니다. …… 그러므로 이러한 하늘의 복을 생각하지 않고 땅의 복만 생각하는 것은 그야말로 무지(ignorance)와 멍청함(blockishness)이 최고조에 달하는 것입니다.

권속

권속(眷屬, οἰκεῖος, 오이케이오스)은 한 집안(household) 식구를 의미입니다. 모든 민족의 교회를 권속이라고 하는 이유는 하나님을 아버지로 부르는 한 가족이기 때문입니다.

긍휼

긍휼(矜恤)이란 우리 말로 '불쌍히 여김'을 의미합니다. 헬라어로는 엘레오스(ἔλεος)인데, 불행을 당한 사람에 대해 느끼는 불쌍히 여기는 마음을 뜻합니다.

기업

기업이란 뜻은 두 가지입니다. 먼저는 '영리를 목적으로 하는 사업체'인 기업(企業, company)인데, 에베소서에서는 이것을 가리키는 것이 아닙니다. 다른 하나는 '대대로 물려 내려오는 재산 또는 상속된 재산'인 기업(基業, inheritance)인데, 이것이 바로 에베소서가 가리키는 기업입니다. 하나님이 주신 기업은 천국을 말합니다. 에베소서에는 우리가 하나님의 기업이 되었다고 말씀합니다. 이것은 우리가 하나님의 가장 소중한 재산과도 같이 소중한 존재가 되었다는 말입니다.

다섯 가지 오직

다섯 가지 오직(FIVE SOLAS)은 *Sola Scriptura*(오직 성경), *Solus Christus*(오직 그리스도), *Sola Gratia*(오직 은혜), *Sola Fide*(오직 믿음), *Soli Deo Gloria*(오직 하나님께 영광)입니다.

대리 통치자

우리는 원래의 통치자가 아니라 대리 통치자(vicarious ruler)입니다. 원래의 통치자는 예수 그리스도이십니다. 우리는 그 원래의 통치자의 뜻에 따라 만물을 다스려야 합니다.

마음

마음(heart, καρδία, 카르디아)은 1) 정신과 영적 생활의 주요 기관 2) 하나님께서 자신에 대해 말씀하시는 사람 안에 있는 공간 3) 감정과 정서, 욕망과 열정이 마음 안에 있음 4) 생각과 반성의 근원인 지식의 자리 5) 결심의 근원인 의지의 자리입니다.
그러므로 마음은 하나님께서 일하시는 사람 안에 있는 최고의 중심부이고, 신앙생활이 그 안에 뿌리를 박고 있으며, 도덕적 행위가 결정되는 곳입니다.

모퉁잇돌

모퉁잇돌은 그 당시의 건축 양식에서 유래했습니다. 건축할 때 처음으로 내려놓는 코너스톤을 말합니다. 그 돌을 중심으로 해서 기초가 놓입니다. 그래서 아주 반듯한 직각형의 돌을 씁니다. 이 모퉁잇돌은 누구를 가리킵니까? 예수 그리스도이십니다.

복음

복음(福音)이란 헬라어로 유앙겔리온(εὐαγγέλιον)입니다. 그 뜻은 승리의 소식(news of victory)입니다. 복음은 전쟁과 관련이 있습니다. 전쟁에서 패배하면 죽거나 포로로 끌려가는 것이 그 당시 문화였습니다. 그러므로 전쟁에서 승리한 것은 최고로 복된 소식이었습니다. 그 단어를 성령님께서 예수님의 십자가와 부활을 알리는데 사용하셨습니다. 예수님의 십자가와 부활을 잘 알릴 수 있는 인간의 언어가 복음(εὐαγγέλιον)이었습니다.

비밀

비밀(秘密)은 깊숙이 숨겨 놓는다는 뜻입니다. 영어로는 mystery, 헬라어로는 μυστήριον(뮈스테리온)입니다. 우리는 미스터리를 수수께끼로 압니다만, 인간의 지식과 경험을 초월한 신비한 것을 의미합니다. 그 내용은 1) 메시야가 피 흘려 죽음으로 구원하심 2) 모세 율법을 폐하는 방법으로 구원하심 3) 유대인과 이방인을 통합해 하나의 평등한 하나님의 백성, 하나의 그리스도의 몸을 만드심 4) 구약보다 주님과 더 가까워짐입니다.

사탄(마귀) 및 귀신

사탄과 마귀는 동일한 존재로 악한 영의 대장입니다. 사탄(Satan, שָׂטָן, Σατανᾶς, 사타나스, 욥기 1:6, 마가복음 3:23)은 히브리어이며, 마귀(the devil, διάβολος, 디아볼로스, 마태복음 4:1)는 헬라어인데 그 뜻은 고소자, 비방자입니다. 귀신(demon, δαιμόνιον, 다이모니온, 마태복음 7:22)은 헬라어이며, 그 뜻은 악한 영입니다. 사탄과 마귀는 타락한 천사장이고, 귀신은 타락한 천사장의 부하 천사들입니다.

속량

속량(贖良)이란 몸값을 내고 종을 풀어주어 양민(자유로운 시민)이 되게 하는 것을 말합니다. 영어로는 redemption, 헬라어로는 ἀπολύτρωσις(아포루트로시스)입니다. 예수님의 구원사역을 속량이라고 하는 것은 그분이 죽으심으로 생명을 바쳐 우리를 사서 자유케 하셨기 때문입니다.

아드 폰테스

아드 폰테스(*Ad Fontes*)는 라틴어로 '샘으로 돌아간다'는 뜻입니다. 의역하면 '근원으로 돌아가자!', '본질로 돌아가자!'라고 해석할 수 있습니다. 종교개혁자들이 말한 본질로 돌아가자는 것은 곧 성경으로 돌아가자는 것입니다.

역사

역사는 지난날 일어난 사건과 과정을 기록한 역사(歷史), 기차역으로 쓰이는 건물을 말하는 역사(驛舍), '일하신다는 뜻'의 역사(役事, work, bring about, ἐνεργέω, 에네르게오)가 있습니다. 기독교에서 말하는 역사는 '일하신다는 뜻'을 주로 사용합니다.

온전

온전이란 헬라어는 대표적으로 두 가지입니다. 에베소서 4장 13절에 나오는 τέλειος(텔레이오스)는 온전한(complete), 완전한(perfect), 성숙한(mature)의 뜻입니다. 에베소서 4장 12절에 나오는 καταρτισμός(카타르티스모스)는 1) 뼈를 맞춤(setting of a bone) 2) 준비(preparation) 3) 회복(restoration) 4) 능력, 자질, 무장(equipment) 5) 훈련(training)입니다. 카타르티스모스를 훈련으로 이해하면 목회자를 교회에 주신 이유를 더 선명하게 알 수 있습니다.

유기적 관계

교회와 그리스도와의 관계는 유기적 관계(organic relation)와 생명의 연합(vital union)입니다. 유기적이란 서로 연결되어 돕는 관계를 말합니다. 우리는 예수 그리스도와 꼭 연결되어 있어야 합니다. 친밀한 관계가 되어야 합니다. 그때 교회가 교회다워집니다.

율법

율법은 세 가지로 분류합니다. 1) 도덕법(Moral Law)은 영원불변한 법으로, 십계명을 말합니다. 지금도 유효합니다. 다만, 안식일은 주일로 바뀝니다. 첫 창조를 기념하는 안식일(토요일)이 두 번째 창조를 기념하는 주일(일요일)로 변했기 때문입니다. 2) 시민법(Civil Law)은 그 당시 하나님의 백성들의 사회생활을 위해 주신 법입니다. 이것은 영원하지 않기에 지금은 지키지 않습니다. 3) 의식법(Ceremonial Law)은 제사법과 절기법, 그리고 성결법 등을 말합니다. 이 모든 의식법은 오실 그리스도에 관한 예표요, 비유로서(히브리서 9:9) 상당히 중요합니다. 그러나 의식법은 그리스도의 대속으로 성취되었고 완성, 폐지되었습니다.

은혜

은혜(恩惠)는 헬라어로 χάρις(카리스), 히브리어로는 חֶסֶד(헤세드)입니다. 그 뜻은 사랑, 호의, 그리고 받을 자격이 없는 자에게 값없이 주시는 선물입니다. 우리는 죄인이요, 본질상 진노의 자녀, 마귀의 지배를 받던 사람, 더러는 하나님의 원수처럼 살았습니다. 구원받을 자격이 없는 사람이었습니다. 그런데 구원하셨습니다. 그래서 은혜입니다.

인치심

인치심을 받았다(were sealed)고 할 때, 인(印)은 도장을 의미합니다. 그러므로 인치심을 받았다는 말은 도장 찍혔다는 것입니다. 성령으로 인치심을 받았다는 말은 예수님의 보혈로 속량 받은 사람의 마음속에 성령께서 거주하시는데, 그것을 성령의 인치심이라고 말합니다.

정의와 칭의의 차이

정의(正義, justice)가 '옳음'이라면, 칭의(稱義, justification)는 '옳다고 인정함'입니다. 우리는 정의로 구원받은 것이 아니라 칭의로 구원받았습니다. 마틴 루터는 구원받은 성도의 정체성을 "그리스도인은 의인인 동시에 죄인이다(Christian is at the same time both righteous and a sinner. *simul iustus et peccator*)"라고 말했습니다. 우리를 구원하실 때 완전한 존재여서 구원하신 것이 아닙니다. 성화케 하시려고 우릴 구원하셨습니다. 하나님은 칭의로 우리 구원을 확정하시고 성화를 통해 그 구원에 합당한 거룩한 존재로 우리를 만들어 가십니다.

종교

종교를 뜻하는 religion은 라틴어의 '*re*(다시)'와 '*ligare*(잇다)'에서 온 말입니다. 다시 이어주는 것이 '종교'입니다. 즉, 끊긴 것을 이어주는 것이 종교입니다. 죄로 말미암아 끊어진 하나님과 우리를 이어주는 중보자(仲保者) 예수님이 계신 기독교가 유일한 참 종교입니다.

죽음

죽음이라는 헬라어 θάνατος(다나토스)의 어원은 분리(分離)입니다. 분리라는 개념은 성경이 말하는 죽음을 이해하는 데 도움이 됩니다. 1) 영적인 죽음: 하나님과의 관계 분리, 곧 단절을 의미합니다. 2) 육신적 죽음: 우리가 아는 일반적 죽음, 몸과 영혼의 분리입니다. 3) 영원한 죽음: 지옥에 들어가는 것, 하나님과의 영원한 분리입니다. 이 세 가지 죽음은 극복이 가능합니다. 모두 예수님을 통해서만 극복됩니다. 1) 영적인 죽음은 예수님을 구주로 믿는 즉시 살아 하나님의 자녀로 태어납니다. 2) 육신적 죽음은 예수님을 구주로 믿으면, 예수님 재림 시 부활로 극복됩니다. 3) 영원한 죽음도 예수님을 구주로 믿으면 지옥 가지 않아 극복됩니다.

지혜와 계시의 영

'지혜와 계시의 영'(a spirit of wisdom and of revelation)은 헬라어로 πνεῦμα σοφίας καὶ ἀποκαλύψεως(프뉴마 소피아스 카이 아포카룝세오스)입니다. 지혜와 계시가 소유격으로 사용되었는데, 결과의 소유격으로서 성령께서 지혜와 계시를 주신다는 뜻입니다.

천국

예수님이 천국에 가신 것을 '승천'이라고 합니다. 루이스 벌코프 박사는 "승천은 한 장소에서 다른 장소로 가는 장소의 이동이었습니다. 이것은 지상뿐만 아니라 천국이 분명히 장소라는 것을 포함합니다. 성경에서 천국은 인성을 입고 계신 그리스도, 그리고 죽은 성도들과 천사들이 거하는 장소를 의미합니다. 성경은 장소로서의 하늘나라를 생각하도록 가르칩니다"라고 했습니다.

축복, 복, 송축의 차이

축복, 복, 송축을 말하는 영어와 히브리어는 같은 단어입니다. 영어 bless(블레스)와 히브리어 בָּרַךְ(바라크)는 주어와 목적어에 따라 뜻이 달라집니다. 1) 하나님께서 인간에게 블레스(바라크) 하시면 인간에게 복(福)을 주신다는 뜻이고, 2) 인간이 인간에게 블레스(바라크) 하면 다른 사람을 축복(祝福) 한다는 뜻입니다. 3) 인간이 하나님께 블레스(바라크) 하면 하나님께 송축(頌祝, 찬송) 한다는 뜻입니다. 같은 단어이지만, 주어와 목적어에 따라 의미가 달라진다는 것을 기억해야 합니다.

충만

교회의 사명인 만물을 충만케 하는 것은 1) 사랑과 구제와 섬김, 2) 복음 전파, 3) 사회 변혁을 의미합니다.

통일

'통일'은 에베소서의 주제입니다(에베소서 1장 7절은 에베소서의 주제 구절임). 통일이란 헬라어로 ἀνακεφαλαιώσασθαι(아나케팔라이오사스다이)입니다. 이 단어는 ἀνα(아나)라는 전치사와 κεφαλαιώσασθαι(케팔라이오사스다이)라는 부정사가 결합된 단어입니다. 여기서 ἀνα(아나)는 '다시'라는 뜻이 있고, κεφαλαιώσασθαι(케팔라이오사스다이)는 '머리가 되게 하다'는 뜻이 있습니다. 그러므로 'ἀνακεφαλαιώσασθαι(아나케팔라이오사스다이)'의 뜻은 '다시 머리가 되게 하다'는 뜻입니다. 본래 만물의 머리 되신 그리스도께서 다시 머리 되게 하신다는 뜻입니다. 즉 우리를 구원하신 목적은 우리의 순종을 통해 만물이 그리스도의 통치를 받게 하려는 것입니다.

혈과 육

혈과 육은 헬라어로 '인간'을 가리키는 숙어입니다. 우리의 전투는 인간을 상대로 하는 것이 아닙니다. 통치자들과 권세들을 상대로 싸우는 것입니다. 여기서 통치자들과 권세들은 헬라어로 '천사'를 가리키는 숙어입니다. 천사 중에 타락한 천사, 즉 사탄, 마귀, 귀신을 가리킵니다. 통치자들과 권세들은 나라의 대통령이나 수상, 또는 왕을 가리키지 않습니다. 이것은 영적 전쟁입니다.

주님이
꿈꾸신
그교회